D0898850

Pratique des affaires

chez le même éditeur

Besnard, C. et C. Elkabas (1988). *L'Université de demain : courants actuels et apports de la didactique des langues à l'enseignement du français langue seconde.*

Besnard, C. et M.-F. Silver (1997). *Apprivoiser l'écrit. Techniques de l'écrit et stratégies d'auto-perfectionnement.*

Elkabas, C. et R. Wooldridge (1997). *Le français en contexte.* **Le Chien jaune** *de Georges Simenon.*

PRATIQUE DES AFFAIRES

Christine Besnard et Charles Elkabas

Canadian Scholars' Press Inc. 1997
Toronto, Canada

Pratique des affaires
2ᵉ édition revue et augmentée

First published in 1997 by
Canadian Scholars' Press Inc.
180 Bloor Street West, Suite 402
Toronto, Ontario
M5S 2V6

Visit our Web site at http://www.interlog.com/~cspi/cspi.html

Copyright © 1997 Christine Besnard, Charles Elkabas and
Canadian Scholars' Press Inc. All rights reserved.
No reproduction, copy or transmission of this
publication may be made without written permission.

Données de catalogage avant publication (Canada)

Besnard, Christine, date
        Pratique des affaires

2e éd.
Comprend du texte en anglais.
Publ. à l'origine sous le titre: Pratique des affaires et
correspondance commerciale en français.
Comprend un index.
ISBN 1-55130-136-9

1. Français (Langue) — Français commercial.
2. Correspondance. 3. Lectures et morceaux
choisis — Economie politique. 4. Lectures et morceaux
choisis (Enseignement supérieur). 5. Français (Langue) —
Manuels pour anglophones. I. Elkabas, Charles, 1944—   .
II. Titre.
HF5728.F7B47   1997   808'.06665041   C97-931605-7

Cover design by Brad Horning

Pour

Emmanuel

et

Raphaël

TABLE DES MATIÈRES

* * * *

Deuxième partie — Correspondance commerciale

REMERCIEMENTS

Nous sommes redevables à « Entreprise Rhône-Alpes international » et aux publications suivantes d'avoir accepté que nous reproduisions gracieusement leurs articles :

Avantages
Capital
Circuit
L'Actualité
La Revue Occasions d'Affaires
L'Essentiel
L'Express de Toronto
Le Devoir
Le Figaro
Le Magazine Affaires
Le Monde
Le Québec industriel
Le Soir
Paris Match

Nous remercions vivement le Collège universitaire Glendon (Université York) qui nous a accordé une généreuse subvention pour l'ensemble de ce travail.

Nous tenons également à remercier Madame Marie-France Ampleman pour son dévouement, son travail acharné et sa maîtrise de l'informatique.

PRÉFACE

Nul n'ignore que dans une même salle de classe, on trouve autant de rythmes et de styles d'apprentissage que l'on compte d'étudiants. Les auteurs ont donc essayé d'élaborer un manuel qui évite d'être trop rigide et monolytique et qui est assez souple pour pouvoir s'adapter aux différents besoins et intérêts des apprenants. Les exercices et les activités que présente cet ouvrage proposent différentes approches à la langue qu'ils abordent de façon riche et variée. Ils ont été conçus en vue de l'acquisition de notions économiques et commerciales ainsi que du vocabulaire en français de ces deux domaines.

LE PUBLIC CIBLE

Cet ouvrage s'adresse tout d'abord aux étudiants d'université qui étudient le français aux niveaux intermédiaire et avancé et qui désirent acquérir les outils linguistiques qui leur permettront de travailler dans un milieu francophone.

Il s'adresse aussi aux étudiants adultes de la formation continue qui viennent du monde des affaires et qui recherchent une formation linguistique adaptée à leurs besoins professionnels.

Ce livre pourra aussi intéresser les francophones à qui les connaissances linguistiques des affaires font défaut et qui ne connaissent pas le protocole des négociations commerciales en français.

Enfin, cet ouvrage répondra aux besoins des spécialistes sortant des écoles de commerce qui, s'ils décident d'exercer leur profession en Amérique du Nord, auront besoin de savoir comment s'engager dans des négociations commerciales et établir des échanges épistolaires avec le Québec, la France et les pays de la francophonie.

LE CONTEXTE NORD-AMÉRICAIN

Les auteurs ont ancré ce manuel dans la réalité quotidienne du monde économique et commercial nord-américain. Il cherchent donc à préparer les apprenants au monde des affaires.

Ainsi, le large éventail des articles sélectionnés fournissent des renseignements pratiques pouvant aider à préparer un curriculum vitae, trouver un emploi, bien s'assurer, comprendre les institutions financières et le marché boursier...

L'ORGANISATION DU MANUEL

Cet ouvrage se compose d'un **chapitre préliminaire** puis de **douze chapitres** qui traitent des éléments essentiels constitutifs du monde des affaires. Dans chaque chapitre, le lecteur trouvera deux articles ; le premier présente des notions générales et le deuxième se spécialise et aborde un domaine précis. Ces articles ont été retenus car ils sont riches du point de vue du vocabulaire de base et des renseignements qu'ils fournissent.

Dans le **chapitre préliminaire**, les auteurs ont voulu sensibiliser les étudiants à reconnaître certains dangers qu'il faut éviter, surtout au niveau de l'écrit. Ils ont relevé, dans les situations commerciales, les éléments qui peuvent faire problème comme les barbarismes, les anglicismes et la quasi-absence d'impératif dans la correspondance commerciale ; ils ont aussi traité de la bonne utilisation des phrases conditionnelles et du subjonctif. C'est sciemment qu'ils ont évité de faire un survol de la grammaire française car celui-ci aurait dépassé l'objet de leur livre.

Chaque article est suivi :

♦ d'un **vocabulaire général** qui explique les mots, expressions et idiotismes que les étudiants auront du mal à comprendre, même avec l'aide d'un dictionnaire ;

♦ d'un **vocabulaire spécialisé** dans chacun des domaines étudiés. Les mots y sont traduits en prenant en considération leur contexte d'utilisation. Les auteurs ont opté pour la **féminisation** systématique de tous les noms de métiers qui sont donc désignés au masculin et au féminin ;

♦ d'un **résumé** qui vise à guider les apprenants dans une lecture plus efficace et plus exacte de l'article. Le résumé reprend les mots et expressions-clés de chaque texte afin de les réactiver dans la mémoire des étudiants et de les encourager à s'en servir ;

♦ de **questions sur la compréhension du texte** pour s'assurer que les apprenants ont compris ce qu'ils ont lu et qu'ils acquièrent de bonnes stratégies de lecture qui les rendent capables de discerner ce qui est important de ce qui l'est moins ;

♦ de **remue-méninges** et de **mises en situation** qui proposent des activités écrites et orales de type interactif et communicatif. Celles-ci cherchent à encourager les étudiants à réutiliser et à mettre en pratique les nouvelles notions conceptuelles et lexicales qu'ils ont acquises grâce à l'étude de l'article. Cette partie vise aussi à entraîner les apprenants à développer leurs capacités de réflexion et à entreprendre des recherches indépendantes qui leur seront utiles dans le monde du travail. Le professeur qui n'aura pas le temps de présenter l'un des deux articles de chaque chapitre pourra cependant puiser des idées nouvelles et des activités intéressantes dans les **remue-méninges** et les **mises en situation** de l'article non traité ;

♦ d'**exercices de langue** qui ont été conçus dans le but de réutiliser en contexte le nouveau vocabulaire, et de l'exploiter de façon systématique afin de s'assurer de son acquisition.

Chaque chapitre se termine par une section qui s'intitule **Pour aller plus loin.** Les étudiants y trouveront du vocabulaire, des conseils, et des renseignements qui leur permettront d'approfondir leurs connaissances du sujet abordé dans le chapitre. Cette section leur permettra d'aller plus loin tant au niveau de la réflexion individuelle qu'à celui de la pratique professionnelle grâce aux suggestions qu'elle fournit pour trouver un emploi, fonder une entreprise, savoir répondre au téléphone...

La deuxième partie du livre est consacrée à la **correspondance commerciale.** Elle présente des formules, des mots et des expressions de base à utiliser dans diverses situations et elle propose des modèles authentiques de lettres commerciales dont les étudiants pourront s'inspirer.

A la fin du manuel, ceux-ci trouveront un **index** des notions et des termes économiques et commerciaux traités à travers ces pages.

LES NOUVEAUTÉS DE CETTE DEUXIÈME ÉDITION

Cette nouvelle édition est enrichie de **sept nouveaux articles.** Les auteurs ont aussi ajouté **douze articles** que le professeur, selon le temps dont il dispose, pourra exploiter à sa guise.

Dans la rubrique des notes explicatives qui suivent certains articles, les auteurs ont jugé bon d'ajouter un certain nombre de **nouveaux concepts économiques** qu'il est important que les étudiants maîtrisent.

Dans la partie sur la correspondance figurent de **nouveaux modèles de lettres** couramment rédigées dans le monde commercial d'aujourd'hui.

La bibliographie présente **les titres les plus récents** des ouvrages traitant du domaine des affaires actuel.

Afin de rester fidèles aux principes de la **rédaction non sexiste,** les auteurs ont systématiquement masculinisé et féminisé tous les noms de professions ; ils se sont aussi assurés, dans les exemples et les activités langagières qu'ils proposent, de faire figurer tant les hommes que les femmes.

Un **corrigé des exercices** peut être commandé chez l'éditeur.

Pour conclure, il nous semble important de préciser que **Pratique des affaires** se base sur une expérience d'une vingtaine d'années dans l'enseignement du français commercial dans des universités nord-américaines. Grâce à cette riche expérience, les auteurs ont pu déterminer les besoins réels des apprenants et ont donc essayé, par ce manuel, d'y répondre de leur mieux.

CHAPITRE PRÉLIMINAIRE

Dans ce chapitre préliminaire, nous présentons brièvement quelques points essentiels de grammaire relatifs à l'étude du français des affaires que l'étudiant(e) devra examiner avant d'aborder la lecture des chapitres qui suivent. Nous lui conseillons également de se munir d'une bonne grammaire de référence et d'un dictionnaire tel que **Le Petit Robert.**

I. BARBARISMES ET ANGLICISMES

NE DITES PAS	DITES	ÉQUIVALENT ANGLAIS
actif fixe	immobilisations (f)	fixed assets
action prise	mesures prises (f)	action taken
agenda	ordre du jour (m)	agenda of a meeting
ajustement	rectification, régularisation (f)	adjustment
ajustement (de salaire)	redressement (m)	adjustment
allocation des ressources	répartition (f)	allocation
allocation vacances	indemnité de congé payé (f)	vacation allowance
année fiscale	année financière (f)	fiscal year
	exercice (m)	
	période comptable (f)	
appel longue distance	appel interurbain (m)	long distance call
applicant	postulant (m)	applicant
application (d'emploi)	demande (f)	application
appliquer	postuler un emploi	to apply for a job
assurance santé	assurance-maladie (f)	health insurance
assistant comptable	comptable adjoint (m)	assistant accountant
auditeur	vérificateur (m)	auditor
balance	solde (m)	balance
bénéfices sociaux	avantages sociaux (m)	social benefits
billet promissoire	billet à ordre (m)	promissory note
blanc de chèque	chèque en blanc (m)	blank cheque
bonus	gratification(donnée à l'employé) (f)	bonus
	prime (f)	

break	pause (f)	rest, break
briefing	exposé (m)	briefing
bureau chef	siège social (m)	head office
bureau de paie	caisse (f), service de la paie (m)	pay office
bureau des directeurs	conseil d'administration (m)	board of directors
cancellation	annulation (f)	cancellation
	résiliation (d'un contrat) (f)	
cédule	horaire de travail (m), programme (m)	schedule of working hours
changer un chèque	toucher un chèque	to cash a cheque
charges	frais (m), coûts (m), dépenses (f)	charges
charger	demander, réclamer un prix	to charge
checker	vérifier	to check
chèque de voyageur	chèque de voyage (m)	traveller's cheque
chèque forgé	faux chèque (m)	forged cheque
chèque sans fonds	chèque sans provision (m)	N.S.F. cheque
compagnie de finance	société de crédit (f)	finance company
compléter une formule	remplir un formulaire (can. une formule)	to complete a form
compte payable	compte à payer (m)	account payable
compte recevable	compte à recevoir (m)	account receivable
consommeur	consommateur (m)	consumer
convention	congrès (m)	convention
date due	date d'exigibilité (f)	due date
date effective	date d'entrée en vigueur (f)	effective date
date finale	date limite (f)	final date
date requise	requis pour	date required
défectif	défectueux (pièce défectueuse)	defective
délivrer	livrer (des marchandises)	to deliver
démotion	rétrogradation (f)	demotion
dénomination	coupure (f)	denomination
département	service (m)	department
dépenses d'opération	frais (m), dépenses d'exploitation (f)	operating expenses
dépenses encourues	frais engagés (m)	expenses incurred
éligibilité	admissibilité (f)	eligibility
éligible	admissible	eligible
encourir des dettes	contracter des dettes	to incur debts
endos	verso (m)	reverse
entrée	écriture, inscription (f)	entry

estimé	estimation (f), devis (m)	estimate
extension	poste (m)	extension (telephone)
facilités	installations (f), équipements (m)	facilities
grand total	total général (m)	grand total
heures régulières	heures normales de travail (f)	regular hours
item	poste de comptabilité (m)	item
	article (m), marchandise (f)	
local (téléphone)	poste (m)	local
mémo	note de service (f)	memorandum
officier	responsable (m) (f)	officer
officier du personnel	chef, directeur du personnel (m)	personnel officer
payable sur livraison	payable à la livraison	cash on delivery
	contre remboursement	
personnel clérical	personnel de bureau (m)	clerical staff
plan de pension	régime de retraite (m)	pension plan
planning	planification (f), programme (m)	planning
qualifications		
académiques	titres universitaires (m)	academic qualifications
quotation	devis (m), proposition de prix (f)	quotation
réquisition	demande (f), bon d'achat (m)	requisition
sauver de l'argent	économiser, épargner	to save
séniorité	ancienneté (f)	seniority
service clients	service à la clientèle (m)	customer service
service légal	service du contentieux (dans	legal department
	une entreprise) (m)	
sous-total	total partiel (m)	subtotal
subsidiaire	filiale (f)	subsidiary
surtemps	heures supplémentaires (f)	overtime
taux effectif	taux en vigueur (m)	effective rate
taxe de vente	taxe sur les ventes (f)	sales tax
temps supplémentaire	heures supplémentaires (f)	overtime
temps double	heures majorées de 100 % (f)	double time
temps et demi	heures majorées de 50 % (f)	half time
termes de paiement	conditions de paiement (f)	terms of payment
transfer (d'une personne)	mutation (f)	transfer
union	syndicat (m)	union
unité de prix	prix à l'unité (m)	unit price
voûte	chambre forte (f)	vault

II. LE GENRE DES NOMS : NE CONFONDEZ PAS...

a. **UN**   **UNE**

aide :	adjoint, assistant	**aide :**	action d'appuyer quelqu'un, le soutenir
enseigne :	officier de la marine	**enseigne :**	panneau signalant un établissement commercial au public
livre :	ouvrage, volume, écrit	**livre :**	équivaut à 500 grammes
manoeuvre :	ouvrier, travailleur manuel	**manoeuvre :**	opération, manipulation
mode :	d'un verbe (indicatif, subjonctif...), genre, moyen	**mode :**	vogue, habitude, pratique
poste :	un emploi, appareil (poste de télévision), numéro de poste téléphonique (« extension »)	**poste :**	distribution et acheminement du courrier
somme :	faire un somme ; action de dormir	**somme :**	quantité

b. Les mots suivants au masculin revêtent un sens supplémentaire dans le monde des affaires :

accusé (de réception) : avis stipulant qu'un envoi a été reçu
arriéré : retard dans le remboursement d'une dette
capital : bien, avoir d'un individu ou d'une entreprise
pair : acheter au pair (à égalité)

III. LE VERBE

a. L'impératif

Peu fréquent dans le contexte commercial, à moins qu'il n'exprime véritablement un ordre ou une défense (un chef à ses subordonnés) ou une suggestion dans des textes publicitaires ("Buvez Coke"), l'impératif s'emploie dans la correspondance sous une forme atténuée :

> Veuillez nous expédier dans les plus brefs délais les articles suivants :
> Veuillez noter notre nouvelle adresse.
> Veuillez trouver ci-joint copie de notre facture.
> Veuillez recevoir, Madame, l'expression de nos sentiments respectueux.

b. Le futur

Exprime un ordre atténué dans la phrase suivante :

> Je vous serai obligé de m'envoyer avant le 15 juin la série complète des tasses en faïence « Symphonie ».

c. Le conditionnel

Exprime un souhait :

> Nous aimerions connaître votre point de vue à ce sujet.
> Je vous serais obligé de bien vouloir me faire parvenir votre dernier catalogue.

d. Le subjonctif

1. Les expressions et verbes suivants **entraînent l'emploi du subjonctif** :

   aimer, attendre, demander, désirer, douter, exiger, préférer, proposer, regretter, souhaiter, suggérer, vouloir (suivis de la conjonction **que**)

   Il est dommage, important, nécessaire, normal, possible, regrettable, temps (suivis de la conjonction **que**)

Il faut, il suffit, il vaut mieux (suivis de la conjonction **que**)

être content, heureux, triste, mécontent (suivis de la conjonction **que**)

2. Certaines conjonctions de subordination **entraînent l'emploi du subjonctif :**

   à condition, afin, à moins, avant, bien, de crainte, de façon à ce, de manière à ce, de peur, en attendant, jusqu'à ce, pour, pourvu, sans (suivies de la conjonction **que**)

3. Les verbes suivants **à la forme affirmative entraînent l'emploi d'un temps de l'indicatif :**

   admettre, croire, déclarer, dire, espérer, être certain, être sûr, il est évident, penser, trouver (suivis de la conjonction **que**)

   Ces mêmes verbes à la forme négative ou interrogative peuvent être suivis du subjonctif.

e. **La concordance des temps**

1. Si + présent => futur
   Si vous payez comptant, nous vous accorderons un escompte de 4 %.

2. Si + présent => présent
   Si vous éprouvez des difficultés financières, vous pouvez obtenir un délai de paiement.

3. Si + présent => impératif
   Si vous éprouvez quelque difficulté, contactez-nous.

4. Si + imparfait => conditionnel présent
   Si vous achetiez des actions ordinaires, vous pourriez assister aux assemblées générales de la société.

5. Si + plus-que-parfait => conditionnel passé
   Si vous nous aviez consenti une remise, nous vous aurions passé un ordre important.

f. Les participes passés employés sans auxiliaire

1. **approuvé, excepté, non compris, y compris, reçu**
   sont invariables s'ils sont placés **avant** l'adjectif, le nom ou le pronom.

   > Approuvé la lettre ci-annexée.
   > Nous accorderons des remises sur tous les articles, excepté les chemises en coton.
   > L'achat de ce fonds de commerce est de 200 000 $, non compris les frais d'installation.
   > Toutes les dépenses vous seront remboursées, y compris celles de déplacement.
   > Reçu votre dernière recommandation.

2. **supposé, vu**
   sont invariables s'ils sont placés **avant** le nom.

   > Supposé les conditions suivantes :
   > Vu la conjoncture actuelle, il nous sera difficile de vous accorder des crédits à long terme.

3. **Lu (Lu et approuvé)**
   seul ou **avant** le nom est invariable.

   > Lu les documents ci-joints.

4. **ci-annexé, ci-inclus, ci-joint**
   sont invariables s'ils sont placés **immédiatement avant** le nom ou **en tête** de phrase.

   > Veuillez trouver ci-annexé copies de notre commande du 10 dernier.
   > Je vous adresse ci-inclus documentation à l'appui.
   > Je vous remets ci-joint échantillons et prix courant.
   > Ci-inclus notre facture pour la totalité de la livraison.
   > Ci-joint notre confirmation par écrit de la commande passée le 5 octobre.

   Il y a accord s'ils sont placés devant un nom qui est précédé d'un article ou d'un adjectif possessif ou numéral :

   > Vous trouverez ci-annexée votre copie du rapport annuel.
   > Veuillez trouver ci-incluse la documentation que vous m'avez demandée.
   > Vous trouverez ci-jointes trois demandes d'importation.

IV. L'ÉCRITURE DES NOMBRES

0,10 $ (10 ¢)	0,99 $ (99 ¢)	80 : quatre-vingts
34 $	34,75 $	90 : quatre-vingt-dix
155 $	155,64 $	121 : cent vingt et un
2 000 $	2 000,22 $	300 : trois cents
28 265 $	27 642,55 $	364 : trois cent soixante-quatre
2 000 000 $	2 M $	1 000 : mille
		10 000 : dix mille

PREMIÈRE PARTIE

Pratique des affaires

CHAPITRE I

LA BUREAUTIQUE

QU'EST-CE QUE LA BUREAUTIQUE ?

DES GADGETS ÉLECTRONIQUES ? PLUTÔT L'AUTOMATISATION ET LA STRUCTURATION DES TÂCHES DE BUREAU

Le lieu physique où se concentre la gestion de l'information[1] est le bureau. Or, que constatons-nous quand nous entrons dans un bureau ? Que les opérations de secrétariat et de gestion ont résisté avec obstination aux bouleversements du XXe siècle, au point de faire de la bureaucratie un symbole d'immobilisme.

La crise du bureau

La société de l'information ne pouvait tolérer en son centre nerveux un tel îlot d'inefficacité sans risquer la catastrophe. D'ailleurs, la catastrophe frappait déjà à la porte[a]. Qu'était la récession économique[2] du début des années 80 sinon un signe avant-coureur de la maladie bureaucratique ? La productivité d'ensemble stagnait en raison de l'accroissement rapide d'un secteur tertiaire[3] à basse productivité. Les chiffres sont connus : au cours des années 70 la productivité a crû[b] de 4 % dans les services[4], 85 % dans le secteur manufacturier[5] et 155 % dans le secteur primaire[6].

Quelle est la cause de cette crise d'évolution ? La pénurie[7] d'investissements[8] dans l'équipement de bureau. Quelle est la mission de la bureautique ? Revitaliser les administrations tant privées que publiques dans le but avoué de retrouver la productivité perdue.

Mais la bureautique n'est pas un montage plus ou moins spectaculaire de gadgets électroniques. La plupart des outils bureautiques existent déjà dans l'environnement tertiaire ; le micro-ordinateur[9] (avec traitement de texte[10]) et, bien sûr, le PBX numérique[11] (avec téléphones électroniques) ont déjà envahi une grande partie des administrations. La bureautique dite *intégrée* consiste à mettre ensemble ces deux types de systèmes -- informatique[12] et télécommunications -- et permet ainsi d'automatiser les tâches de bureau de façon cohérente. Elle autorise une circulation tous azimuts[c] de l'information, que cette information soit sous forme de voix, de données, de textes, de graphiques ou d'images.

Deux modèles concurrents[13]

Et là, il faut bien parler des intervenants, puisque la structure de la bureautique en dépend. Les manufacturiers[14] en informatique vont créer des systèmes axés autour de l'ordinateur central -- c'est le modèle IBM. Les entreprises de télécommunications vont créer des systèmes axés autour du PBX numérique -- c'est le modèle Bell.

Dans le modèle IBM, un ordinateur central règle l'activité de tous les autres équipements de bureau au moyen d'un réseau local appelé LAN (local area network). Le signe géographique de ce réseau local est le cercle, en raison du lien à grande capacité qui unit tous les équipements de bureau par un train continu[d] de bits[15] d'information.

Au contraire, le modèle Bell est configuré en étoile avec, au centre, un PBX numérique, de préférence le SL-1 de Northern Telecom. Tous les équipements de bureau sont reliés à ce standard[16] par la simple paire téléphonique.

On l'a deviné, l'enjeu de cette guerre entre les grands est la compatibilité[17] entre les équipements. Si la bureautique est d'abord un phénomène intégreur, il s'agit de[e] savoir qui va réaliser l'intégration. Bell ou IBM ? La bureautique sera-t-elle fondée sur la multiplicité des communications ou sur la puissance de l'informatique ?

Un outil performant[f]

Pour le travailleur de l'information, la bureautique se présentera d'ici peu sous forme d'un terminal[18] intégrant voix, données, textes, graphiques et images. Il aura ainsi accès à une quantité croissante de services taillés à la mesure[g] de ses besoins :

création de documents - mise en forme et traitement de texte ; production de documents ; vérification de l'orthographe
messagerie - messagerie[19] textuelle et vocale ; annotation vocale de textes
accès à l'information - connectabilité et émulation[20] ; passerelles[21] ; recherche documentaire[22]
diffusion de documents - machines de traitement de texte communicantes ; conversion de documents ; protocoles de transfert[23]
téléconférence - audioconférence ; vidéoconférence ; téléconférence assistée par ordinateur [24]
informatique individuelle - applications personnalisées ; communications
infographie[25] - graphiques de gestion ; dessins ; conception assistée par ordinateur ; vidéotex[26] ; traitement de l'image ; édition
gestion du temps - gestion d'agenda[27] ; fenêtrage[28] ; exploitation multitâche
gestion d'archives - archives ; répertoires ; classement[29].

Bureautique et bureaucratie

Plusieurs de ces services sont déjà disponibles sur des machines différentes. Demain, ils seront accessibles à partir d'un poste de travail intégré[30]. Nous ne doutons pas que les performances du personnel de bureau en sortiront grandement améliorées.

Est-ce que cela sera suffisant pour mettre à bas[h] les multiples scléroses bureaucratiques qui paralysent les grandes administrations ? La réponse tiendra plus dans les changements de gestion qui suivront de près les changements technologiques. Car la bureautique[31] exercera -- elle l'exerce déjà -- un effet structurant.

Le défi bureautique consiste aussi à créer des administrations nouvelles qui renouent avec[i] la mesure humaine.

Jean-Guy Rens
(Bell Canada)
Circuit

----

a. frappait déjà à la porte : était imminente, proche   **b.** a crû : a augmenté   **c.** tous azimuts : dans toutes les directions   **d.** un train continu de : une série de, un ensemble de   **e.** il s'agit de : la question est de   **f.** performant : aux résultats excellents   **g.** à la mesure de : selon, proportionnés à   **h.** mettre à bas : vaincre, faire disparaître   **i.** renouent avec : reconnaissent l'importance de

NOTES

infographie

Contraction des mots « informatisation » et « graphisme ». L'infographiste est la personne qui traite les images en informatique.

PBX

(Private Branch Exchange) : **autocommutateur privé**. Installation téléphonique moderne remplaçant l'ancien standard et reliant les différents postes de communication d'une entreprise.

récession économique

Elle a lieu quand le **produit intérieur brut** (PIB) baisse pendant deux trimestres consécutifs. Le PIB est un indicateur économique conventionnel qui évalue la production des biens et services créés chaque année dans un pays. Le taux de croissance du PIB sert à évaluer le niveau d'activité économique.

Certains signes de la récession : taux d'intérêt élevés, faible consommation des produits, augmentation du chômage, nombreuses faillites d'entreprises.

secteur primaire

Premier secteur des activités économiques. Comprend les industries de première transformation et d'exploitation des ressources naturelles : les secteurs agricole et minier, les forêts, la chasse et la pêche, l'élevage, etc.

secteur secondaire
> Transformation des matières premières en produits finis : les industries manufacturières et industrielles, la construction, les travaux publics, etc.

secteur tertiaire
> Activités administratives, commerciales et de service : le commerce, les banques, les compagnies d'assurances, les transports, les professions libérales, etc.

vidéotex
> Affichage de textes et de graphiques.

I. VOCABULAIRE SPÉCIALISÉ

1   **la gestion de l'information** : information management
2   **une récession économique** : economic recession
3   **le secteur tertiaire (syn. des services)** : service industries
            - primaire
            - secondaire
4   **le secteur des services** : service industries
5   **le secteur manufacturier** : secondary industry
6   **le secteur primaire** : primary industry
7   **une pénurie** : shortage
8   **un investissement** : investment
            investir
            un(e) investisseur(-euse)
9   **un micro-ordinateur** : micro computer
10   **le traitement de texte** : word processing
11   **un PBX numérique (syn. autocommutateur privé)** : Private Branch Exchange
12   **l'informatique (f.)** : electronic data processing
13   **la concurrence** : competition
            un(e) concurrent(e)
14   **un(e) manufacturier (-ière)** : manufacturer
15   **un bit (syn. chiffre binaire) :** bit
16   **un standard** : switchboard
17   **la compatibilité** : compatibility
18   **un terminal** : terminal
19   **la messagerie** : (text) messaging, (voice) messaging
20   **l'émulation (f.)** : emulation
21   **une passerelle** : gateway
22   **une recherche documentaire** : file/document retrieval
23   **un protocole de transfert** : communication protocol
24   **assisté par ordinateur** : computer-assisted
25   **l'infographie** : computer graphics

26 **un vidéotex** : videotex
27 **la gestion (du temps, d'archives...)** : time management, records management, files management, archives administration, calendar management
28 **le fenêtrage** : windowing
29 **le classement** : filing
30 **un poste de travail intégré** : integrated workstation
31 **la bureautique** : office automation

II. RÉSUMÉ

Dans ce texte, il s'agit d'expliquer ce qu'est la bureautique.

Parce que le secteur tertiaire s'accroît, il faut moderniser les équipements de bureau si l'on veut que ceux-ci deviennent plus efficaces et qu'ils améliorent leur productivité. La bureautique qui intègre des outils tels que le micro-ordinateur et le PBX numérique, peut aider les administrations à mieux gérer l'information (sous forme de voix et de données, de textes, de graphiques ou d'images) qui circule donc mieux et plus vite.

Ainsi, on va peu à peu assister à l'automatisation des tâches de bureau et il faudra veiller à la compatibilité entre les équipements qui seront soit IBM soit Bell.

Grâce à cette nouvelle technologie, le personnel de bureau aura à sa disposition de plus en plus de services (création de documents, messagerie, diffusion de documents, téléconférence...) qui l'aideront à devenir plus efficace dans sa façon de gérer l'information.

Mais l'on ne pourra parler de révolution bureautique que lorsque ces changements technologiques seront accompagnés d'une meilleure gestion des administrations.

III. QUESTIONS SUR LA COMPRÉHENSION DU TEXTE

1. Pourquoi une révolution bureautique est-elle nécessaire dans les administrations ?

2. Quel est l'objectif principal que cherche à atteindre la bureautique ?

3. Pourquoi parle-t-on de « bureautique intégrée » ?

4. En quoi consiste la concurrence entre IBM et Bell ?

5. Quels sont les avantages qu'apportera la bureautique aux travailleurs de l'information ?

6. Est-ce que seuls les changements bureautiques suffiront à améliorer la productivité des administrations ?

IV. REMUE-MÉNINGES

1. La bureautique fait peur à tous les non-spécialistes en informatique. Pensez-vous qu'on puisse s'en passer aujourd'hui, dans le monde du travail ?

2. Vu les progrès considérables qu'accomplit actuellement l'informatique, pensez-vous que l'être humain coure le risque de se faire dépasser puis étouffer par l'ordinateur ?

3. Êtes-vous d'accord avec l'auteur de cet article quand il écrit : « Nous ne doutons pas que les performances du personnel de bureau en sortiront grandement améliorées » ? Pensez-vous que le personnel de bureau soit pleinement satisfait de cette révolution électronique ?

V. EXERCICES DE LANGUE

A. Trouvez des mots de la même famille.

1. le bureau _____ _____

2. l'information _____ _____

3. la productivité _____ _____

4. un investissement _____ _____

5. un manufacturier _____ _____

6. le classement _____ _____

B. Où est l'intrus ?

le micro-ordinateur - le traitement de texte - la pénurie - l'informatique - le fenêtrage

C. Mettez ces mots en contexte.

1. le secteur manufacturier

2. le traitement de texte

3. la recherche documentaire

4. l'infographie

5. un poste de travail intégré

D.   Reconnaissez l'erreur orthographique.

1.   Les ordinnateurs vont bientôt gouverner le monde.

2.   Les nouveaux équipments de bureau sont dispendieux.

3.   Le secteur terciaire est celui qui se développe le plus vite actuellement.

4.   Quand on installe plusieurs ordinateurs dans un même bureau, il faut s'assurer de leur comptabilité.

5.   La bureautique a pour but d'aider la bureaucracie.

E.   Trouvez l'équivalent des mots en gras.

1.   Le secteur **des services** est en pleine expansion, actuellement.

2.   La bureautique vise à informatiser toutes **les machines** de bureau.

3.   Grâce à l'informatique, certaines tâches de bureau seront **faites par les ordinateurs** et non plus par les secrétaires.

4.   La bureautique vise à aider le personnel de bureau à devenir plus efficace dans **sa** façon de **s'occuper** de l'information.

5.   Depuis quelques années, il y a une vive **compétition** entre les compagnies internationales de bureautique.

★ ★ ★

LA BUREAUTIQUE

UNE SCIENCE EN MAL DE DÉFINITION

Conseillers[1] *et experts n'en parlent plus que du bout des lèvres*[a]. *C'est à croire que le terme n'est plus à la mode ou qu'il cache une tare quelconque. Pourtant de vives discussions s'engagent encore entre spécialistes pour définir ce qu'est, au juste*[b], *la bureautique.*

Au-delà de la quincaillerie[2]

« Certaines personnes pensent immédiatement au traitement de texte[3] alors qu'il faut voir la bureautique comme un ensemble d'outils intégrés pour le traitement de l'information, note Paul Terni, de DMR, la plus importante firme de services informatiques au Canada[4]. Chez nous, nous parlons plutôt de système de gestion[5]. Si vous posez la question à un de nos consultants[6] senior, il vous répondra peut-être que la bureautique n'existe pas ! »

Quoi qu'il en soit, la perception de la bureautique a changé. Définie auparavant à la lumière de ses seules possibilités techniques (la quincaillerie), la bureautique se discute maintenant dans une optique[c] plus large, sous l'angle des changements des méthodes de travail et de gestion. Ce qui était négligé autrefois devient aujourd'hui prioritaire, dont les impacts sur l'organisation du travail et sur le personnel[7]. On recherche moins le tape-à-l'oeil que des moyens de développer l'organisation en fonction de l'introduction des nouvelles technologies.

D'autre part, le domaine de l'informatique continue d'évoluer sans qu'on ait encore réussi à en intégrer parfaitement les différents outils. Qui plus est[d], on ne dispose pas encore d'instruments sûrs pour mesurer l'efficacité et la rentabilité[8] des systèmes, encore moins pour en vérifier les impacts à tous les échelons d'une entreprise. Ainsi la bureautique dite « intégrée » est encore au stade de la recherche et de l'expérimentation.

Les outils bureautiques

Pour donner tout de même une image de ce qu'est la bureautique, on fait habituellement référence à une gamme d'outils électroniques et informatiques pour le traitement et la gestion de l'information dans un bureau. Selon Michel Blanchard, du Centre spécialisé en bureautique du Cégep Bois-de-Boulogne, cinq grandes fonctions caractérisent ce qu'on pourrait appeler un système bureautique[9] complet :
1) Un traitement de texte avancé.
2) Un chiffrier électronique[10] performant[11], qui permet des opérations de calcul et la production de tableaux[12] et de colonnes de chiffres.
3) Un système d'agenda[13] complet pouvant être relié au traitement de texte.

4) Un système de communication et de messagerie[14], à l'interne comme à l'externe[e].

5) Des bases de données[15] facilement accessibles, programmables, pour la gestion des dossiers[16] et documents.

À cela, on peut ajouter des fonctions d'aide à la décision qui prennent la forme de logiciels[17] d'analyse du marché[18], de gestion de projets, de prévisions[19] et de planification financières[20], etc.

« Les systèmes disponibles sur le marché ne supportent pas toutes ces fonctions simultanément, explique Michel Blanchard, même si la tendance est à l'intégration technologique. On trouve par contre de plus en plus de logiciels qui permettent l'intégration de plusieurs applications informatiques. C'est d'ailleurs le logiciel qui est le moteur principal d'un système bureautique. »

Pour des besoins de gestion simples, une petite entreprise s'équipera par exemple d'un logiciel de comptabilité[21] roulant sur un micro-ordinateur [22]. C'est la bureautique à son niveau le plus élémentaire. Lorsque l'information à traiter [23] devient plus considérable, comme dans un service public par exemple, les besoins décuplent. C'est là qu'intervient l'information en réseau[24], sous la forme de stations de travail[25] reliées à un ordinateur central (mainframe), ou à un serveur (mini-ordinateur ou super-micro) capable de supporter plusieurs tâches simultanément. Les capacités de stockage[26] et de consultation de données[27] sont alors essentielles. Souvent, on fait en sorte que chaque station de travail (terminal ou micro-ordinateur) soit autonome tout en ayant accès aux données du système central. Cet exemple de la dynamique des réseaux en révèle aussi la problématique... Huit personnes qui travaillent en même temps à partir d'une même source exigent énormément du système, en terme de tri d'information[28] et de temps d'exécution[29]. La pression est parfois trop forte pour l'ordinateur, et il est victime de burn-out !

La bureautique, donc, est un ensemble d'outils électroniques complexes, qui pose encore aujourd'hui des problèmes de compatibilité[30] et d'efficacité. L'intégration parfaite des télécommunications et de l'informatique, la mise au point de réseaux intégrant la voix et l'image, tels sont les défis technologiques actuels de la bureautique.

La bureautique, un changement de mentalité ?

Sur le plan des impacts, le portrait de la bureautique est moins clair. Et pour cause : la recherche sur le sujet existe peu ou pas. Michelle Guay, du Centre canadien de recherche sur l'informatisation[31] du travail (CRIT), estime que la recherche en bureautique n'est qu'au stade embryonnaire[f] au Québec. « On commence seulement à réaliser que la bureautique constitue un changement profond dans la façon de travailler, dit-elle, et à se préoccuper de la culture d'une organisation face à l'informatisation. » Le CRIT remplit d'ailleurs ce rôle de recherche, avec pour objectif principal de faire le pont entre[g] les usagers et les fabricants[32].

À l'occasion d'une conférence organisée conjointement par le Groupe de Bureautique de Montréal (GBM) et l'Institut des conseillers en organisation et méthodes (ICOM), Jean-Pierre Delwasse, de la firme CGI, a résumé ainsi la situation. « La recherche en bureautique ne devrait plus se préoccuper uniquement de problèmes techniques, mais surtout des personnes qui l'utilisent. On ne doit plus penser en terme d'outils, mais plutôt en terme de système global qui modifie les valeurs mêmes d'une organisation. »

L'introduction des outils bureautiques a perturbé entre autres les tâches traditionnelles des secrétaires et des employés de bureau[33], positivement ou négativement selon les cas. Trop souvent en effet, on s'est peu soucié des impacts sur le travail, ce qui a eu souvent pour résultat d'augmenter la résistance au changement, l'absentéisme[34] et le roulement du personnel[35]. Quelques histoires d'horreur circulent d'ailleurs à ce sujet, comme le cas de cette entreprise montréalaise qui a perdu 60 % de ses employés après avoir introduit de nouvelles machines dans ses bureaux !

Le juste équilibre

Les spécialistes en informatique, même s'ils ne s'entendent pas sur la définition de la bureautique, s'entendent pour dire qu'il faut impliquer à la fois les dirigeants[36] et les employés dans le processus d'introduction des technologies. À cet égard, un des aspects les plus critiques à considérer, c'est la formation[37] et la sensibilisation du personnel. « C'est un élément qui a été négligé dans le passé et qui doit primer aujourd'hui, avant même l'achat[38] de l'équipement, » note Jean-Pierre Delwasse.

Entre les défis techniques et les défis humains, la bureautique cherche encore à se situer, voire[h] à se définir. À la fascination pour le gadget électronique succède maintenant une volonté de bien faire les choses, dans le respect des personnes qui sont la ressource[39] première d'une entreprise. Tout le monde le reconnaît, reste[i] maintenant à mettre cette bonne volonté en pratique pour « humaniser » la bureautique. [...]

Marc Sévigny
Le Devoir

---

a. du bout des lèvres : discrètement, faiblement   **b.** au juste : exactement   **c.** dans une optique : d'un point de vue   **d.** qui plus est : de plus   **e.** à l'interne comme à l'externe : à l'intérieur et à l'extérieur du bureau   **f.** au stade embryonnaire : à ses débuts   **g.** faire le pont entre : établir un lien entre   **h.** voire : et même   **i.** reste à : il faut

I. VOCABULAIRE SPÉCIALISÉ

1 **un(e) conseiller (-ère)** : advisor, consultant
      conseiller quelqu'un
      un conseil
2 **la quincaillerie** : hardware
3 **le traitement de texte** : word processing
      une machine à traitement de texte
      un ordinateur
4 **l'informatique** : electronic data processing
5 **la gestion** : management
      gérer
      un(e) gestionnaire
6 **un(e) consultant(e) (syn. expert(e)-conseil)** : consultant
7 **le personnel** : staff
8 **la rentabilité (d'un système)** : profitability
9 **un système bureautique** : a system of computerized office equipment, office
      automation
10 **un chiffrier électronique** : electronic spreadsheet
11 **performant** : with a high degree of efficiency
12 **des tableaux de chiffres** : spreadsheets
13 **un système d'agenda** : time management system, calendar/appointment book
14 **un système de messagerie** : electronic messaging system
15 **une base de données** : data base
16 **un dossier** : file
17 **un logiciel** : software
18 **un marché** : market
19 **des prévisions financières** : financial estimated forecasts
20 **la planification financière** : fiscal projection
      planifier
      un plan sur x années
21 **la comptabilité** : accounting
22 **un micro-ordinateur** : micro-computer
23 **traiter** : to process
      le traitement (de l'information)
24 **un réseau** : network
25 **une station de travail** : workstation
26 **un stockage (de données)** : data storage
      stocker
27 **une donnée** : data
28 **un tri d'information** : information sorting
      trier (les données)
29 **un temps d'exécution** : processing time
30 **la compatibilité** : compatibility
      compatible
31 **l'informatisation (du travail)** : computerization

32 **un(e) fabricant(e)** : manufacturer
33 **un(e) employé(e) de bureau** : office clerk
34 **un absentéisme** : absenteeism
35 **un roulement du personnel** : staff turnover
36 **un(e) dirigeant(e) (d'entreprise)** : manager
37 **une formation (de personnel)** : training
   former quelqu'un
38 **un achat (d'équipement)** : purchase
   acheter
   un(e) acheteur (-teuse)
39 **une ressource** : resource

II. RÉSUMÉ

La bureautique est bien difficile à définir. Certains la définissent comme « un ensemble d'outils intégrés pour le traitement de l'information. » Mais en plus de ses capacités techniques, la bureautique influence les méthodes de travail et de gestion des entreprises.

Un système bureautique complet et intégré se compose d'un traitement de texte, d'un chiffrier électronique, d'un système d'agenda, d'un système de communication et de messagerie et enfin, de bases de données.

Un système bureautique peut uniquement se composer d'un simple logiciel marchant sur un micro-ordinateur ou se composer d'un réseau de serveurs reliés à un ordinateur central, selon les besoins de l'institution qui l'utilise.

Mis à part les défis technologiques il y a aussi les défis humains auxquels doit faire face la bureautique actuelle. En effet, on ne peut plus négliger de prendre en considération l'impact qu'elle a sur le bien-être et l'efficacité du personnel de bureau. Il faut essayer de l' « humaniser. »

III. QUESTIONS SUR LA COMPRÉHENSION DU TEXTE

1. La bureautique est-elle facile à définir ? Quelles sont les différentes définitions qu'on en donne dans cet article ? Quelle est celle qui vous semble la meilleure ?

2. La bureautique, avec toutes ses possibilités techniques, influence quels aspects du travail dans les entreprises ?

3. L'idéal de la bureautique c'est de parvenir à intégrer les différents outils électroniques et informatiques à la disposition du personnel de bureau ; en est-elle déjà arrivée à ce stade ?

4. Qu'est-ce qui compose un système bureautique complet ?

5. Dans les services publics, est-ce qu'un simple logiciel et un micro-ordinateur suffisent à répondre aux besoins du personnel ?   De quel type d'outils informatiques dispose-t-on pour faire face aux exigences de telles institutions ?

6. Quels sont donc les défis technologiques actuels de la bureautique ?

7. Quels sont les impacts que la bureautique a sur le personnel de bureau ?

8. Comment faut-il s'y prendre pour que l'implantation de nouveaux équipements informatiques soit acceptée par les employés d'une entreprise ?

IV. REMUE-MÉNINGES

1. Faites la liste des avantages et des inconvénients de la bureautique.

2. Mis à part le monde des affaires, dans quels autres domaines la bureautique peut-elle rendre des services ?

3. Pensez-vous que le personnel de bureau (standardistes, secrétaires...) risque de se faire peu à peu remplacer par des outils électroniques et informatiques sophistiqués ? Donnez des exemples précis.

V. EXERCICES DE LANGUE

A.   Trouvez des mots de la même famille.

1.   la rentabilité   _____   _____

2.   une entreprise   _____   _____

3.   un financier   _____   _____

4.   la comptabilité   _____   _____

5.   la gestion   _____   _____

6.   un programme   _____   _____

B.   Trouvez les antonymes des mots en gras.

1.   la **stagnation** des affaires   _____

2.   l'**accroissement** de la productivité   _____

3.   la **pénurie** d'investissements   _____

C.   En français, s'il vous plaît !

1.   nos consultants seniors

2.   victime de burn-out

D. **Vrai ou faux ?**

	vrai	faux
La bureautique :		
- permet l'accès à une banque de données	*	*
- intègre des supports d'information au sein d'un même réseau de communication	*	*
- aide à négocier les affaires	*	*
- crée des logiciels de traitement de texte	*	*
- facilite et accélère la correspondance commerciale	*	*
- augmente les investissements d'une entreprise	*	*

E. **Trouvez des dérivés de mots modernes avec le suffixe -ique.**
Exemple: bureautique

F. **Remplacez les anglicismes par des termes français.**

1. Tout le staff de cette compagnie est hautement qualifié.

2. Notre équipement de bureau ne marche pas bien. Il faut le renvoyer au manufacturer.

3. Aux États-Unis, les entreprises font souvent appel aux services de consultants.

4. Dans notre compagnie, tous les computeurs sont compatibles les uns avec les autres.

5. Aujourd'hui, presque tout le monde a un word processeur à la maison.

★ ★ ★

POUR ALLER PLUS LOIN

VOCABULAIRE UTILE DU TÉLÉPHONE

· donner un coup de téléphone   (un **coup de fil** : fam.)

· **décrocher** (le **combiné**)

· attendre la **tonalité**

· **composer** (faire)   le numéro en appuyant sur le **clavier** de numérotation
(certains postes ont un **affichage numérique**)

· le téléphone **sonne** à l'autre **bout du fil**

· composer un **mauvais numéro, se tromper de numéro, avoir le mauvais
numéro**

· **l'abonné** (le **correspondant**) ne répond pas

· **raccrocher** (le combiné)

· vérifier le nom de l'abonné dans **l'annuaire** téléphonique

· demander un numéro à la **standardiste** (de l'**Assistance annuaire**)

· c'est un numéro **non inscrit** (« unlisted ») (France : **un numéro rouge**)

· pour faire un **appel interurbain**, il faut d'abord composer l'**indicatif régional**

· la ligne est **occupée, perturbée, en dérangement** ; il y a **un brouillage,**
une **rupture** de communication

· (donnez-moi le) **poste** 216, s'il vous plaît

· recevoir **un appel importun**

FAITES PASSER LE MESSAGE

demandé (l'appelé)	demandeur (l'appelant)

. Service à la clientèle, Yves Dubois.
. Société d'aménagement urbain.
. Ici, Yves Dubois.
. Yves Dubois à l'appareil.

. Bonjour Monsieur (Madame),
puis-je parler à Monsieur Trembley ?
. M.G. Trembley, s'il vous plaît.

. Ne quittez pas, je vous le passe.
. Un instant | s'il vous plaît.
  Un moment | je vous prie.
. C'est lui-même.
. De la part de qui?
. Puis-je lui dire qui l'appelle ?
. Je regrette mais...
  Je suis désolé...
. Monsieur Trembley est occupé

       en réunion
       au téléphone
       en vacances
       absent pour la matinée
       et ne sera de retour qu'à...

- Désirez-vous attendre ?
- Puis-je lui demander de vous rappeler ?
- Puis-je vous être utile ?
- Puis-je prendre un message ?
- Préférez-vous rappeler ?

(remerciements du demandeur)

. Je vous en prie.
. Il n'y a pas de quoi.
- Au revoir Monsieur (Madame).

VOCABULAIRE DU BUREAU

Agrafe (f) : *staple*
agrafeuse (f) brocheuse (f) : *stapler*
  dégrafeuse (f) : *staple remover*
attache (f) : *paper clip*

Bloc éphéméride (m) : *calendar pad*

Chariot de bureau (m) : *shelf truck*
chemise (f) : *folder*
classer : *to file*
classement (m) : *filing*
  armoire à classement (f) : *filing cabinet*
  armoire-classeur (f) : ------
  bac de classement (m) : *mobile file cabinet*
corbeille à courrier (f) : *mail tray*
  arrivée : *in*
  départ : *out*
corbeille à papier (f) : *waste basket*
courrier (m) : *mail*
  boîte à courrier (f) : *mail box*
corbeille à courrier : *mail tray*

Distribution de
  courrier (f) : *mail distribution*
  levée du courrier (f) : *mail pick-up*
dossier (m) : *file*

Élastique (m) : *rubber band*
étiquette (f) : *label*
enveloppe (f)
  à fenêtre : *window envelope*
  à remployer : *re-usable envelope*
  envoi (m) : *piece of mail*
expédier / poster : *to mail*

Fiche (f) : *index card*
fichier (m) : *file, card index*
-- rotatif : *revolving file*

Gomme (f) : *eraser*
gommer : *to erase*

Imprimé (m) : *printed matter*

Machine à affranchir (f) : *postage meter*

Ouvre-lettre (m) : *paper knife/ letter opener*

Papeterie (f) : *stationery*
  armoire à papeterie :
    stationery cabinet
papier à lettres (m) : *letter-paper*
perforatrice à papier (f) : *paper punch*
pèse-lettre (m) : *letter scales*
pique-notes (m) : *paper spike*
planchette à pince (f) : *clipboards file*
pli (m) : *envelope*
porte-mine (m) : *mechanical pencil*
punaise (f) : *thumbtack*

Règle (f) : *ruler*
répertoire d'adresses (m) :
  names, customer's finder
ruban adhésif (m) : *adhesive tape*
  scotch (m) : ------
  serre papier (m) : *letter-clip*
  pince-notes (m) : *paper clip*

Sous-main (m) : *desk pad*

Tableau d'affichage (m) : *bulletin board*
trombone (m) : *paper clip*

VOCABULAIRE SÉLECTIF DE L'INFORMATIQUE

Affichage (m) : *display*

Banque de données (f) : *database*
base de données (f) : ------
bit (syn : chiffre binaire) (m) : *bit*

Charger un programme : *to load a program*
clavier (m) : *keyboard*
clé de recherche (f) : *search key*
configuration (f) : *configuration*
copie sur papier (f) : *hard copy*

Défilement (m) : *scrolling*
disque souple (m) : *floppy disk*
donnée d'entrée (f) : *input*
-- de sortie : *output*

Écran (m) : *screen*
espace virtuel (m) : *cyberspace*
exécuter un programme : *to run a program*

Informatique (f) : *electronic data processing*

Fenêtrage (m) : *windows*
fichier (m) : *file*
  de réserve : *back-up file*
  principal : *main file*
fusionner : *to merge*

Image d'écran (f) : *soft copy*
imprimante (f) : *printer*
  matricielle (f) : *dot matrix*
internaute (m,f) : *netsurfer*
interface (f) : *interface*

Logiciel (m) : *software*

Matériel (m) (syn : quincaillerie (f)) : *hardware*
mémoire (f) : *storage unit*
  à accès direct : *random access memory*
  de grande capacité : *mass storage*
  externe : *external storage*
  fixe : *read-only memory*
  interne : *internal storage*
  principale : *main storage*
  tampon : *buffer*
mot de passe (m) : *password*

Ordinateur (m) : *computer*

Page d'accueil (f) : *home page*
panne (f) : *failure*
présentation des données (f) : *format*
puce (f) : *chip*

Recherche d'information (f) : *information retrieval*
rechercher : *to search*
restaurer : *to restaure*

Saisie de données (f) : *data entry*
stockage de données (m) : *storage*
suspendre : *to abort*

Traitement de données (m) : *data processing*
-- de texte : *word processing*
tri d'information (m) de données : *data sorting*

Unité d'entrée (f) : *input unit*
-- de sortie : *output unit*

CHAPITRE II

LES EMPLOIS

TECHNIQUES POUR TROUVER UN MEILLEUR EMPLOI

Combien vous reste-t-il d'heures à travailler ? 20 000 ? Et de salaire[1] à recevoir ? 250 000 dollars ? 500 000 ? Un petit calcul vous convaincra que passer quelques heures, voire quelques mois, à réfléchir sur sa carrière[2] est rentable. Malheureusement, personne ne nous a appris à changer d'emploi, choisir une nouvelle voie, bien s'orienter au cégep[a] et à l'université ou même trouver du travail... Comment s'y prendre[b] ?

Pour se donner un objectif d'emploi, reconnaître ses talents avec les choses, les gens ou les chiffres ne suffit pas ; encore faut-il définir la région, le domaine d'activité, l'environnement humain, les objectifs, les conditions de travail, le niveau de responsabilité, le salaire qui conviennent. Un bon métier[3] ne rend pas heureux si on se heurte chaque jour à un environnement contraire à ses goûts.

Soignez votre curriculum vitae[4]. S'il n'ouvre pas toutes les portes, le curriculum en ferme plusieurs lorsqu'il est mal présenté, illisible, ennuyeux. La première page devra accrocher[c] l'employeur[5], lui donner envie d'en savoir davantage. Le plus souvent, on y résume les connaissances et qualités acquises par les expériences professionnelles et on y révèle son objectif de carrière.

Un curriculum ne doit pas dépasser deux ou trois feuillets. Seul Geoffrey Lalonde préconise 10 à 15 pages où l'on comptabilise ses déménagements, ses voyages à l'étranger, ses lauriers de petite école... Rédigé par un conseiller, il peut coûter 30, 60, 100 ou 400 dollars.

Faut-il tout dire ? Non. Sans mentir, il faut préparer un curriculum positif, dynamique et, en entrevue[6], il sera toujours temps de répondre aux questions embarrassantes. Le curriculum est un outil de vente, pas une autobiographie. Il est accompagné d'une lettre reprenant les exigences de la compagnie[7].

Menez une recherche astucieuse qui vous permette même de susciter votre emploi. La majorité des postes sont comblés[8] sans annonces[9]. En lisant les journaux, on ne voit donc que le sommet de l'iceberg ; il faut se mouiller[d], braver l'inconnu pour trouver un emploi. Quelques suggestions : enquêter sur la région et l'activité choisie ; lire les pages financières[10] pour envoyer au bon moment les « candidatures spéculatives » bienvenues parfois lors de réorganisations, expansions, successions ; suggérer une idée nouvelle, quitte à[e] aider la compagnie à financer[11] votre emploi grâce aux programmes gouvernementaux.

Faut-il se faire aider par une agence de placement[12] ? Cela dépend de l'emploi et du tarif, et c'est généralement inutile. Pour les cadres[13], il n'en coûte rien d'adresser confidentiellement son curriculum à quelques agences de recrutement[14]. Si vous avez l'heur de[f] plaire à un conseiller, il peut vous suggérer une candidature auprès d'une compagnie-cliente. Le recrutement par agence coûte cher à la compagnie : de 15 à 30 p. cent du salaire annuel ; aussi la fidélité du cadre est-elle garantie quelques mois par le « chasseur de têtes[15] ».

Préparez très minutieusement l'entrevue. Cela signifie : mener une enquête sur la compagnie, se renseigner sur le poste disponible[16] et sur le décideur, s'exercer à répondre brièvement aux questions prévisibles, s'habiller de façon classique, comme si on occupait déjà le poste convoité, arriver avant l'heure et rester calme.

Deux stratégies sont possibles en début d'entrevue : parler le moins possible et interroger discrètement sur ce que recherche la compagnie, comme le recommande Richard A. Payne dans *How to get a better job quicker*, ou assommer l'intervieweur[17] par une déclaration préliminaire de quatre minutes comme le conseille Geoffrey Lâlonde, qui anime des séminaires mensuels au YMCA de Montréal pour tous les chercheurs d'emploi[18]. Les conseillers préconisent ensuite de donner des réponses courtes, de dire la vérité, de ne jamais médire sur l'employeur précédent, de parler de salaire le plus tard possible ; de s'adresser à tous les interviewers (s'ils sont plusieurs) et de toujours demander un temps de réflexion si le poste est offert après l'entrevue.

« Autrefois, on misait beaucoup sur la qualification professionnelle. Maintenant, on vend le potentiel d'une personne, » note M. Camille Labrecque du Conseil de placement professionnel. Aussi la préparation, l'imagination, la hardiesse sont-elles de mise[g] tout au long de la recherche et même de la carrière.

Un chômeur[19] diplômé doit étudier une seconde spécialité plutôt que de se lancer dans un doctorat, utile seulement aux enseignants, et il doit lire le guide *Impact*. Les fonctionnaires[20] se réinsèrent mieux dans le secteur privé s'ils émigrent avant cinq ans. Quant aux femmes, elles doivent se montrer deux fois plus énergiques car les Centres de main-d'oeuvre[21] les placent[22] deux fois moins que les hommes...

Marie-Agnès Thellier
L'Actualité

---

a. un cégep : au Québec, collège d'enseignement général et professionnel, situé entre le secondaire et l'université   **b.** comment s'y prendre ? : comment faire ?   **c.** accrocher : intéresser, piquer la curiosité   **d.** se mouiller : prendre des risques   **e.** quitte à : en admettant la possibilité de   **f.** l'heur de : la chance de   **g.** de mise : accepté, convenable

NOTE

Salarié
> Du latin *salarium* -- ration de sel donnée aux soldats romains. Plus tard, cette « ration de sel » sera remplacée par une indemnité.

I. VOCABULAIRE SPÉCIALISÉ

1 **un salaire hebdomadaire :** weekly wage(s)
>> **bi-mensuel**
>> **mensuel**
>> **annuel**
>> **un(e) salarié(e)**
>> **le salariat**
>> **des négociations salariales**

2 **une carrière :** career
>> **un métier**
>> **un poste**
>> **un emploi**
>> **chercher un emploi**
>>> **un(e) chercheur (-euse) d'emploi**
>>> **un(e) employeur (-euse)**
>>> **employer quelqu'un**
>>> **un(e) employé(e)**

3 **un métier :** job, occupation, trade

4 **un curriculum vitae :** C.V., résumé
>> **rédiger un C.V.**

5 **un(e) employeur (-euse) :** employer

6 **une entrevue (syn. un entretien) :** interview
>> **passer une entrevue**
>> **un(e) intervieweur (-euse)**

7 **une compagnie :** company

8 **un poste :** position

9 **une (petite) annonce :** want ad

10 **une page financière :** business section
>> **financer quelque chose**
>> **les finances**
>> **un(e) financier (-ière)**

11 **financer quelque chose :** to finance

12 **une agence de placement :** placement agency
>> **une agence de recrutement**
>> **placer quelqu'un**

13 **un(e) cadre :** executive
>> **un(e) jeune cadre**

14 **une agence de recrutement :** recruiting agency

[15] **un(e) chasseur (-euse) de têtes** : head hunter
[16] **un poste disponible** : vacancy
[17] **un(e) intervieweur (-euse)** : interviewer
[18] **un(e) chercheur (-euse) d'emploi** : job applicant
[19] **un(e) chômeur (-euse)** : unemployed person
      chômer (syn. être au chômage)
[20] **un(e) fonctionnaire** : civil servant
[21] **un Centre de main-d'oeuvre (France : Agence nationale pour l'emploi - ANPE) :**
      Employment Center
[22] **placer quelqu'un** : to find a job for someone

II. RÉSUMÉ

- Soignez votre curriculum vitae :
    - la 1ère page devra accrocher l'employeur
    - y figureront les connaissances et les qualités acquises ainsi que
    - les objectifs de carrière
    - pas plus de 2 ou 3 feuillets
    - c'est un outil de vente
    - il est accompagné d'une lettre.

- Essayez même de susciter votre emploi :
    - enquêtez sur la compagnie
    - renseignez-vous sur le poste disponible et sur le décideur
    - exercez-vous à répondre brièvement aux questions prévisibles
    - habillez-vous de façon classique
    - arrivez avant l'heure
    - restez calme.

- En début d'entrevue :
    - parlez peu et interrogez sur ce que recherche la compagnie
    - faites une déclaration préliminaire de quelques minutes.

- Puis :
    - donnez des réponses courtes
    - dites la vérité
    - ne médisez pas sur l'employeur précédent
    - parlez de salaire le plus tard possible
    - adressez-vous à tous les interviewers
    - demandez un temps de réflexion si le poste vous est offert
      après l'entrevue.

III. QUESTIONS SUR LA COMPRÉHENSION DU TEXTE

1. Qu'est-ce qu'un bon C.V. ?

2. Comment trouver un emploi ?

3. Est-ce une bonne idée, selon l'auteure, de s'adresser à une agence de placement ?

4. Si l'on obtient une entrevue, comment faut-il s'y prendre avant et pendant celle-ci, pour augmenter ses chances de succès ?

IV. MISE EN SITUATION

Vous lisez les petites annonces suivantes dans le journal et vous décidez de poser votre candidature pour l'un des postes décrits. On vous convie ensuite à une entrevue car votre candidature intéresse la compagnie que vous avez contactée. Préparez-vous sérieusement pour cette entrevue.

---

futur responsable de notre filiale au Canada

JEUNE DIPLOME ETUDES SUPERIEURES ET CANADIEN DE LANGUE FRANÇAISE

Répondant a des besoins sans cesse croissants dans notre secteur d'activité LE NETTOYAGE INDUSTRIEL notre société s'est développée régulierement (CA + 20 % an). Aujourd'hui, nous sommes 6.500 et regroupons 33 agences en France. L'un des principaux facteurs de notre reussite nos collaborateurs. jeunes. ambitieux et compétents Nous poursuivons notre expansion et recherchons le futur responsable de notre filiale au Canada

Nous souhaitons preparer a cette fonction un jeune diplômé **GRANDE ECOLE de GESTION ou COMMERCE**, CANADIEN de langue FRANÇAISE En France. pendant environ 3 ans. vous occuperez différents postes cles afin de bien maitriser le fonctionnement de la société et d'acquerir la technicité indispensable Puis, ayant prouve vos capacites d'adaptation face aux problèmes rencontrés a tous niveaux dans la société. votre autonomie. votre goùt d'entreprendre et vos qualités d'excellent négociateur. vous prendrez la responsabilité de notre filiale au CANADA En France. bien sùr. nous vous demandons une totale disponibilité géographique. Une premiere expérience professionnelle serait un atout supplementaire

Si cette proposition vous intéresse. nous vous demandons d'adresser votre dossier de candidature. C V et photo sous référence 153 a

ORES MEDIA
4. rue Quentin Bauchart
75008 PARIS

ORES MEDIA

Organisation et Publicité

REPRÉSENTANT/E BILINGUE
Service à la clientèle

Si vous êtes parfaitement bilingue (français/anglais) et possédez d'une (1) à deux (2) années d'expérience dans le service à la clientèle, Kleen Stik-Fasson, une filiale prospère des Industries CCL, a quelque chose de très intéressant à vous offrir.

Nous ferons appel à vos aptitudes pour prendre note avec attention les commandes téléphoniques et les expédier; fournir les dates de livraison et autres détails importants à la clientèle; et répondre aux demandes de renseignements et aux plaintes. Pour bien remplir votre tâche, nous vous demanderons d'établir et de tenir à jour un système complet de suivi et relance; vous devrez également prêter assistance pour le classement et la vérification des dates de confirmation. Il est souhaitable que vous soyez familier(ière) avec les terminaux d'ordinateurs et la dactylographie. Un diplôme d'études secondaires est essentiel et des cours connexes seraient appréciés.

Nous offrons un salaire concurrentiel et d'attrayants avantages sociaux. Si vous cherchez une entreprise orientée vers le public et où vous pourrez vraiment faire preuve de vos capacités, veuillez faire parvenir votre curriculum vitae en anglais à l'adresse suivante:

Service des ressources humaines

KLEEN STIK-FASSON INC.

A SUBSIDIARY OF CCL INDUSTRIES INC.

81 Dowty Road, Ajax, Ontario, L1S 2G3

An equal opportunity employer.

ASSISTANT(E) ADMINISTRATIF(VE)

(20)   Assistant(e) administratif(ve) pour agence de publicité francophone. Cette personne aura la responsabilité de tâches administratives telles que : suivi des dossiers, service à la clientèle, facturation, comptabilité de base. Maîtrise du français écrit et parlé indispensable et bonne connaissance du Mac (Microsoft et Excel). Veuillez télécopier votre CV et salaire au (416) 486-8618.

EXPERT
(IMPORT-EXPORT)

Entreprise de commerce international recherche une personne compétente en import-export.
La maitrise de l'anglais et de l'espagnol est demandée.
Capacité à travailler avec un système informatique est un atout certain.

Veuillez adresser votre curriculum vitae à:
LA PRESSE, Réf.: 18338
C.P. 6041, Succ. «A»
Montréal, Québec   H3C 3E3

EN RAISON DE SON EXPANSION
UN IMPORTANT CABINET DE TRADUCTION

cherche des traducteurs/traductrices chevronné(e)s, de l'anglais vers le français, pour consolider son équipe de professionnels, oeuvrant dans une variété de domaines : technique, automobile, finances et publicité/marketing.

NOUS EXIGEONS

Plusieurs années d'expérience en traduction.
Une expérience dans le domaine automobile serait un atout.
Connaissance des logiciels WordPerfect 5.1/Word 6.0.
Aptitude à travailler en équipe, souvent sous pression.

NOUS OFFRONS

Un environnement de travail convivial dans le centre-ville.
La possibilité d'oeuvrer dans plusieurs domaines.
Un ensemble d'avantages sociaux à notre charge.
Un salaire en fonction de l'expérience.

Prière d'adresser votre lettre et CV à :
Case postale 69, a/s L'Express,
17, avenue Carlaw, Toronto, M4M 2R6

Nous remercions tous ceux qui répondront à cette annonce; toutefois, nous ne communiquerons qu'avec les candidats retenus.

REPRÉSENTANT(E) SERVICES FINANCIERS

Importante institution financière québécoise recherche deux personnes pour la région métropolitaine.
— Rémunération garantie   — Fonds de pension
— Avantages sociaux
— Formation spécialisée   — Clientèle établie
Un diplôme universitaire serait un atout.
Voiture essentielle.

Faire parvenir votre curriculum vitae à.
Mme Christianne Thuot
6555, Métropolitain est, no 403
St-Leonard, Québec H1P 3H3

1520237-R 304

V. EXERCICES DE LANGUE

A. Trouvez des mots de la même famille.

1. un salaire   _____   _____

2. un emploi   _____   _____

3. comptabiliser   _____   _____

4. financer   _____   _____

5. une annonce   _____   _____

6. un chômeur   _____   _____

B. Complétez les phrases suivantes avec les mots qui conviennent.

1. La société BELT, qui emploie 500 _____ , ne cesse de développer ses ventes à l'étranger.

2. En période de ralentissement économique, le taux de _____ augmente car les nouveaux emplois se font rares.

3. Provigo est l'une des entreprises les plus _____ du Québec ; ses profits augmentent d'année en année.

4. « Agence de _____ cherche pour ses nombreux clients : PERSONNEL QUALIFIÉ. »

C. Remplacez les mots en gras par des équivalents.

1. Une agence de recrutement **met** les employés dans des compagnies.

2. Quand on **a** une entrevue on est toujours nerveux.

3.   Quand on **a** un métier qui est intéressant, on essaye de le garder aussi longtemps que possible.

4.   Être **sans emploi**, c'est difficile à accepter.

5.   Bien **écrire** un C.V. demande beaucoup d'heures de travail.

6.   Quand on travaille dans une compagnie, on reçoit **de l'argent chaque mois**.

7.   Si l'on cherche un emploi, il faut regarder **les pages réservées à cela** dans les journaux.

D.   Où est l'intrus ?

Un chômeur - un cadre supérieur - un salarié - un employé - un chasseur de têtes - un financier.

E.   Vrai ou faux ?

		vrai	faux
1.	Un fonctionnaire travaille dans le secteur public et privé.	*	*
2.	Un chasseur de têtes a pour responsabilité de licencier les employés qui ne travaillent pas bien.	*	*
3.	Une agence de recrutement cherche à placer ses clients dans des compagnies.	*	*
4.	Les cadres servent à décorer les murs des compagnies.	*	*
5.	On trouve des petites annonces dans les journaux.	*	*

★ ★ ★

LA GÉNÉRALISATION DE L'INTÉRIM[1] AUX ÉTATS-UNIS

DES FONCTIONNAIRES EN LOCATION ?

Washington. - La Maison Blanche ne se demanderait plus s'il convient de construire une quatrième navette Challenger en remplacement de celle qui a été perdue. Mais comment la financer par les temps de restrictions budgétaires qui courent[a] ? L'une des trois possibilités envisagées serait de demander à une compagnie privée, probablement Astrotech International General Space Corporation, de financer la navette, dont le coût serait de l'ordre de[b] 2,8 milliards de dollars, et de la louer[2] aux termes d'un contrat de *lease back*[3] à la NASA.

Imaginons l'État français entreprenant de faire financer en *lease back* des équipements stratégiques de cette nature... Le plus étonnant est que l'objection principale faite au projet n'est pas de principe, mais de coût[4] : au total l'opération reviendra plus cher au gouvernement sur une longue période que s'il la finance lui-même. L'avantage immédiat serait évidemment de permettre de réaliser l'opération sans qu'elle figure dans les dépenses de la NASA. Une manière de faire dire aux statistiques budgétaires ce qu'on veut...

C'est sans doute, plus généralement, l'une des explications de la vague de « locations »[5] de toutes sortes, y compris de personnes, qui sévit[c] actuellement aux États-Unis. On ne comptabilise[6] plus que l'amortissement[7] des dépenses engagées...

Alors qu'il n'y avait en 1980 que trois sociétés importantes de location de personnel temporaire[8], il y en a maintenant plus de trois cents. L'originalité n'est plus dans les désormais classiques emplois temporaires[9] de secrétaires ou de personnel d'entretien, mais dans la généralisation du procédé aux médecins, aux avocats, aux techniciens et scientifiques, et aux dirigeants d'entreprises[10]. Ainsi remplace-t-on quelqu'un d'absent sans l'offenser en attendant son hypothétique retour, on pare à un besoin urgent en appelant temporairement un dirigeant d'entreprise auquel on ne peut ni ne veut offrir un contrat de longue durée, on engage[11] des médecins pour des périodes de pointe[d], pour faire des remplacements, ou... en levant[12] dans le secteur privé des fonds qui ne figurent pas au budget principal de tel service ou de tel hôpital.

De leur côté, les employés[13] y trouvent leur compte[e], entre ceux qui ne veulent plus travailler à plein temps et ceux qui trouvent qu'en dernier ressort les sociétés de travail temporaire sont leur meilleure protection. C'est notamment le cas des ingénieurs et scientifiques qui sont embauchés[14] par une entreprise ou par une administration sur un projet précis pour être débauchés[15] à son terme[f]. Dans toute la région de Los Angeles, où les firmes[16] de l'aéronautique et de l'espace vivent de projet en projet, les chercheurs, après avoir changé plusieurs fois d'employeurs, en viennent à se placer sous la houlette[g] d'une société de travail temporaire qui les emploie en permanence et les loue. C'est pour eux le meilleur moyen de s'assurer un système permanent d'assurances[17] et de caisses de retraite[18]. Certains vont jusqu'à se réunir en petits groupes pour créer leurs propres sociétés à cet usage.

Le droit suit les faits

De plus en plus, les entreprises et même certaines agences gouvernementales[19] cherchent aussi à se débarrasser sur les firmes de travail temporaire de l'importante paperasserie[20] afférente au[h] personnel[21]. Elles payent aux firmes de travail temporaire le salaire net[22] des employés plus les charges sociales[23], le tout augmenté de 15 % pour couvrir les frais administratifs[24]. Il en résulte une légère économie par rapport à ce que serait leur propre prix de revient[25], mais surtout de considérables économies de temps, qui laissent les directions[26] plus libres de se concentrer sur l'objet essentiel de leur activité. C'est ainsi qu'on assiste actuellement à un mouvement d'entreprises, souvent de moyenne taille, qui débauchent la totalité de leur personnel pour le réemployer immédiatement par l'intermédiaire d'une société de travail intérimaire, d'un commun accord. C'est un moyen de réduire les charges administratives en s'en débarrassant, tout en améliorant la protection sociale des employés qui bénéficient ensuite d'assurances de groupes plus larges, donc plus économiques.

Comme toujours, le droit suit les faits. Récemment, une entreprise de *leasing* de Dallas, Omnistaff Inc., et deux de ses filiales[27] ont fait faillite[28], laissant un passif [29] de 9 millions de dollars de dettes[30] affectant mille cinq cents sociétés et huit mille employés. Le jugement des tribunaux, quant au partage des différentes responsabilités, est toujours attendu. Une importante question reste en suspens : qui est responsable dans le cas où un employé attaque en justice pour licenciement[31] injuste ou pour cause de discrimination ? La jurisprudence[32] récente tend à considérer comme solidairement responsables la société de travail temporaire et la firme cliente qui emploie l'individu : l'avantage pour l'employé est alors de pouvoir se retourner contre[i] deux interlocuteurs au lieu d'un, ce qui n'est pas mince[j] dans un pays où les entreprises naissent et meurent facilement.

Étrangement, si l'embauche[33] et le licenciement sont libres (sauf les cas patents d'abus qui sont réprimés), les entreprises reconnaissent qu'elles cherchent aussi à utiliser davantage les services temporaires pour « éviter les traumatismes de l'embauche et des licenciements ». Ainsi les sociétés qui fournissent ces services offrent-elles à la fois une aide à la mobilité, déjà grande, des corps sociaux[34], et une amorce[k] de solution à ceux qui en ont assez d'en être les victimes. « Rent an employee », disent certaines publicités[35], de la même manière qu'on lit « Rent a car », lorsqu'il s'agit de louer une voiture. Aussi choquant que puisse paraître le slogan[l], il n'en est pas moins un appel à... la création d'emplois, fussent-ils[m] temporaires.

La gestion[36] de l'administration méritait à cet égard une enquête[37] particulière. Il y a fort à parier[n] qu'en cette période de restrictions budgétaires le nombre des employés temporaires augmente aussi dans le secteur public. C'est alors un moyen de dissimuler l'importance réelle des services et parfois aussi de rationaliser leur gestion. L'emploi d'experts à la vacation[38] a toujours été de mise[(o)] dans l'administration[39] américaine. C'est l'une des voies par lesquelles se fait le va-et-vient des personnalités entre le secteur public et le secteur privé, mais dans les deux sens, alors que, en France, seule l'administration prête des cadres[40] au secteur privé. L'avantage de cette tradition est de fournir en permanence à l'administration du sang neuf. À quand[(p)], chez nous, des fonctionnaires[41] en location dans les deux sens ?

Jacqueline Grapin
Le Monde

---

a. qui courent : qui existent aujourd'hui   **b.** de l'ordre de : d'environ   **c.** sévit : a lieu   **d.** de pointe : d'activité intense   **e.** y trouvent leur compte : en sont satisfaits   **f.** à son terme : quand il est fini   **g.** sous la houlette : sous la direction, conduite   **h.** afférente au : qui concerne le   **i.** se retourner contre : attaquer   **j.** mince : sans intérêt   **k.** une amorce : un début   **l.** aussi choquant que puisse paraître le slogan : bien que ce slogan soit choquant   **m.** fussent-ils : même s'ils sont   **n.** il y a fort à parier que : il est très probable que   **o.** de mise : accepté   **p.** à quand : quand aurons-nous

NOTES

amortissement

L'amortissement est une pratique comptable qui tient compte de la dépréciation des **biens durables** (une machine, un ordinateur, un camion). Ces biens ne conservent pas leur valeur qu'ils avaient au moment de leur achat : un camion s'use après quelques années ; un ordinateur n'est plus performant après quelques mois ; une machine industrielle requiert de nouvelles pièces de rechange après une période d'utilisation.

L'entreprise, pendant une période de temps donnée, met de côté une somme d'argent qui lui permettra de remplacer ces biens quand ils seront totalement dépréciés.

charges sociales

Contributions sociales de l'employeur et du salarié versées au gouvernement. Ces cotisations, effectuées périodiquement par l'employeur, inscrivent le salarié dans un programme d'assurances (chômage, maladie et invalidité, retraite, maternité, etc.)

filiale

Une entreprise est une filiale quand 51 % ou plus de son capital sont détenus par une **société-mère**.

lease back = cession-bail
> Cession de biens. Le mot **leasing** est utilisé en français. Les mots **crédit-bail** et **location opérationnelle** sont aussi des synonymes.
>
> Le leasing est un contrat entre un locataire (commerçant, industriel) et un bailleur (propriétaire). Pendant une durée déterminée à l'avance et pour un loyer convenu, le locataire loue des biens d'équipement. À la fin du contrat de location, le locataire a l'option d'acheter le matériel loué.

I. VOCABULAIRE SPÉCIALISÉ

1. **un intérim** : temporary staffing/personnel
2. **louer** : to rent
   une location
3. **un contrat de lease back** : leasing
4. **un coût** : cost
   coûter
5. **une location** : rental
6. **comptabiliser** : to enter (in the accounts)
   un(e) comptable
   la comptabilité
7. **un amortissement** : amortization, repayment
   amortir
8. **une société de location de personnel temporaire** : temporary staffing and placement agency
9. **un emploi temporaire** : temporary job
10. **un(e) dirigeant(e) d'entreprise** : executive, manager, director
11. **engager quelqu'un** : to hire (someone)
12. **lever des fonds** : to raise funds
13. **un(e) employé(e)** : employee
14. **embaucher quelqu'un** : to hire (someone)
15. **débaucher quelqu'un** : to lay off (someone)
16. **une firme (syn. une société, une compagnie)** : firm, business
17. **une assurance** : insurance
18. **une caisse de retraite** : pension fund
19. **une agence gouvernementale** : government agency
20. **la paperasserie** : paperwork
21. **le personnel** : staff
22. **un salaire net (ant. un salaire brut)** : net wages
23. **des charges sociales** : contributions paid by the employer/employee
24. **couvrir des frais administratifs** : to cover administration expenses
25. **un prix de revient** : cost price
26. **une direction (d'entreprise)** : management
27. **une filiale** : subsidiary
28. **faire faillite** : to go bankrupt

29 **laisser un passif de** : liabilities, debts
30 **une dette** : debt
31 **un licenciement** : lay-off
          licencier quelqu'un
          être licencié(e)
32 **une jurisprudence** : case law, judicial precedent
33 **une embauche** : hiring
34 **les corps sociaux** : professional and/or social groups
35 **une publicité** : advertising
          un(e) publicitaire
36 **une gestion** : management
          un(e) gestionnaire
          gérer
37 **une enquête** : inquiry
38 **un(e) expert(e) à la vacation** : specialist hired on a contractually limited term appointment
39 **l'administration (f.)** : civil service
40 **un(e) cadre** : executive, manager
41 **un(e) fonctionnaire** : civil servant

II. RÉSUMÉ

Il y a en ce moment, aux États-Unis, une vague de « locations » de toutes sortes. En effet, les sociétés de location de personnel temporaire se multiplient.

Les emplois temporaires ne se limitent plus aux secrétaires ou au personnel d'entretien mais s'ouvrent aux médecins, avocats, scientifiques et même aux dirigeants d'entreprises. Les sociétés préfèrent de plus en plus les contrats de courte durée pour remplacer les absents ou pour parer à des besoins urgents mais non permanents.

Parce que de plus en plus d'entreprises préfèrent engager du personnel pour des projets précis et de durée limitée, les emplois intérimaires satisfont non seulement ceux qui veulent travailler à temps partiel mais aussi ceux, comme les ingénieurs et les scientifiques, qui se voient de plus en plus offrir des contrats à court terme pour des projets précis. Ce nouveau type d'emploi temporaire semble leur assurer un système permanent d'assurances et de caisses de retraite.

De plus en plus d'entreprises et d'agences gouvernementales font appel aux firmes de travail temporaire à qui elles payent le salaire net de leurs employés ainsi que les charges sociales, plus 15%, pour les frais administratifs, afin d'être débarrassées de toute la paperasserie afférente à leur personnel.

L'intérim se généralise tant, qu'il est de plus en plus courant, en cas de licenciement du personnel temporaire, que celui-ci se retourne contre ses deux « employeurs » et les attaque en justice, s'il s'estime « lésé ».

Aux États-Unis, les secteurs public et privé font de plus en plus appel aux services d'employés temporaires ; il est donc de plus en plus fréquent de voir s'établir entre les deux secteurs un va-et-vient d'experts par intérim qui représentent donc une source permanente de sang neuf.

III. QUESTIONS SUR LA COMPRÉHENSION DU TEXTE

1. Décrivez la situation du travail temporaire aux États-Unis.

2. Quels sont les avantages du travail par intérim pour les employés et pour les employeurs ?

3. Le personnel employé par intérim bénéficie-t-il d'une protection sociale ou est-il très vulnérable face aux risques de licenciement ?

IV. REMUE-MÉNINGES

1. L'intérim vous semble-t-il une bonne solution aux maux qui perturbent actuellement le marché du travail (chômage, licenciements...) ?

2. À l'avenir, préféreriez-vous travailler à mi-temps ou à plein temps ? Expliquez votre réponse et donnez des arguments convaincants.

3. Pensez-vous que dans les dix prochaines années, nous connaîtrons une plus grande généralisation de l'intérim ?

V. EXERCICES DE LANGUE

A. **Trouvez des mots de la même famille.**

1. louer _____ _____

2. une dépense _____ _____

3. un contrat _____ _____

4. une assurance _____ _____

5. un licenciement _____ _____

B. **Trouvez les antonymes des mots en gras.**

1. une **dépense** _____

2. un salaire **net** _____

3. un **licenciement** _____

4. un secteur **public** _____

5. un personnel **intérimaire** _____

6. une période **de pointe** _____

7. travailler **à plein temps** _____

8. **embaucher** un employé _____

C. **Remplacez les mots en gras par le mot juste.**

1. Aux États-Unis, les emplois qui **ne sont pas permanents** semblent de plus en plus populaires.

2. **La personne à la tête** d'une entreprise doit veiller à ce que sa compagnie **ne ferme pas ses portes** par manque d'argent.

3. Quand on ne peut plus payer ses employés, on est obligé de les **laisser partir**, pour des raisons économiques.

4. **Les personnes qui travaillent pour le gouvernement** se plaignent souvent de leurs salaires qui sont assez bas.

D.   Reconnaissez l'erreur orthographique.

1. Il a obtenu un contract permanent.

2. Le personel de cette entreprise est efficace.

3. Il travaille sur ce project depuis trois mois.

4. Les employers doivent bien traiter leurs employés.

5. Dans les grandes villes le coûst de la vie est plus élevé que dans les campagnes.

6. Même les agences gouvernementales font de plus en plus appel au travaille temporaire.

E.   Faites correspondre le mot à sa définition.
amortissement - charges sociales - faillite - filiale - gestion - intérimaire - passif - prix de revient

1. _____ :   Établissement juridiquement indépendant, doté de son propre capital mais contrôlé par la société mère.

2. _____ :   Valeur calculée en ajoutant les dépenses encourues pour la fabrication et la commercialisation d'un produit.

3. _____ :   Employé de remplacement pour un travail temporaire.

4. _____ :   Terme comptable pour désigner la dépréciation de la valeur des biens durables.

5. _____ :   Redevances réclamées par le gouvernement pour couvrir les prestations (assurance-chômage, hospitalisation, retraite...).

6. _____ :   Terme juridique pour constater l'insolvabilité d'un homme d'affaires ou d'une entreprise.

7. _____ :   Partie de droite du bilan où sont entrées les dettes de l'entreprise.

8. _____ :   Conception moderne de direction et de supervision des différentes branches de l'entreprise.

★ ★ ★

BYE-BYE BUREAU !

Si vous n'êtes ni cuisinier, ni pharmacien, ni jardinière d'enfants, votre employeur pourrait bien vous renvoyer à la maison en disant : « Allez ! au boulot ! »

Chaque matin, Luc Cloutier écoute les bulletins de circulation. Par habitude. « Le plus drôle », dit-il, un peu sadique, « c'est lorsqu'il fait tempête et qu'on annonce que c'est bloqué partout... C'est à se rouler par terre[a]. »

Il peut bien rire en effet ! Pour lui, « aller au travail », c'est se rendre au bout du corridor, en bermuda et en t-shirt tourner à gauche et entrer dans la pièce qu'il a aménagée en bureau. Luc Cloutier « télétravaille[1] » chez lui, grâce à la télématique[2].

Depuis 1993, Nicole Charbonneau fait de même dans le sous-sol de sa maison d'Alfred, en Ontario. Rédactrice à l'emploi de Statistique Canada, elle a fait la navette[b] entre son bureau d'Ottawa et la maison (à 100 km de distance) pendant... 26 ans, et n'en pouvait plus. Le télétravail a balayé son écoeurement[c]. « Je ne suis plus la même personne, dit-elle. Avant, j'étais irritée par les embouteillages le matin, et penser aux enfants seuls à la maison après l'école ajoutait à mon stress. Aujourd'hui, je commence à 6 h et je termine à 14 h. Avec tout ce temps gagné, je peux participer à de multiples activités dans mon village. »

À la demande de son employeur, Nicole Charbonneau a comparé ses dépenses « avant » et « après », en tenant compte de l'essence, des frais de garde et des repas. Or, en travaillant à la maison seulement trois jours par semaine, elle économise 5 200 dollars par année après impôts ! « Nous nous sommes acheté le yacht dont nous rêvions et nous avons constitué un fonds pour les études[3] des enfants. »

Des 9 000 employés d'IBM Canada, 1 000 font du télétravail[4] (dont 150 au Québec). Ils sont 2 000 à Bell Canada, 750 à la Banque de Montréal et des centaines dans les ministères fédéraux. Au ministère du Revenu du Québec[5], on vient de terminer une expérience avec une quarantaine de fonctionnaires[6] et on en est à l'évaluation.

Le boulot à domicile[d] semble ne faire que des heureux. Les employés[7] sont plus près de leur famille, font des économies[8] en ce qui a trait[e] aux repas, au transport, aux vêtements... Et ils peuvent dormir plus tard le matin. Les employeurs[9] louent moins de bureaux et voient diminuer l'absentéisme.

Mais surtout, il y a le grand avantage, l'augmentation de la productivité[10] ! Presque toutes les entreprises[11] confirment en effet que la productivité croît[f] d'au moins 15 % et, dans certains cas, de 27 %. Un rapport de Statistique Canada[12] attribue ce gain au fait que les fonctionnaires ne perdent plus de temps à discuter avec leurs collègues dans les couloirs. Et, moins stressés par les bouchons de circulation[g], ils ont un meilleur rendement[13].

Des spécialistes estiment que, si seulement 10 % des travailleurs[14] se mettaient au télétravail, il y aurait jusqu'à 3,4 % moins de voitures sur les routes. Ce qui, selon Ottavio Gallela, président du groupe de consultants[15] Trafix, constituerait une amélioration remarquable.

Aux États-Unis, où 70 % des autoroutes urbaines sont congestionnées[h], la formule fait fureur[i]. La firme newyorkaise de recherche en marketing Link estime que 1,6 % des travailleurs américains ont adopté le télétravail à temps plein[16] et que 20 % s'y adonnent à temps partiel[17] ou à l'occasion. On compte même des entreprises purement « virtuelles[18] », comme Veraphone, distributeur de lecteurs de cartes bancaires[19] : tous les employés travaillent à la maison et communiquent entre eux par courrier électronique[20]. Les vice-présidents sont répartis dans le monde et le siège social est situé là où le p.-d.g.[j] [21] se trouve : une chambre d'hôtel, un avion, un train...

À Los Angeles et à Washington, on a créé, pour ceux qui n'ont pas d'espace suffisant à la maison, le bureau satellite[22], un lieu à proximité de[k] leur domicile. Ils y connectent leur ordinateur à une prise téléphonique[23], et le tour est joué[l] !

On envisage[m] de créer des bureaux semblables en banlieue de Toronto et d'Ottawa. Et IBM vient d'aménager un entrepôt[24] à Saint-Laurent pour ses employés de Laval qui souhaitent éviter la circulation du centre-ville. La compagnie Marzim s'apprête à[n] construire à L'Île-Perrot des dizaines de logements pour « télétravailleurs[25] », avec entrées séparées pour la maison et le bureau, et vue imprenable sur le golf.

Tout semble favoriser le développement du télétravail. Étant donné ses avantages, on se demande d'ailleurs qui oserait s'y opposer... L'Alliance de la fonction publique du Canada (AFPC) voit pourtant derrière le travail des fonctionnaires à la maison une tactique du gouvernement fédéral.

« On craint qu'une fois que les employés auront quitté le bureau, l'employeur n'en profite pour les transformer en sous-traitants[26] », dit Nicole Turmel, qui suit de près[o] ce dossier à l'AFPC. À son avis, les télétravailleurs sont d'abord séduits par les avantages très apparents : plus de liberté, moins de déplacements, etc. Mais elle craint qu'ils ne soient plus indemnisés[27] pour les accidents de travail (aucun cas n'a encore été rapporté), qu'ils hésitent à prendre des congés de maladie[28] et qu'ils consacrent plus d'heures à leur boulot qu'avant.

Certains semblent pourtant moins combatifs : « Je me considère comme privilégié de travailler chez moi et, pour remercier mon employeur, je prends moins de congés de maladie », dit Pierre Favreau, qui analyse des dossiers[29] de chômeurs[30] pour le ministère de l'Emploi et de l'Immigration[31]. « Si je fais une pause l'après-midi pour aller chez le dentiste ou au garage, je reprends ensuite le temps perdu. »

Un zélé[p] isolé, ce Pierre Favreau ? Les télétravailleurs tiennent à leurs privilèges et certains affirment en faire plus qu'avant pour que l'employeur ne mette pas fin à l'expérience. D'autres envisagent la semi-retraite anticipée[32] si on les force à revenir au bureau. Un employé d'IBM qui habite à deux heures de Montréal a même accepté de payer lui-même les frais d'une ligne téléphonique[33] !

Mais l'expérience en a aussi déçu quelques-uns. Après six mois à domicile[q], Louise Gagnon, traductrice à Statistique Canada, a préféré retourner au bureau. « Je me suis vite ennuyée du milieu de travail[34]. J'aime me mettre au fait[r] de ce qui se passe, pouvoir suivre les dossiers du début à la fin et traiter des cas urgents. À la maison, on n'osait pas me déranger et quand je passais au bureau, j'avais l'impression d'être une invitée. »

Le travail à distance[35] pour tous ceux auxquels la formule peut s'appliquer (professionnels, vendeurs[36], administrateurs[37]), est-ce possible ? Le grand frein[s], disent les spécialistes, ce sont les superviseurs[39]. Dans la plupart des entreprises, un employé ne peut travailler chez lui que si son supérieur est d'accord. Or, plusieurs refusent catégoriquement. « Ils s'imaginent que, sans surveillance, les employés vont passer leur temps devant la télévision », dit Linda Duxbury, professeur à l'Université Carleton, à Ottawa, qui étudie le phénomène du télétravail depuis 10 ans. À son avis, les patrons[40] devraient apprendre à évaluer leurs employés en fonction des résultats obtenus et non des heures de présence.

C'est d'ailleurs ainsi que les télétravailleurs sont « surveillés » : ils doivent abattre autant de boulot[t] qu'avant. Qu'ils le fassent en pyjama et à deux heures du matin, on s'en fiche[u] !

Éric Bernatchez
L'Actualité

---

a. se rouler par terre : rire aux éclats **b.** fait la navette : fait l'aller-retour **c.** balayé son écoeurement : l'a sortie de son découragement **d.** le boulot à domicile : le travail à la maison **e.** en ce qui a trait à : en ce qui concerne **f.** croît : augmente **g.** bouchons de circulation : embouteillages **h.** congestionnées : bloquées **i.** la formule fait fureur : l'idée a beaucoup de succès **j.** le p.-d.g. : le président-directeur général **k.** à proximité de : près de **l.** le tour est joué : et ça marche **m.** on envisage : on pense **n.** s'apprête à : est sur le point de **o.** suit de près ce dossier : examine de près l'évolution du télétravail **p.** zélé : enthousiaste **q.** à domicile : à la maison **r.** me mettre au fait de : me tenir au courant de **s.** le grand frein : ceux qui ralentissent ce mouvement ou qui s'y opposent **t.** abattre autant de boulot : faire autant de travail **u.** on s'en fiche : ce n'est pas important

NOTE

télématique
Le potentiel de la télématique s'accroît de jour en jour. Le particulier à la recherche d'un poste peut publier son *curriculum vitae* sur internet et consulter les

propositions d'emploi annoncées par les entreprises. Il peut également, à partir de son domicile, travailler à distance et accomplir plusieurs tâches, notamment l'échange de documents et la consultation d'archives.

Pour les entreprises, la télématique ouvre la voie à une nouvelle forme de commerce en leur permettant d'installer une « vitrine » électronique et de proposer un service de vente en ligne ou de se situer dans un centre commercial virtuel. Ce commerce électronique offre aux entreprises « branchées » la possibilité d'augmenter leur **chiffre d'affaires**.

I. VOCABULAIRE SPÉCIALISÉ

1 **télétravailler** : to telework
   le télétravail
2 **la télématique** : telematics
3 **un fonds pour les études** : educational savings plan
4 **faire du télétravail** : to telework
5 **le ministère du Revenu du Québec** : Ministry of Quebec Revenue
6 **un(e) fonctionnaire** : public servant, government employee
7 **un(e) employé(e)** : employee
   un emploi
8 **faire des économies** : to save money
   économiser
   économe
9 **un(e) employeur (-euse)** : employer
10 **une augmentation de la productivité** : productivity increase
11 **une entreprise** : business, company
12 **Statistique Canada** : Statistics Canada
13 **le rendement** : performance
14 **un(e) travailleur (-euse)** : worker
15 **un(e) consultant(e)** : consultant
16 **à temps plein** : full time
17 **à temps partiel** : part time
18 **une entreprise virtuelle** : virtual company
19 **une carte bancaire** : bank card
20 **le courrier électronique** : email (electronic mail)
21 **un(e) p.-d.g. (président(e)-directeur (-trice) général(e))** : Chair and Chief Executive Officer (CEO)
22 **un bureau satellite** : satellite office
23 **connecter son ordinateur à une prise téléphonique** : to hook a computer to a phone line
24 **aménager un entrepôt** : to set up a warehouse
25 **un(e) télétravailleur (-euse)** : teleworker
26 **un(e) sous-traitant(e)** : subcontractor

[27] **être indemnisé(e)** : to be compensated
[28] **prendre un congé de maladie** : to take a sick leave
[29] **analyser un dossier** : to check a file/dossier
[30] **un(e) chômeur (-euse)** : unemployed
    chômer
    être au chômage
[31] **le ministère de l'Emploi et de l'Immigration** : Department of Employment and Immigration
[32] **prendre une semi-retraite anticipée** : to take a semi-early retirement
[33] **une ligne téléphonique** : telephone line
[34] **le milieu de travail** : workplace
[35] **le travail à distance** : telecommuting
[36] **un(e) vendeur (-euse)** : salesman (saleswoman)
    vendre
    une vente
[37] **un(e) administrateur (-trice)** : administrator
[38] **un(e) superviseur (-eure)** : supervisor
[39] **un(e) supérieur(e)** : head, superior
[40] **un(e) patron(ne)** : boss

II. RÉSUMÉ

Dans cet article, l'auteur mentionne en exemple un certain nombre de travailleurs qui font du télétravail à la maison et qui trouvent que cette formule leur facilite la vie tout en améliorant leur productivité.

Il semble que ce type de travail est très avantageux pour les employeurs et leurs employés. C'est pourquoi de nombreux ministères ainsi que de plus en plus de compagnies privées (Bell Canada, IBM Canada, Link, etc.) s'engagent aussi dans cette direction.

Cependant, malgré l'enthousiasme général, des organismes tels que l'Alliance de la fonction publique du Canada (AFPC) ainsi que des télétravailleurs privés soulignent les désavantages que peut présenter ce type de travail à domicile.

Il y a aussi les superviseurs des grandes entreprises qui craignent qu'en travaillant à la maison, leurs employés soient moins productifs... ce qui est démenti par les études faites sur la question.

III. QUESTIONS SUR LA COMPRÉHENSION DU TEXTE

1.   Faites une liste exhaustive des avantages du télétravail.

2. Quelles sont les critiques qui en sont faites ?

3. Clarifiez le lien que l'auteur fait entre le télétravail et la diminution des embouteillages.

4. Qu'est-ce qu'une « entreprise virtuelle » ?

5. Mis à part les désavantages mentionnés par l'Alliance de la fonction publique du Canada, n'y en a-t-il pas d'autres encore beaucoup plus grands et que personne ne mentionne : la dissolution du tissu social, l'isolement des individus, la disparition des échanges sociaux ? Qu'en pensez-vous ?

6. Expliquez les raisons pour lesquelles les superviseurs n'encouragent pas le télétravail. Ont-ils raison ou tort, selon l'auteur de l'article ?

7. D'après Linda Duxbury, quels sont les critères qui sont à retenir pour évaluer l'efficacité des employés ?

IV. REMUE-MÉNINGES

1. Que pensez-vous du télétravail ? Est-ce un mode d'emploi qui vous conviendrait ? Pourquoi ?

2. Dressez le portrait-robot de la parfaite télétravailleuse. Quelles qualités personnelles, intellectuelles, sociales... doit-elle posséder pour réussir dans ce type de travail ?

3. Faites le portrait-robot (du point de vue personnel, intellectuel, professionnel et social) du type d'employé qui devrait à tout prix éviter le télétravail.

4. Pensez-vous que pour les jeunes à la recherche de leur premier emploi, le télétravail soit une bonne ou une mauvaise formule qui devrait les aider à « faire leur nid » au sein d'une compagnie ?

5. Pensez-vous que le télétravail menace l'existence même des syndicats puisqu'il entraîne une dispersion des travailleurs alors que les syndicats essayent de les regrouper ?

V. EXERCICES DE LANGUE

A.   Dressez la liste de tous les noms de métiers mentionnés dans cet article et donnez, pour chacun d'entre eux, les formes masculine et féminine.

B.   Trouvez des mots de la même famille.

1. une employeuse   _____   _____

2. économique   _____   _____

3. employer   _____   _____

4. louer   _____   _____

5. la productivité   _____   _____

6. travailler   _____   _____

7. une banque   _____   _____

8. lire   _____   _____

9. le télétravail   _____   _____

10. chômer   _____   _____

C.   Complétez ces expressions par la préposition qui convient.

1. entrer _____ un bureau

2. grâce _____ télétravail

3. participer _____ son succès

4. à la demande _____ employés

5. passer son temps _____ faire des études

6. perdre son temps _____ chercher un travail

7. se mettre _____ communiquer

8. travailler _____ temps plein

9. être _____ proximité _____ son lieu de travail

10. s'apprêter _____ engager des négociations

11. travailler _____ temps partiel

12. hésiter _____ évaluer ses employés

13. tenir _____ prendre une retraite anticipée

14. forcer quelqu'un _____ télétravailler

15. _____ mon avis, ce n'est pas la solution.

D.   Trouvez l'antonyme des mots suivants.

1. l'augmentation (de la productivité)   _____

2. les employés   _____

3. des heures de présence   _____

4. faire des dépenses   _____

5. connecter   _____

E.   Remplacez les mots en gras par le mot juste.

1. **Les gens qui travaillent de leur domicile** semblent, pour la plupart, préférer cette formule au travail de bureau.

2. **Les gens qui travaillent pour le gouvernement** ont des salaires beaucoup plus bas que ceux du secteur privé.

3. Les grandes entreprises semblent de plus en plus installer, en banlieue des grandes villes, **des bureaux où les travailleuses ne vont que pour brancher leurs ordinateurs à des prises téléphoniques** et où elles ne passent qu'une partie de leur temps.

4. Vu la crise économique très grave que traversent actuellement les pays occidentaux, de plus en plus de travailleurs sont tentés **de prendre leur retraite avant l'âge de 65 ans.**

5. Actuellement, le télétravail à domicile est possible grâce **aux nombreux outils informatiques et télécommunicatifs à la disposition des travailleuses.**

* * *

POUR ALLER PLUS LOIN

À la recherche d'un emploi ?

À qui s'adresser, comment s'y prendre, où trouver l'emploi souhaité ? Nous vous proposons quelques moyens d'y arriver :

CONSULTEZ

- les annonces de la presse

- les pages financières

- les revues professionnelles

- les pages jaunes

- les publications des
  Chambres de commerce

CONTACTEZ

- les centres d'emploi du
  gouvernement

- les bureaux du personnel
  d'entreprises

- les agences de placement
  ou de recrutement

ENVOYEZ votre C.V. aux différentes entreprises pour lesquelles vous aimeriez travailler.

FAITES intervenir vos connaissances.

 Pour la rédaction de votre lettre de demande d'emploi, voir :
Deuxième partie - correspondance commerciale

- Plan de rédaction de la lettre
- Phrases et expressions utiles
- Pour étoffer votre lettre ou votre C.V.
- Curriculum Vitae

Sachez vous identifier aux bons postes :

Les qualités indispensables...

Afin d'aider les chefs d'entreprises à trouver le candidat idéal, pouvez-vous regrouper les qualités requises pour chacun de ces domaines :

A : Marketing

B : Achats et ventes

C : Direction et Organisation

D : Gestion des stocks et Expéditions

1. ____ Identifier, sélectionner et motiver les fournisseurs.

2. ____ Prise en charge de la production et de la planification.

3. ____ Animer et développer le réseau de ventes.

4. ____ Coordonner les actions publicitaires au niveau de chaque ligne de produit.

5. ____ Analyse prévisionnelle des potentialités et besoins d'une clientèle diversifiée.

6. ____ Avoir le sens de la négociation.

7. ____ Assurer la promotion auprès des débitants et des revendeurs.

8. ____ Diriger une équipe d'attachés commerciaux.

9. ____ Étude des marchés.

10. ____ Avoir un tempérament de vendeur et être ambitieux.

11. ____ Être dynamique et imaginatif pour étendre la clientèle.

12. ____ Élaboration des stratégies et suivi de leur mise en oeuvre.

13. ____ Détecter de nouveaux segments de clientèle.

14. ____ Fixer les objectifs.

15. ____ Former et simuler la force de vente.

16. ____ Formation théorique comptable et fiscale.

17. ____ Améliorer la productivité et la rapidité du service à la clientèle.

18. ____ Participer aux négociations des contrats importants.

19. ____ Passer les commandes en fonction des prévisions

20. ____ Posséder les qualités de réflexion, de rigueur et de dynamisme.

21. ____ Rentabiliser les moyens de transports.

22. ____ Assurer la direction des ventes sous leur aspect commercial et administratif.

23. ____ Participer à l'élaboration des propositions d'actions.

24. ____ Être capable d'animer un réseau de ventes.

25. ____ Participer à la mise en oeuvre et au développement de la gamme des produits.

VOCABULAIRE SUPPLÉMENTAIRE DU MONDE DU TRAVAIL

Ancienneté (f) : *seniority*
avancement (m) : *advancement, promotion*
avantages sociaux (m) : *fringe benefits*

Cessation d'emploi (f) : *termination of employment*
combler une vacance : *to fill a vacancy*
compression des effectifs (f) : *staff reduction*
-- du personnel : ------
congé annuel (m) : *annual leave*
-- de maladie : *sick leave*
-- de paternité : *paternity leave*
-- de formation : *career development leave*
-- sans salaire : *leave without pay*
-- sans traitement : ------
convention collective (f) : *collective agreement*

Dégraissage (m) : *downsizing*
démission (f) : *resignation*

Emplois antérieurs (m) : *previous employment*
--précédents : ------
emploi à plein temps : *full time employment*
-- à temps partiel : *part-time employment*
-- occasionnel : *occasional job*

Foire à l'emploi (f) : *job fair*
fonction (f) : *duty*

Grève (f) : *strike*

Heures supplémentaires (f) : *overtime*
horaire flexible (m) : *flexible working hours*
-- variable : ------

Indemnité (f) : *compensation*

Licenciement (m) : *lay off*

Mise à pied (f) : *lay off*
mutation (f) : *transfer*

Nomination (f) : *appointment*

Partage d'emploi (m) : *job sharing*
pénurie de main-d'oeuvre (f) : *labour shortage*
période probatoire (f) : *probation*
plafond de gains (m) : *earnings ceiling*
plage de salaire (f) : *salary range*
poste (m) : *position*
-- vacant : *vacancy*
préavis (m) : *notice*
promotion (f) : *promotion*

Retenues (f) : *deductions*
rétrogradation (f) : *demotion*
revenu brut (m) : *gross income*
-- net : *net income*
-- imposable : *taxable income*
-- minimum garanti : *minimum guaranteed income*

Situation de famille (f) : *marital status*
sous-emploi (m) : *underemployment*

Tâche (f) : *task*
titres universitaires (m) : *academic qualifications, degrees*
travail à domicile (m) : *house working*
-- à distance : *teleworking*
-- partagé : *job sharing*

CHAPITRE III

L'ÉCONOMIE

LE FROG A UN CASSE-TÊTE POUR VOUS !

On s'arrache ses drôles de puzzles 3D dans le monde entier. Les géants Disney, Mattel et Hasbro lui courent après. Le secret de Paul Gallant ? Un cerveau de financier branché sur un coeur d'enfant.

Il vend La Mecque aux musulmans, la Maison-Blanche aux Américains et le château de Cendrillon aux enfants du monde entier. De son bureau de l'avenue Christophe-Colomb, à Montréal, il dicte ses volontés aux multinationales[1] du jouet. Canadien français, il a choisi la grenouille pour emblème, mais grâce à une invention géniale, il s'est métamorphosé en prince charmant, régnant sans partage sur un Eldorado de palais enchantés et d'édifices célèbres.

Bienvenue dans l'univers de Paul Gallant, le père du puzzle en trois dimensions. « Ça fait partie de la vie de rêver », dit-il. Mais, même dans ses fantasmes les plus fous, il n'a jamais imaginé que ses casse-tête[2] auraient un tel succès. Son truc : la mousse de polyéthylène[3], un matériau[4] à la fois rigide et flexible qui confère aux morceaux une malléabilité et une tenue permettant des constructions à la verticale.

Le premier modèle[5] de Puzz-3D (la marque de commerce[6]) est lancé en septembre 1991. Quatre ans et 44 modèles plus tard, les casse-tête de Gallant sont vendus dans 65 pays des cinq continents. Wrebbit, la compagnie[7] qu'il a fondée pour commercialiser[8] son invention, a vu son chiffre d'affaires[9] tripler[10] chaque année. Il devrait dépasser[11] 50 millions de dollars en 1995 et atteindre 100 millions en 1996.

La grenouille n'a pas fini d'enfler, n'en déplaise au fabuliste[a]. Le géant[12] américain Hasbro, qui distribue[13] Puzz-3D par l'intermédiaire de sa division Milton-Bradley dans des chaînes de magasins[14] comme Wal-Mart et Toys "R" Us, le classe parmi les trois produits récréatifs[15] les plus prometteurs (avec les CD-ROM éducatifs[16] et les véhicules téléguidés[17]). Wrebbit a également un imposant réseau de vente[18] par correspondance[19] aux États-Unis, au Canada et en Angleterre, s'étant associé à des noms aussi prestigieux que JC Penney et Sacks Fifth Avenue, ce qui lui assure une distribution[20] de plusieurs centaines de millions[21] d'exemplaires[22]. De plus, Hasbro prépare une offensive[23] européenne pour janvier prochain et Wrebbit entend s'attaquer[24] au marché asiatique.

Paul Gallant estime n'avoir touché que 15 % du marché potentiel du Puzz-3D. L'atelier[25] de Montréal fonctionne à plein régime[b], jour et nuit, et produit six millions d'unités[26] par an. Avec l'ouverture[27] récente d'un deuxième atelier à Saint-Laurent, le nombre d'employés[28] est passé de 325 à 500.

« Un produit[29] unique et un synchronisme parfait ! » dit l'inventeur. D'une modestie désarmante, il trouve à son produit des vertus qu'il ne soupçonnait même pas.

Contrairement aux puzzles classiques, qui intéressent davantage les femmes, le Puzz-3D plaît aux hommes. Jeu[30] non toxique visant à construire quelque chose plutôt qu'à détruire, il a également la faveur[c] des écolos[31] et des pacifistes[32].

Si le sceau d'excellence décerné par l'Association des consommateurs[33] du Québec en 1992 confirme la qualité de Puzz-3D, d'autres prix[34] sont venus récompenser divers aspects du travail de Gallant et de son équipe[35]. Parmi eux, le Mercure de l'entreprenariat[36] au gala des Mercuriades[d] de la chambre de commerce[37] du Québec en 1993, le trophée[38] du produit numéro un à l'International Tokyo Gift Show et, cet automne, le grand prix à l'exportation[39] remis par le gouvernement canadien.

Optimiste, Gallant espère que le nouveau bébé[e] de Wrebbit, L'Horloge tout papier (qui fonctionne vraiment !), une réplique inspirée de celle qui se trouve au sommet de la tour de la Paix, de 668 pièces de papier prédécoupées et encochées conçue par le Québécois André Landry, recevra le même accueil[f]. D'autres jeux de société[40] inédits portent également la griffe[41] Wrebbit, dont Golf : le jeu parfait, également inventé par deux Québécois : Mario Beaumier et Benoit Kelly. Ces efforts de diversification[42] sont toutefois suivis de près[g] par les amis et conseillers[43] de Paul Gallant. « Il a parfois tendance à s'éparpiller [h] un peu », confie l'un d'eux.

Au siège social[44] de l'entreprise, seul le va-et-vient fébrile des employés trahit le succès[45] phénoménal de l'entreprise. Dans le bureau du p.-d.g.[46] Paul Gallant, un homme dans la jeune cinquantaine[i] aux manières douces, à la voix feutrée, aux cheveux poivre et sel impeccablement coiffés, on se croirait plutôt chez un notaire[47] ou un comptable[48]. La seule fantaisie est une illustration du château de la Belle au bois dormant fixée sur un des murs.

Mais qu'on se mette à causer palais, cathédrales ou gratte-ciel[49], et le voilà qui s'anime. En quelques secondes, il livre le secret[j] de sa réussite[50] : un cerveau de financier[51] branché sur un coeur d'enfant.

Son ascension ne doit rien au hasard. Né à Edmunston, au Nouveau-Brunswick, le jeune Gallant arrive à Montréal avec sa famille à l'âge de 14 ans. Il tente d'abord sa chance comme musicien, mais se rend vite compte que la fortune ne l'attend pas sur la scène[k]. Il passe donc en coulisses[l], où il restera pendant 25 ans à attendre patiemment son heure[m] dans des emplois anonymes de cadre[52] intermédiaire et de gérant[53] de succursale[54], d'abord dans l'industrie du disque[55], puis à Radio-Canada.

Il apprend les subtilités de la mise en marché[56], de la distribution et du droit d'auteur [57] qui lui serviront plus tard à propulser [n] Wrebbit vers les sommets. Ensuite seulement, il se met en quête[o] d'un concept[58] inédit. Pour lui, l'invention[59] n'est pas une fin, mais un simple accessoire.

Jose Tenenbaum est bien placé pour[p] apprécier le cheminement[60] de Paul Gallant. Conseiller en technologie[61] au ministère québécois de la Science et de la Technologie, il travaille avec les inventeurs[62] depuis plusieurs années. « La plupart sont incapables de se distancer de leur invention, dit-il. Ils se font souvent avoir[q] à l'étape[63] très complexe de la distribution ou de l'obtention du brevet[64]. Paul n'a pas eu ce problème. Ça fait longtemps qu'il oeuvre dans ce domaine[65], il connaît les règles du jeu. »

Des idées originales, Paul Gallant en a toujours eu, mais il en faisait profiter ses employeurs. En 1979, alors qu'il est directeur[66] artistique chez CBS Records, il innove en achetant des panneaux publicitaires[67] pour lancer l'album *Fiori-Séguin*. « Tout le monde était sceptique, ça ne s'était jamais fait », raconte Luc Martel, fondateur[68] de la défunte[(r)] revue *Radio-Activité* et collègue de Gallant chez CBS. « Il aimait sortir des sentiers battus[(s)]. Ses idées coûtaient cher, mais ça rapportait[69]. »

S'il possède un flair exceptionnel, il lui arrive de pécher par naïveté. Au début des années 80, il remarque que ses enfants adorent la musique de *Passe-Partout*, l'émission[70] de Radio-Québec. Pourquoi ne pas l'enregistrer[71] ? L'intuition est bonne : les albums[72] de *Passe-Partout* font vite un malheur[(t)]. Mais Gallant se retrouve en difficulté lorsque le détenteur des droits d'auteur de la série lui retire subitement l'autorisation de distribuer le disque[73]. « J'ai tout perdu, dit-il. Il ne m'est resté que mon courage. »

Dorénavant, jure-t-il, il gardera le contrôle de tous les droits[74] et brevets sur ses idées. « C'est la décision la plus importante que nous ayons prise pour Wrebbit », dit-il.

En février 1992, à l'International Toy Fair de New York, les Hasbro, Mattel et Disney se bousculent[(u)] pour acheter son invention. Le *frog* est intraitable. Des droits, ce sont les multinationales qui finissent par en céder : Disney accorde à Wrebbit l'exclusivité[75] de la conception des puzzles tridimensionnels des châteaux et personnages de Disneyworld. Idem[(v)] pour Children Television Workshop et sa faune de *Sesame Street*.

Pareils exploits ont cessé d'étonner René Binette, homme d'affaires[76] montréalais et associé[77] de Paul Gallant. Lors de leur première rencontre, Gallant n'a eu besoin que de 15 minutes pour lui vendre un concept qui n'existait que dans sa tête et le convaincre de l'aider à trouver du financement[78]. « À sa façon de mettre les mains sur la table et de me regarder dans les yeux, dit Binette, je voyais qu'il était honnête. »

La fortune[79] n'a pas changé l'homme, soutient Jose Tenenbaum. « Il est toujours aussi affable et prêt à mettre son expérience au service des inventeurs. » Alain Simard, président du Festival international de jazz de Montréal, lui est éternellement reconnaissant de lui avoir donné sa chance. « Je cherchais une maison de disques[80] pour Offenbach, mais personne n'était intéressé. Paul a non seulement accepté de produire l'album, mais il m'a ensuite montré comment fonder une compagnie[81] de disques. »

La québécitude est plus qu'une affaire de logo[82] pour Paul Gallant, c'est une religion. Il est fier de souligner que tout le travail artistique (dessin, illustration et fabrication[83] des emporte-pièces) est entièrement réalisé au Québec, même si 90 % des ventes sont faites à l'étranger[84].

Ironie du sort[w], Gallant a été trahi une seule fois dans l'aventure du Puzz-3D et c'était par un... Québécois. « La pire insulte de ma carrière[85] », dit-il. Un homme d'affaires montréalais, à qui il avait confié quelques secrets (dont son projet de tour Eiffel en trois dimensions), a lancé une imitation[86] du Puzz-3D à l'approche des[x] fêtes de 1993. La tour Eiffel, bien sûr. Moins chère[87] par-dessus le marché. Et vendue avec la mention « tel que vu à la télé »... dans les publicités[88] payées par Wrebbit !

La grenouille a vu rouge[z]. Avocats[89] et huissiers[90] s'en sont mêlés, et les deux chaînes de magasins qui distribuaient l'imitation l'ont retirée du marché[91] sans attendre la fin des procédures.

L'ennemi était neutralisé — au Québec, tout au moins —, mais la réputation[92] du puzzle tridimensionnel en avait souffert. « Leur produit, raconte Gallant, les clients disaient que c'était de la merde ! »

Ce dernier mot ne fait pas partie du vocabulaire courant de Paul Gallant. Mais il révèle peut-être sa vraie nature : pas tant un inventeur génial qu'un perfectionniste.

Yves Thériault
L'Actualité

---

a. La grenouille ... au fabuliste (référence à *La Grenouille qui se veut faire aussi grosse que le Boeuf*, fable de Jean de la Fontaine) : sa compagnie continue de réussir et de prendre de l'expansion **b.** à plein régime : au maximum **c.** a la faveur : plaît à **d.** un Mercure : un prix (les Mercuriades : cérémonie où l'on remet les Mercures aux entrepreneurs (-euses) les plus méritant(e)s **e.** le nouveau bébé : le nouveau produit dont on est très fier **f.** recevra le même accueil : sera aussi un grand succès **g.** sont suivis de près : sont suivis et évalués méticuleusement **h.** s'éparpiller : s'intéresser à trop de projets différents **i.** être dans la jeune cinquantaine : avoir entre 50 et 54 ans **j.** il livre le secret de sa réussite : il explique comment il a réussi **k.** la fortune ne l'attend pas sur la scène : il ne gagnera pas beaucoup d'argent en étant artiste musicien **l.** il passe en coulisses : il quitte la scène et le monde du spectacle **m.** attendre son heure : attendre de pouvoir réussir **n.** à propulser vers les sommets : à faire réussir remarquablement **o.** il se met en quête : il cherche **p.** être bien placé pour : être tout à fait capable de **q.** ils se font avoir : ils échouent **r.** la défunte : qui a disparu **s.** sortir des sentiers battus : avoir des idées originales **t.** font un malheur : ont un grand succès **u.** se bousculent : désirent ardemment **v.** idem : la même chose **w.** ironie du sort : ironiquement **x.** à l'approche de : juste avant **y.** par-dessus le marché : en plus **z.** a vu rouge : s'est mise en colère

NOTES

Chambre de commerce

Organisation qui regroupe les gens d'affaires (d'une ville, d'une région, d'un pays) dans le but de promouvoir des produits locaux ou régionaux, d'améliorer la situation économique et de susciter de nouveaux débouchés.

Les Chambres de commerce organisent des rencontres professionnelles, proposent des cours et des séminaires de formation, offrent des renseignements sur les différents marchés économiques, distribuent de la documentation spécialisée pertinente aux activités commerciales.

Les Chambres de commerce apportent également leur soutien aux commerçants qui s'intéressent à exporter leurs produits ou qui désirent s'implanter à l'étranger.

Les Chambres de commerce peuvent se regrouper au niveau national « Association des Chambres françaises de commerce et d'industrie » ou au niveau international « International Bureau of Chambers of Commerce ».

chiffre d'affaires

Montant total des ventes réalisé par une entreprise durant une année ou un exercice fiscal.

marque de commerce

Signe distinctif. La marque de commerce permet à l'entreprise de distinguer ses produits de ceux de ses concurrents.

multinationale

Grande entreprise qui contrôle ou possède des **filiales** dans plusieurs pays (au moins 6 pays). Quelques noms de multinationales : Elf Aquitaine (produits pétroliers, France), General Motors (automobile, États-Unis), Nestlé (alimentation, Suisse), Siemens (équipement électronique, Allemagne), Sony (électroménager, vidéo, Japon).

I. VOCABULAIRE SPÉCIALISÉ

[1] **une multinationale** : multinational company
[2] **un casse-tête (syn. un puzzle)** : puzzle
[3] **la mousse de polyéthylène** : polyethylene or polythene (a light thermoplastic material)
[4] **un matériau** : material
[5] **un modèle** : registered design, pattern, model
[6] **une marque de commerce** : manufacturer's brand, trademark
[7] **une compagnie** : company

8 **commercialiser** : to commercialise
       commercial
       commercialisation
9 **un chiffre d'affaires** : revenue, total sales
10 **tripler** : to triple
       doubler
       quadrupler
       quintupler...
11 **dépasser (chiffre d'affaires)** : to surpass
12 **un géant (de la vente)** : big name, number one
13 **distribuer** : to distribute
       un(e) distributeur (-trice)
       une distribution
14 **une chaîne de magasins** : chain stores
15 **un produit récréatif** : entertainment product
       produire
       une production
       un(e) producteur (-trice)
       une productivité
       productif
16 **un CD-ROM éducatif= un disque optique compact** : educational CD-ROM (compact disk - Read Only Memory)
17 **un véhicule téléguidé** : radio-controlled vehicle
18 **un réseau de vente** : sales network
19 **par correspondance** : mail order retailing
       acheter par correspondance
       vendre par correspondance
20 **une distribution** : distribution
21 **une centaine de millions** : a hundred of millions
       une dizaine
       une vingtaine
       une cinquantaine...
22 **un exemplaire** : unit
23 **une offensive** : attack
24 **s'attaquer (au marché asiatique)** : to take on
25 **un atelier** : workshop
26 **une unité** : unit
27 **une ouverture (ant. une fermeture)** : opening
       ouvrir
28 **un(e) employé(e)** : employee
       employer
       un(e) employeur (-euse)
       un emploi
29 **un produit** : product
       produire

30 **un jeu** : game
jouer
un(e) joueur (-euse)

31 **un(e) écolo = un(e) écologiste** : ecologist
l'écologie

32 **un(e) pacifiste** : pacifist
la paix
pacifier
pacifique

33 **un(e) consommateur (-trice)** : consumer
consommer
une consommation
la société de consommation

34 **un prix** : prize

35 **une équipe** : team

36 **l'entreprenariat** : entrepreneurship
un(e) entrepreneur (-euse)

37 **une chambre de commerce** : Chamber of commerce

38 **un trophée** : (top) prize

39 **une exportation (ant. une importation)** : export
exporter (ant. importer)
un(e) exportateur (-trice)
un(e) importateur (-trice)

40 **un jeu de société** : parlour game

41 **une griffe (porter)** : signature, maker's label

42 **une diversification (ant. une uniformisation)** : (product) diversification
diversifier

43 **un(e) conseiller (-ère)** : advisor
conseiller
un conseil
un(e) expert(e)-conseil

44 **un siège social** : head office

45 **un succès (remporter, connaître)** : achievement, success

46 **un(e) p.-d.g. = un(e) président(e)-directeur (-trice) général(e)** : Chair and Chief Executive Officer (CEO)

47 **un(e) notaire** : notary

48 **un(e) comptable** : accountant

49 **un gratte-ciel** : skyscraper

50 **une réussite (ant. un échec)** : success, achievement
réussir (ant. échouer)

51 **un(e) financier (-ière)** : financier

52 **un(e) cadre** : executive, manager

53 **un(e) gérant(e)** : manager

54 **une succcursale** : branch

55 **l'industrie du disque** : record industry

56 **une mise en marché** : launch (of a product) on a market

[57] **un droit d'auteur** : copyright

[58] **un concept** : idea

[59] **une invention** : invention
      inventer
      un(e) inventeur (-trice)

[60] **le cheminement (de quelqu'un)** : his progress through life

[61] **un(e) conseiller (-ère) en technologie** : consultant in the field of technology

[62] **un(e) inventeur (-trice)** : inventor, creator

[63] **une étape (passer par, franchir)** : step, level, stage

[64] **un brevet (déposer, obtenir)** : patent
      breveter (une invention)

[65] **un domaine** : field, area of interest

[66] **un(e) directeur (-trice) artistique** : artistic director

[67] **un panneau publicitaire** : billboard, sign

[68] **un(e) fondateur (-trice)** : founder
      fonder

[69] **rapporter (de l'argent)** : to earn money

[70] **une émission (de radio, de télé)** : program

[71] **enregistrer (une émission, une chanson)** : to tape, to record

[72] **un album (syn. un disque)** : record

[73] **un disque (enregistrer, produire)** : record

[74] **un droit (d'auteur)** : copyright

[75] **une exclusivité** : sole rights
      en exclusivité (vendre, produire)

[76] **un homme (une femme) d'affaires** : businessman (businesswoman)
      des gens d'affaires

[77] **un(e) associé(e)** : partner
      s'associer à
      une association

[78] **un financement** : financing
      financer
      un(e) financier (-ière)

[79] **une fortune** : wealth

[80] **une maison de disques** : record company

[81] **fonder une compagnie** : to start up a business, to launch a company
      un(e) fondateur (-trice)

[82] **un logo** : brand symbol, logo

[83] **une fabrication** : producing of, making
      fabriquer
      un(e) fabricant(e)

[84] **à l'étranger** : abroad, in another country, overseas

[85] **une carrière** : career
      un homme (une femme) de carrière

[86] **une imitation** : copy, imitation
      imiter
      un(e) imitateur (-trice)

[87] **cher (chère)** : expensive
  la cherté de la vie
[88] **une publicité** : advertising
  un(e) publicitaire
[89] **un(e) avocat(e)** : lawyer
[90] **un(e) huissier (-ière)** : bailiff
[91] **retirer un produit du marché** : to withdraw an article from the market
[92] **une réputation** : reputation

II. RÉSUMÉ

Paul Gallant, « le père du puzzle en trois dimensions » est lui-même surpris de l'énorme succès que remportent ses casse-tête en mousse de polyéthylène à travers le monde.

Avec son produit original qui plaît à tout le monde (hommes, femmes, écolos, pacifistes...), l'homme d'affaires québécois et Wrebbit, sa compagnie qu'il a fondée en 1991, ne cessent de remporter des prix d'excellence.

Le p.-d.g. attribue le succès à « son cerveau de financier [qui est] branché sur un coeur d'enfant ». Ceux qui le connaissent bien savent que ses emplois passés dans l'industrie du disque, et à Radio-Canada ainsi que ses idées originales expliquent également son impressionnante réussite auprès du public et auprès des multinationales du jouet telles que Disney.

Parmi ses nombreuses qualités, Paul Gallant compte une grande honnêteté, une fidélité au Québec et un soutien qu'il aime à apporter aux inventeurs.

III. QUESTIONS SUR LA COMPRÉHENSION DU TEXTE

1. Que signifie le titre de cet article ? Pourquoi l'utilisation de l'anglicisme « le frog » ?

2. Expliquez la première phrase de cet article ?

3. Pourquoi a-t-il choisi une grenouille comme emblème de sa compagnie ? Pourquoi a-t-il choisi « Wrebbit » comme nom de sa compagnie ?

4. Qu'est-ce que son invention a de « génial » ?

5. Montrez les preuves que sa compagnie remporte un succès phénoménal depuis 1991.

6. Comment Paul Gallant fait-il profiter le Québec de son succès ?

7. Quand il essaye d'expliquer son succès, il dit qu'il a « un cerveau de financier branché sur un coeur d'enfant ». Qu'est-ce que cela signifie ?

8. Décrivez en quelques mots le parcours professionnel que Paul Gallant a suivi avant de devenir le fondateur et le p.-d.g. de Wrebbit.

9. Donnez des exemples qui montrent que Paul Gallant a toujours eu des idées originales en affaires.

10. Qu'est-ce que R. Binette et J. Tenenbaum apprécient en lui ?

11. Décrivez comment il a été trahi par un autre homme d'affaires québécois.

IV. REMUE-MÉNINGES

1. À partir des informations dispersées dans cet article, faites le portrait de Paul Gallant.

2. Que pensez-vous du choix d'une grenouille comme emblème pour sa compagnie ? À votre avis, ce choix est-il heureux ou malheureux ?

3. Avez-vous déjà vu ou acheté les fameux casse-tête de Wrebbit ? Vous plaisent-ils ou non ? Justifiez votre réponse.

4. Avez-vous une idée (un concept, un produit) que vous aimeriez commercialiser ? Présentez votre idée à vos camarades et discutez de la faisabilité d'un tel projet et de ses chances de réussite sur le marché national et international.

V. EXERCICES DE LANGUE

A. Trouvez des mots de la même famille.

1. investir   _____   _____

2. une vente   _____   _____

3. chômer   _____   _____

4. un marché   _____   _____

5. fabriquer   _____   _____

B. Mettez ces mots en contexte.

1. une devise étrangère

2. le niveau de vie

3. la main-d'oeuvre

4. le chômage

5. la cherté d'un produit

C. Complétez les phrases suivantes avec les mots qui conviennent.

1. Malgré la crise économique, le _____ de cette petite entreprise a augmenté d'environ 15 % cette année.

2. La société de _____ encourage les consommateurs à acheter autant que possible.

3. Les _____ de voitures se plaignent que les importations de véhicules étrangers envahissent le marché nord-américain.

4. Quand un inventeur fait une invention, il est important qu'il la fasse _____ aussi vite que possible pour éviter qu'elle ne lui soit volée par quelqu'un d'autre.

5. De nos jours, quand les jeunes, au sortir de l'université, arrivent à décrocher un _____ dans leur spécialité, ils sont chanceux car beaucoup d'entre eux se retrouvent au chômage.

D. **Dans la liste de verbes ci-dessous, choisissez ceux qui conviennent le mieux aux noms suivants.**

s'associer	fabriquer	lancer	changer	décrocher
s'attaquer	importer	quadrupler	passer	porter

1. _____ un emploi

2. _____ une griffe

3. _____ à quelqu'un

4. _____ son chiffre d'affaires

5. _____ une commande

6. _____ des pièces dans son pays

7. _____ à un marché

8. _____ un produit

9. _____ ses devises étrangères

10. _____ un album sur le marché

E. **Quel est l'antonyme ou le synonyme des mots suivants ?**

1. travailler   **ant.** _____

2. une attaque   **syn.** _____

3. bon marché   **ant.** _____

4. un lancement   **syn.** _____

5. une dépense   **ant.** _____

6. un échec   **ant.** _____

7. une marque   **syn.** _____

8. une production   **syn.** _____

9. un original   **ant.** _____

10. une fermeture   **ant.** _____

★   ★   ★

007 CONTRE LES FAUSSAIRES

À Bangkok, les agents Pinkerton ne s'occupent pas de filer[a] les maris infidèles mais plutôt de traquer[b] les copieurs de grandes marques.

« La contrefaçon[1] est à son apogée en Thaïlande », peut-on lire dans un rapport du cabinet d'avocats Tilleke & Gibbins de Bangkok, spécialisé dans la chasse au faux[2]. Les produits contrefaits[3] sont écoulés[c] sur le marché intérieur pour les cinq millions de touristes qui, chaque année, achètent en moyenne[4] une copie[5] chacun. Les prix sont évidemment séduisants : un faux chandail Lacoste dans un bazar coûte 10 fois moins cher qu'un authentique[6] dans une boutique. Mais le principal débouché[7], c'est l'exportation en Afrique et au Moyen-Orient, ainsi qu'en Pologne et au Mexique, respectivement portes d'entrée de l'Europe et des États-Unis. « Le transport par conteneurs[8] favorise le trafic », déplore Albert Bindie, le patron de l'agence américaine Pinkerton à Bangkok, « car elle rend plus difficile la surveillance des marchandises[9]. »

Son détective[10] — nom de code : Johnson — n'a rien de James Bond. C'est un vieux Philippin à la peau tannée, au cheveu rare et à l'oeil matois, qui semble bien inoffensif[d] avec son sac de cuir Yves Saint Laurent. Il partage en revanche avec 007 le goût du secret et une biographie romanesque. Né le jour anniversaire de l'attaque de Pearl Harbor, ce dont il paraît très fier, il a bourlingué[e] au Viêt-nam en distrayant les troupes américaines avec sa guitare. Puis, il a atterri en Thaïlande où, depuis neuf ans, il traque les contrefacteurs[11] de t-shirts Mickey, de montres Cartier ou de pièces[12] de Toyota.

Les grandes marques[13] perdent chaque année des millions de dollars à cause de la contrefaçon, une industrie qui représente 5 % du commerce mondial. Certaines entreprises[14] font appel à des firmes[15] privées pour lutter contre les faussaires[16], comme l'agence Pinkerton, fondée en 1850. Ayant créé les premiers services secrets pendant la guerre de Sécession et déjoué[f] un complot contre le président Lincoln, elle noue ses premiers contacts avec le monde de l'entreprise comme briseur de grève[g]. Mais c'est seulement un siècle plus tard que l'agence se lance dans la lutte aux contrefacteurs. En 1993, ses neuf bureaux asiatiques ont tiré 65 % de leurs revenus de cette activité.

Avec ses piles de dossiers vert pisseux, l'officine[17] de Bangkok ressemble au bureau de Dick Tracy, les ordinateurs[18] en plus. Le patron arbore d'ailleurs des bretelles[h] semblables à celles du héros de bande dessinée[i]. Albert Bindie y dirige[19] une vingtaine de personnes. Mais, dans la vie, il se présente plutôt comme un retraité[20] de la CIA parlant tagalog, thaï, khmer et laotien. « Un bon agent, dit-il, doit être tenace, observateur et toujours maître de lui puisqu'il passe continuellement de la sincérité au mensonge... »

Chaque nouvelle recrue reçoit une formation[21] d'une semaine à Hongkong, comprenant des cours de droit[22], de photographie, d'autres sur l'art de la surveillance... Le détective nouvellement formé s'engage[j] moralement à ne pas acheter d'articles contrefaits[23] pour son usage personnel.

Lorsque l'enquête[24] démarre[(k)], l'agent doit se familiariser avec le produit, histoire de différencier le vrai du faux : l'orientation du célèbre crocodile de Lacoste — tête vers l'extérieur ou l'intérieur ?   —, la qualité du tissu, la position de la marque de commerce[25]... Il doit aussi connaître la liste des articles autorisés par la justice qui, dans certains cas, décrète qu'il n'y a pas de confusion possible pour le consommateur[26]. C'est ainsi que « Christian Dang », une imitation de Christian Dior, ou « Ray Bon », très inspiré de Ray-Ban, sont interdits, mais pas les jeans « Elvis » ou « Live's », qui copient Levi's.

Le boulot est souvent routinier [(l)]. Johnson « 007 » commence en général sa journée par une visite chez une marchande de faux t-shirts Mickey dans les bazars de Bangkok. Il incarne[(m)], pour l'occasion, un homme d'affaires[27] philippin venu acheter quelques milliers d'articles et obtient donc aisément le numéro de téléphone du grossiste[28]. « Nous demandons à la police d'arrêter[29] de temps en temps des détaillants[30] pour exercer une pression minimale, mais ils reviennent aussitôt », dit Simon Cheetham, directeur adjoint[31] de Pinkerton Asie. « Quant à nous, nous tentons plutôt de remonter la filière[32] jusqu'au grossiste et surtout jusqu'au fabricant[33]. »

Il faut parfois chercher pendant des heures pour repérer [(n)] l'usine[34]. « La plupart du temps, raconte Johnson, l'agent se fait passer pour [(o)] un acheteur et invente tous les prétextes pour avoir accès à l'atelier[35] situé, par exemple, à l'étage : « Vous n'avez pas d'autres couleurs ? d'autres formes ? où sont les toilettes ? » Ou il a recours à des trucs encore plus éculés, du livreur[36] de fleurs qui s'est trompé d'adresse au type qui cherche son chat. En désespoir de cause, il se fait embaucher[37] comme ouvrier[38]. » Les fabricants sont d'autant plus méfiants qu'ils craignent aussi le fisc[39]. Mais le métier, assurent les « Pinkerton Boys », comporte assez peu de risques. N'empêche, Johnson se souvient d'avoir passé un mauvais quart d'heure[(p)] le jour où le patron d'une usine l'a démasqué[(q)].

L'agence de Pinkerton à Bangkok affirme traiter de 300 à 400 cas par année. Les tarifs[40] sont très variables : de 500 dollars, pour une affaire simple, à plusieurs milliers de dollars, selon la durée de l'enquête. Un budget est établi à l'avance en fonction des priorités du client, du type de produit à protéger, des heures de surveillance, du coût[41] relié à la lutte à l'exportation... « À ces frais[42], il faut ajouter ceux de l'avocat[43] et de la police qui reçoit un dédommagement pour son dérangement[(r)] », précise Russell Lerner, le numéro deux de l'agence. « Par exemple », raconte Thibodee Harnprasert, directeur[44] chez Honda et client de Pinkerton, « le démantèlement d'une usine de fausses pièces d'automobiles dans le nord de la Thaïlande nous a coûté 500 000 baht (environ 29 000 dollars canadiens) dont 100 000 (5 800 dollars) pour l'enquête. »

Et le succès n'est pas garanti. « La contrefaçon, c'est comme le crime, on ne l'éradique pas. Mais en intervenant le plus souvent possible pour maintenir les stocks de faux à un niveau minimal, on donne une chance aux marques de conquérir leur part du marché », explique Simon Cheetham.

La lutte au faux a pourtant des allures de[(s)] travail de Sisyphe. Il y a potentiellement 1 000 usines de faux Lacoste en Thaïlande, estime Johnson, mais elles ne produisent pas en permanence. Le marché de la copie subit en effet l'influence des modes[45] importées par les touristes. Il est également sensible aux actions coup de poing[t] de la police et des agences privées. « Pendant six mois, nous avons mené une opération intensive contre les produits Astérix (t-shirts, sacs et casquettes à l'effigie du[u] célèbre personnage de bande dessinée) qui ont finalement été retirés des étalages[46]. Mais il suffit que nous relâchions la surveillance pour que les faux produits reviennent en force », constate Russell Lerner. Et de façon de plus en plus raffinée. Ainsi, « les montres arrivent en pièces détachées[47] — légalement — en Thaïlande où, en une nuit, dans des camions, elles sont assemblées et estampillées Cartier ou Rolex », explique Maximilian Wechsler, mandaté par les fabricants de montres suisses pour lutter contre les copies. « Ensuite, dans les marchés, les vendeurs[48] n'exposent pas leur marchandise mais la photo des modèles disponibles. Lorsque le client a fait son choix, ils téléphonent à un complice[49] qui apporte le produit. »

La vie des faussaires est de plus en plus difficile. D'abord parce que beaucoup d'entreprises s'installent désormais en Asie et leur font la lutte directement sur le terrain, souligne-t-on chez Ralph Lauren. Ensuite parce que les autorités thaïlandaises, sous la pression américaine, ont commencé à réagir, notamment dans le domaine des vidéocassettes. « On estime que le nombre de cassettes piratées[50] disponibles a baissé de 70 % », indique le rapport de Tilleke & Gibbins. En outre, la Thaïlande a voté une loi sur les marques en 1992. Une autre sur le copyright devrait entrer en vigueur[51] cette année.

Après de nombreuses heures de vadrouille[v], le privé Johnson termine sa journée par quelques emplettes[w] personnelles. Son choix se porte sur la trame musicale du film *Le Roi Lion*. Une cassette pirate, bien sûr...

Hélène Vissière
L'Actualité

---

a. filer les maris : suivre les maris de près **b.** traquer : poursuivre **c.** sont écoulés : sont vendus **d.** inoffensif : qui ne fait pas de mal **e.** il a bourlingué : il a voyagé beaucoup **f.** déjoué : fait échouer **g.** briseur de grève : (Pinkerton) a empêché que l'on fasse la grève **h.** arbore des bretelles : porte des bretelles **i.** une bande dessinée : bande illustrée dans les journaux ou les magazines et qui raconte une histoire **j.** s'engage à : promet de **k.** démarre : commence **l.** routinier : le même **m.** il incarne : il devient **n.** repérer : localiser **o.** il se fait passer pour : il fait croire qu'il est **p.** passé un mauvais quart d'heure : passé un moment très difficile **q.** l'a démasqué : a découvert qui il est vraiment **r.** reçoit un dédommagement pour son dérangement : reçoit de l'argent en compensation de l'aide qu'il a apporté **s.** a des allures de : ressemble à **t.** une action coup de poing : une action radicale, intensive **u.** à l'effigie de : représentant **v.** vadrouille : promenade **w.** des emplettes : des achats

I. VOCABULAIRE SPÉCIALISÉ

1. **la contrefaçon** : fraudulent imitation
   contrefaire
   un(e) contrefacteur (-trice)
2. **la chasse aux faux** : tracking of illegal imitations
3. **un produit contrefait** : illegal, fraudulent article
4. **en moyenne** : on average
5. **une copie** : copy, imitation
   copier
   un(e) copieur (-ieuse)
6. **authentique** : authentic, real
7. **un débouché** : outlet, market
8. **un conteneur** : container
9. **la surveillance** : under (police) surveillance
   surveiller
   un(e) surveillant(e)
10. **un(e) détective** : (private) detective, investigator
11. **un(e) contrefacteur (-trice)** : imitator, forger, counterfeiter
    contrefaire
    un produit contrefait
    la contrefaçon
12. **une pièce** : spare part
13. **une grande marque** : well known brand, famous
14. **une entreprise** : business
    un(e) entrepreneur (-euse)
15. **une firme** : company
16. **un(e) faussaire** : forger
    faire (fabriquer) un faux
17. **une officine** : agency
18. **un ordinateur** : computer
    l'informatique
    un(e) informaticien (-ne)
19. **diriger (des personnes ou une entreprise)** : to manage
    un(e) directeur (-trice)
20. **un(e) retraité(e)** : retired person
    prendre sa retraite
    la retraite
21. **recevoir une formation** : to get special training
    un(e) formateur (-trice)
22. **le droit** : law
23. **un article contrefait** : illegal/fraudulent article
24. **une enquête** : investigation
    enquêter
    un(e) enquêteur (-teuse)

[25] **une marque de commerce** : trademark, brand
[26] **un(e) consommateur (-trice)** : consumer
      consommer
      un produit de consommation
      la société de consommation
[27] **un homme (une femme) d'affaires** : businessman (businesswoman)
      des gens d'affaires
[28] **un(e) grossiste** : wholesale dealer
[29] **arrêter (des crimininels)** : to arrest
[30] **un(e) détaillant(e)** : retailer
[31] **un(e) directeur (-trice) adjoint(e)** : assistant director
[32] **remonter une filière** : to trace the network, to go back to the source
[33] **un(e) fabricant(e)** : manufacturer
      fabriquer
      un produit de fabrication
[34] **une usine** : factory
[35] **un atelier** : workshop
[36] **un(e) livreur (-euse)** : delivery man (woman)
      livrer
      une livraison
[37] **se faire embaucher** : to be hired
[38] **un(e) ouvrier (-ière)** : worker
[39] **le fisc** : Internal Revenue Officials, the Tax people
      la fiscalité
[40] **un tarif** : rate
[41] **un coût** : cost
      coûter
      couteux (-euse)
[42] **des frais** : expenses
[43] **un(e) avocat(e)** : lawyer
[44] **un(e) directeur (-trice) chez** : manager at
[45] **une mode** : fashion
[46] **un étalage** : display
[47] **des pièces détachées** : spare parts
[48] **un(e) vendeur (-euse)** : salesperson
      vendre
      une vente
[49] **un(e) complice** : accomplice
[50] **piraté** : copied illegally
      pirater
      un(e) pirate
[51] **entrer en vigueur (une loi...)** : to take effect

II. RÉSUMÉ

Les grandes marques sont pillées dans bon nombre de pays et en Thaïlande en particulier où le marché de la contrefaçon se développe grâce aux 5 millions de touristes et à l'exportation vers l'Afrique, le Moyen-Orient, la Pologne et le Mexique.

Grâce aux services de firmes de détectives privés, les grandes marques essayent de démanteler le marché de la contrefaçon qui représente 5 % du commerce mondial.

Après s'être familiarisé avec le produit, l'agent va, déguisé, chez les détaillants de faux et utilise diverses stratégies en vue d'obtenir l'adresse des grossistes, des fabricants et des usines de production. Mais ce travail est ardu et de longue haleine.

Même si les frais de filature et de démantèlement sont élevés et même si la contrefaçon ne disparaîtra jamais complètement, il est important de donner la chance aux grandes marques de percer le marché mondial.

D'ailleurs, les gouvernements de ces pays ainsi que les grandes marques qui s'y installent livrent une bataille de plus en plus acharnée aux faussaires qui y trafiquent.

III. QUESTIONS SUR LA COMPRÉHENSION DU TEXTE

1. Quelles sont les grandes marques dont on parle dans l'article et qui sont pillées par les contrefacteurs ? Connaissez-vous d'autres grandes marques qui subissent aussi le même sort ?

2. Quel est le problème dont traite le texte ?

3. Donnez un exemple précis du problème de la contrefaçon.

4. Quelles sont les conséquences malheureuses du pillage des grandes marques ?

5. Quels sont les facteurs qui, selon cet article, aident au développement du marché de la contrefaçon ?

6. Expliquez les tactiques utilisées par les détectives privés pour démanteler les réseaux de la contrefaçon.

7. Combien en coûte-t-il aux grandes marques pour faire disparaître les réseaux de la contrefaçon ? De tels frais en valent-ils la peine ?

8. D'après l'auteure, est-il possible de faire complètement disparaître les réseaux de la contrefaçon et les faussaires ? Êtes-vous d'accord avec son analyse ?

9. Pourquoi, depuis quelques temps, les faussaires ont-ils de plus en plus de mal à fabriquer puis à écouler des faux ?

IV. REMUE-MÉNINGES

1. Pensez-vous qu'il est normal de faire disparaître les faussaires pour permettre aux grandes marques d'augmenter leurs chiffres d'affaires ?

2. Pensez-vous qu'il est raisonnable de dépenser des sommes colossales pour démanteler les réseaux de fabricants alors qu'on a montré que le trafic de faux ne disparaîtra jamais complètement ?

3. Mis à part la Thaïlande, quels sont les autres pays où le marché de la contrefaçon fleurit ? Pourquoi, à votre avis, les faussaires ont plus de chances de réussir dans les pays pauvres que dans les pays riches ?

4. Quelles sont, d'après vous, les solutions concrètes pour faire totalement disparaître le marché de la contrefaçon qui représente, d'après l'article, 5 % du commerce mondial ?

V. MISES EN SITUATION

1. Deux amis veulent acheter un cadeau d'anniversaire à une amie commune. L'un veut lui offrir une beau foulard Hermès et l'autre préfère lui acheter un faux foulard Hermès et une fausse montre Cartier, pour le même prix que le vrai foulard Hermès. Chacun défend son point de vue et attaque les arguments de l'autre.

2. Vous êtes millionnaire et vous avez de superbes bijoux que vous laissez dans un coffre-fort de peur qu'on ne les vole. Vos amies portent de très beaux faux bijoux. Vous défendez l'idée d'avoir des bijoux de grande valeur, même si vous les portez très rarement. Vos amis défendent le principe des faux bijoux.

VI. EXERCICES DE LANGUE

A.   **Reconnaissez l'erreur orthographique.**

   1. Le traffic des faux fait perdre des milliards aux grandes marques.

   2. Les fabriquants de produits de luxe font de plus en plus la chasse aux faussaires.

   3. Louis Vuitton fabrique des baggages de luxe que l'on reconnaît grâce à leur grife.

   4. Quand la justice condamne un fausaire, elle lui confisque toute sa merchandise.

   5. Grâce au travail des détectives, les faus sont de plus en plus souvent retirés des étallages des détaillants.

B.   **Quel est l'antonyme des mots suivants ?**

   1. un grossiste   _____

   2. un faux   _____

   3. une exportation   _____

   4. licencier quelqu'un   _____

   5. un échec   _____

C.   **Quel est le synonyme des mots suivants ?**

   1. une fabrique   _____

   2. un contrefacteur   _____

   3. le succès   _____

4. quelqu'un d'inoffensif   _____

5. quelqu'un à la retraite   _____

6. (une cassette) reproduite
   illégalement   _____

D.   Complétez les phrases suivantes avec les mots qui conviennent.

1. Cela prend beaucoup de temps pour _____ une filière et aller du
   détaillant jusqu'au fabricant de faux.

   a. traverser   b. éviter   c. remonter   d. aller

2. Les agents qui travaillent _____ Lacoste, Honda ou Vuitton sont fort bien payés.

   a. dans   b. chez   c. à   d. avec

3. Dès le 1er janvier prochain, cette loi _____ et tout le monde devra
   la respecter.

   a. entrera en vigueur   b. sera implantée   c. sera remise en question
   d. aura lieu

4. Il est important que les grandes marques _____ une pression
   suffisante sur tout le réseau de la contrefaçon.

   a. exercent   b. portent   c. fassent   d. accusent

5. Avant d'être assemblés, les faux arrivent le plus souvent _____.

   a. en morceaux   b. en pièces détachées   c. disloqués   d. en parties

6. Les faux sont facilement _____ sur le marché thaïlandais.

    a. écoulés   b. situés   c. localisés   d. établis

7. Pour _____ les faussaires, les grandes marques engagent souvent les services de détectives privés.

    a. opposer   b. amadouer   c. lutter contre   d. gagner

8. Pour s'assurer de contrôler le développement du marché de la contrefaçon, les grandes marques ne/n' _____ pas leur surveillance.

    a. relâchent   b. détendent   c. assouplissent   d. facilitent

9. Pour travailler comme détective dans une compagnie privée, il faut avoir _____ une formation très solide.

    a. obtenu   b. trouvé   c. reçu   d. étudié

10. Ce qui empêche de surveiller le trafic des faux est leur transport _____.

    a. par avion   b. libre   c. par conteneurs   d. en franchise

E.   **Trouvez dans la colonne B les équivalents des mots de la colonne A.**

A	B
1. un(e) faussaire	____ une embauche
2. une marque de commerce	____ un(e) directeur (-trice)
3. un engagement	____ un(e) consommateur (-trice)
4. une mise à pied	____ un(e) contrefacteur (-trice)
5. un(e) P.-d.g.	____ une griffe

6. un faux   _____ un licenciement

7. un(e) producteur (-trice)   _____ une entreprise

8. un(e) acheteur (-teuse)   _____ un(e) fabricant(e)

9. une firme   _____ une copie

10. des frais   _____ des dépenses

* * *

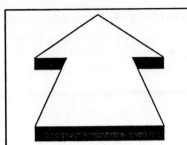

POUR ALLER PLUS LOIN

COMMERCE

Intérieur - Extérieur

un commerçant
un négociant

commercer
négocier

faire du commerce
faire du négoce

Fonction

faire circuler des biens

But

faire du profit
· prix de vente (selling price) - prix de revient (cost price) = marge bénéficiaire (mark up)

· bénéfice brut (gross profit) - frais généraux (salaires, loyer, amortissement de l'équipement, charges, impôts) = bénéfice net (net profit)

Signes

· siège social :
lieu de l'établissement

Obligations

· tenue des livres de comptabilité : journaux (salaires, ventes, achats, etc.) ; grand livre et préparation des états financiers (bilan, état des résultats)

· raison sociale :
nom de la compagnie

· enregistrement (de la raison sociale, des entreprises, des sociétés) auprès des organismes professionnels et des autorités gouvernementales

· enseigne :
signe distinctif

· permis d'exploitation, certificat d'enregistrement (Canada) ; immatriculation au Registre du Commerce et des Sociétés (France)

· marque commerciale :
Bic, Danone, Kodak

· déclaration des revenus et impôts à payer

Types

· **commerce de gros**

grossiste   :
(wholesaler)

intermédiaire entre le producteur et le détaillant (vend et achète **en** gros)

· **commerce de demi-gros**

demi-grossiste   :

intermédiaire entre le grossiste et le petit détaillant

· **commerce de détail**

détaillant   :
(retailer)

intermédiaire entre le grossiste et le consommateur (vend **au** détail)

· **les grands magasins**

· **les chaînes de magasins**

· **le franchisage**

Pour la commercialisation des produits, voir : **distribution** et **canal de distribution** dans « Un marché pas comme les autres », Le Marketing, chapitre VII.

ÉTATS-UNIS

Croissance : fort ralentissement

Le PIB américain n'a progressé que de 0,5 % entre avril et juin 1995,
contre 2,7 % au premier trimestre. Principal responsable : l'automobile.

La croissance économique s'est très fortement ralentie au deuxième trimestre aux États-Unis, avec une augmentation de seulement 0,5 % du produit intérieur brut (PIB) en rythme annuel, après une progression de 2,7 % pendant les trois premiers mois de l'année, selon les chiffres publiés hier par le département du Commerce.

Les analystes s'attendaient à une telle diminution, avec une fourchette comprise entre 0,3 % et 0.8 % du PIB, pour cette première estimation officielle de la croissance d'avril à juin. Deux autres suivront.

Ce rythme est le plus bas depuis le quatrième trimestre de 1991, lors de la dernière dépression.

Chute des ventes

Le PIB avait alors crû de seulement 0,1 %. L'inflation est restée très modérée, avec une hausse de seulement 1,3 % (contre 2,2 % au premier trimestre) du « *déflateur implicite des prix* », qui corrige l'indice de la dérive des prix.

Les ventes totales (production moins les fluctuations de stocks) sont pourtant restées à un assez bon niveau à 2,1 % contre 2,6 %. Le ralentissement de l'activité est donc à imputer principalement à une correction des stocks et à une chute des ventes automobiles, a indiqué le département du Commerce. Hors automobile, le PIB a augmenté de 1,9 % en rythme annuel.

Compte tenu de cet élément, mais aussi parce que le chiffre avait déjà été pris en compte par le marché, les réactions, tant en Bourse que sur le marché obligatoire ou celui des changes, ont été négligeables.

Le Monde

Des faux « 501 » en quantité industrielle

Une sacrée épine dans le pied du roi du jean que la contrefaçon : l'an passé, près de 2 millions de faux « 501 » ont été saisis dans le monde dont 500 000 en Europe. « Le trafic est sans doute dix fois plus important », s'inquiète Peter Jakobi, le directeur international. Le berceau du trafic se situe en Asie, surtout en Chine et en Thaïlande. Mais des faux Levi's arrivent aussi d'Amérique latine, de Turquie et du Maghreb. « Ils sont de mieux en mieux réalisés », assure un industriel du jean. Pour s'assurer que l'on achète un vrai « 501 », on peut toujours vérifier que le bouton de ceinture comporte bien un numéro à 3 chiffres et que le nom Levi's sur la petite étiquette rouge est tissé et non imprimé. Il existe aussi un autre trafic très en vogue : celui de... « vrais » Levi's ! Il s'agit de jeans achetés aux Etats-Unis, où le prix de gros est deux fois moins élevé qu'en Europe. Ces « 501 américains » sont notamment écoulés en hypermarchés où on les trouve parfois à moins de 200 francs.

Capital

CHAPITRE IV

LES ENTREPRISES

LA NAISSANCE D'ENTREPRISES MODERNES, MIEUX GÉRÉES ET CAPABLES D'EXPORTER LEURS PRODUITS

Dernier wagon de la locomotive de la révolution tranquille, le nationalisme d'affaires a permis au Québec francophone de créer des entreprises modernes, mieux gérées[1], modestement diversifiées et capables d'exporter des produits innovateurs tant aux États-Unis qu'ailleurs dans le monde.

Dans l'esprit du Québécois, aujourd'hui investisseur [2], hier spectateur, les succès remportés par les Bombardier, Papiers Cascades et Provigo ont remplacé les pièces de jeu héroïques des Maurice Richard, Jean Béliveau et Jacques Plante. Naguère vue comme un péché, l'action d'entreprendre dans le secteur privé[3] est maintenant essentielle à l'affirmation de la société fleurdelysée[a].

La Bourse[4] de Montréal compte 150 entreprises québécoises sur quelque 440 inscrites. Contre des poussières[b] en janvier 1960...

Fruit de la démocratisation de l'éducation, l'embauche[5] des nombreux jeunes qui sortent des écoles d'administration facilite aux entreprises agricoles, manufacturières[6] et commerciales, petites ou grandes, l'adoption de méthodes de gestion et de marketing plus efficaces pour affronter la concurrence[7] locale et étrangère.

Sans complexe, des jeunes diplômés francophones en ingénierie[8] créent de nouvelles entreprises spécialisées dans des secteurs dits « de pointe »[9] : Matrox, dans le domaine des générateurs d'affichage graphique pour ordinateurs ; Vidéoway, dans les systèmes d'information à domicile...

L'expression « retard économique ou technologique » angoisse moins les économistes[10] et les scientifiques d'ici. Les économistes parce que, en 1982, par exemple, malgré la récession[11] et les déplacements successifs de sièges sociaux [12] vers l'Ouest canadien, il s'est créé près de[c] 20 000 nouvelles entreprises au Québec, soit trois compagnies par 1 000 habitants. Plus que n'importe où ailleurs au pays.

Les scientifiques parce que, à Québec, ville de fonctionnaires, des cerveaux planifient une nouvelle « Silicon Valley » pouvant rassembler industries de l'optique-laser, de la biomasse, de la bureautique[13] et de la médecine de pointe. Nationalisme politique, nationalisme d'affaires... mais aussi nationalisme scientifique.

M. Claude Castonguay, président de La Laurentienne, une petite compagnie d'assurance de Québec devenue grande et diversifiée, estime que la petite et moyenne entreprise (« PME »[14]) se trouve en meilleure santé qu'il y a 20 ans. Aujourd'hui, la PME accapare 52 % de la main-d'oeuvre[15] totale. Depuis 1967, elle a créé 90 % des emplois nouveaux. Le ministre de l'Industrie et du Commerce, M. Rodrique Biron, lui, ne tient plus en place[d]. « Depuis 1981, répète-t-il souvent, les investissements manufacturiers se font plus dans les biens durables[16]. Il s'agit d'un retournement spectaculaire ! »

Les entreprises francophones occupent aujourd'hui une place de choix[e] dans les secteurs des services[17], du transport d'énergie électrique (Hydro-Québec grâce à son centre de recherche IREQ), le matériel de transport, le génie-conseil[18], les équipements de production électrique et les véhicules de loisir, les pâtes et papiers[19], l'imprimerie-édition[20], les produits minéraux non métalliques et, évidemment, les métaux primaires.

Tout a commencé en 1960, disent les historiens, dans le programme électoral du candidat à la direction de la province, M. Jean Lesage, influencé grandement par M. Georges-Émile Lapalme. Ses priorités : création d'un conseil d'orientation économique et d'un Ministère des Richesses Naturelles. Ses objectifs : inciter le Québec à transformer chez lui ses richesses naturelles, favoriser la création d'une industrie lourde[21], multiplier les industries secondaires et obliger les entreprises à employer des Canadiens français.

L'accession à la modernité de l'entreprise passera donc d'abord et avant tout par l'interventionnisme de l'État. Dans un éditorial publié le 15 février 1961 et intitulé *Nos vaches sacrées*, le directeur du DEVOIR, M. Gérard Filion, écrivait à ce sujet : « Il est en tout cas intéressant de constater que pour une fois, un ministre en exercice (aux Richesses Naturelles), M. René Lévesque, n'a pas eu peur d'affirmer que les Canadiens français doivent avoir recours au levier de[f] l'État pour sortir de leur médiocrité. »

Au départ, l'entreprise privée semble même l'ennemi à abattre. Appartenant en majorité à des étrangers ou à des Canadiens anglais, elle s'intéresse peu au développement économique du Québec. De fait, elle a la même attitude que les Canadiens français eux-mêmes, dont l'intérêt se porte surtout sur leur agriculture.

Encouragées par Duplessis, seules des entreprises familiales portent le flambeau de[g] l'entrepreneurship francophone : les Simard de Sorel avec, surtout, Marine Industrie ; les Dupuis de Montréal, avec leur grand magasin à rayons ; les Simard de l'Abitibi lointaine, avec leurs firmes de construction... Mais, dans l'ensemble, les entreprises familiales avaient un potentiel de croissance[22] limité à cause d'une mauvaise gestion ou d'un manque de fonds[23].

Pour sortir de la « médiocrité », l'État québécois des années 60 favorisera l'éclosion de grands ensembles industriels, comme Sidbec, où iront travailler les premiers diplômés produits par le rapport Parent. Le moyen par excellence pour corriger la situation s'appellera « Société générale de financement[24] ». Cette entreprise publique commencera par acheter des entreprises familiales comme Volcano, des Girouard de Saint-Hyacinthe ; Forano, des Forand de Plessisville ; et Marine Industrie.

Petit à petit, les premiers *success story* du secteur privé francophone apparaîtront grâce aux grands projets publics, tels la construction de barrages hydro-électriques, du métro de Montréal et de l'Exposition universelle de 1967. Les firmes SNC et Lavalin occupent depuis les premiers rangs mondiaux du génie-conseil. Bombardier est devenue un des géants de l'industrie du matériel roulant et a décroché un contrat[25] de 1 milliard de dollars dans le cadre du projet d'expansion du métro de New York.

Après l'échec des grands projets industriels (l'automobile avec Soma, l'acier avec Sidbec...), la première génération d'entrepreneurs[26] francophones frappera aux portes du secteur privé. Elle apprendra à ne pas dépendre -- ou à dépendre moins -- de l'État pour se développer. Le groupe Provigo prendra la tête du marché alimentaire[27] québécois, devant Steinberg, achètera les magasins Dominion et traversera les frontières du Québec. Dans un tout autre secteur, le groupe DMR et Associés se hissera[h] au premier rang des entreprises canadiennes de services informatiques[28] au pays.

Faisant écho à[i] l'évolution de la mentalité d'affaires naissante, les journaux francophones adopteront un nouveau vocabulaire : accords industriels, entrepreneurship, création de consortiums[29] à l'exportation, achats de licences pour fabriquer un produit étranger au Québec, virage technologique...

Donc, tout baigne dans l'huile[j], pour emprunter une expression typiquement québécoise ? Pas tout à fait...

Les entreprises francophones ont encore beaucoup à apprendre en matière de[k] gestion. On estime que 90 % des PME ne survivent pas à leur première décennie d'existence, parce qu'elles s'endettent trop[30]. Le problème, comme l'explique un témoin des années 60, M. Pierre Shooner, vice-président de la compagnie d'assurances Les Coopérants, ce n'est pas qu'il se crée trop de PME, mais qu'il en meurt trop.

Dans son *Bâtir le Québec*, le premier gouvernement Lévesque apporte une raison qui est toujours applicable aujourd'hui : ce n'est pas tellement l'ingéniosité, l'esprit créatif et inventif des Québécois qui sont en cause mais bien plus la capacité de passer de l'invention à l'innovation, c'est-à-dire d'exploiter de façon rentable[31] une bonne idée, de faire de l'invention une réalité commerciale...

Dans le domaine scientifique, le Québec accuse toujours un retard important par rapport à l'Ontario, même si son gouvernement vient d'annoncer des déboursés[32] de 75 millions de dollars pour la mise sur pied[l] de six centres de recherche dans six secteurs de pointe. Par exemple, les entreprises, les scientifiques et les inventeurs du Québec ne sont responsables que de 2 % environ des brevets[33] émis au pays.

En 1955, M. Lionel Boulet écrivait, avec la collaboration de M. Cyrias Ouellet, son fameux *Cri d'alarme*, dans lequel il dénonçait l'absence d'investissements en recherche.   Aujourd'hui, dit-il, on fait face au problème inverse. Le Québec veut réinventer la roue en investissant dans trop de secteurs de pointe à la fois. Pourquoi ne pas simplement miser sur nos ressources naturelles ?   On pourrait notamment développer de nouvelles technologies minières[34] ou forestières[35] pour ensuite les utiliser dans nos entreprises et les exporter. C'est ce que nous avons voulu faire en créant l'IREQ et nous avons réussi.

Un professeur de l'École des Hautes Études Commerciales, M. Jean-Marie Toulouse, abonde dans le même sens. « Le Québec a trop mis l'accent sur le 'nouveau' et a oublié le 'bon vieux'.   Nous avons encore de vieilles entreprises qui fonctionnent bien.   Aurions-nous perdu le sens des proportions ? Une entreprise de Nicolet qui exporte ses jeans aux États-Unis nous donne plus de retombées qu'un projet du 'virage technologique' qui n'a aucune chance de réussir. »

Pour le doyen de la Faculté d'économie de l'Université d'Ottawa, M. Gilles Paquet, l'entreprise québécoise a les mêmes problèmes que sa concurrente des autres pays industrialisés[36], c'est-à-dire le vieillissement de ses appareils de production et le rétrécissement[m] des marchés.   Or elle s'est sclérosée en dépendant trop de l'État. Résultat : 40 % de l'industrie québécoise est encore sous contrôle étranger [37] et un autre 40 % sous contrôle anglo-canadien.

M. Serge Saucier, président de la Commission Saucier qui, en 1984, a fait un rapport sur la sous-capitalisation[38] de la PME québécoise, demeure cependant optimiste. « Nous n'en sommes qu'à la première génération véritable d'entrepreneurs francophones. Imaginez ce que sera notre entreprise dans dix ans ! »

Il ne faut certes pas perdre espoir. Le nationalisme d'affaires au Québec est un nouveau sentiment qui, contrairement au nationalisme politique, a de bonnes chances d'être plus qu'une mode à cause de son attrait... pécuniaire[39]. Le goût d'investir tente tout le monde. Y compris les religieuses : depuis 1978, les Soeurs Grises de Montréal placent un fonds de 50 millions de dollars en bourse[40]. Pour les deux dernières années, le fonds a eu un rendement[41] de 23 %. La modernité de l'entreprise, c'est aussi cela.

André Bouthillier
Le Devoir

---

a. fleurdelysée : québécoise b. des poussières : très peu c. près de : environ d. ne tient plus en place : déborde d'enthousiasme e. une place de choix : une place importante f. au levier de : à l'aide de g. portent le flambeau de : maintiennent en vie h. se hissera : atteindra i. faisant écho à : répétant, reflétant j. tout baigne dans l'huile : tout va pour le mieux k. en matière de : en ce qui concerne l. la mise sur pied : la création m. le rétrécissement : la diminution

NOTES

biens durables
> Produits matériels qui servent plusieurs fois : immeubles, réfrigérateurs, automobiles, appareils électroménagers. Les **biens non durables** sont des produits qui sont détruits à la première utilisation : biens alimentaires.

Bourse
> La Bourse de New York, la Bourse de Toronto, la Bourse de Tokyo... Lieu où s'effectuent les transactions des **valeurs mobilières**. (Voir aussi chapitre X.)

consortium
> Groupement d'entreprises ou d'organisations pour la réalisation de projets en commun. Par exemple, des chaînes de télévision s'unissent pour diffuser un même événement sportif, politique ou autre : « Consortium des télédiffuseurs ».

récession
> (Voir « La Bureautique » texte I)

siège social
> Lieu où se trouve la maison-mère ou l'établissement principal d'une entreprise, d'un commerce, d'une compagnie dont dépendent administrativement les **succursales**.

I. VOCABULAIRE SPÉCIALISÉ

1. **gérer (une entreprise)** : to manage
2. **un(e) investisseur (-euse)** : investor
   investir
   un investissement
3. **le secteur privé** : private sector
4. **la Bourse** : stock exchange
   le marché boursier
5. **l'embauche (ant. la débauche, le licenciement)** : hiring
   embaucher quelqu'un
6. **une entreprise manufacturière** : manufacturing business
7. **affronter la concurrence** : to face competition
8. **un(e) diplômé(e) en ingénierie** : engineering graduate
9. **le secteur de pointe** : leading sector
10. **un(e) économiste** : economist
11. **la récession** : recession
12. **un siège social** : head office
13. **la bureautique** : computerization of office equipment, office automation
14. **la petite et moyenne entreprise (PME)** : Small and Medium Sized Business
15. **la main-d'oeuvre** : labour

16 **les biens durables** : durable goods
17 **le secteur des services** : tertiary/service industries
18 **le génie-conseil** : engineering consulting
19 **les pâtes et papiers** : pulp and paper
20 **l'imprimerie-édition** : printing and publishing
21 **une industrie lourde** : heavy industry
22 **la croissance** : growth
 croître
23 **les fonds** : funds
24 **le financement** : financing
 financer
 un(e) financier (-ière)
 les finances
25 **décrocher un contrat** : to obtain a contract
26 **un(e) entrepreneur (-euse)** : person who establishes a business
 entreprendre
 une entreprise
27 **le marché alimentaire** : food industry/sector
28 **un service informatique** : data processing service
29 **un consortium** : consortium
30 **s'endetter** : to get/to run into debt
 une dette
31 **rentable** : profitable
 la rentabilité
32 **un déboursé** : disbursement
33 **un brevet** : patent
34 **des technologies minières** : mining technology
35 **des technologies forestières** : forestry technology
36 **un pays industrialisé** : industrialized country
37 **être sous contrôle étranger** : under foreign control
38 **la sous-capitalisation (des PME)** : underfunding, undercapitalization
39 **un attrait pécuniaire** : financial attraction
40 **placer un fonds en bourse** : to invest money (funds) in the stock market
41 **un rendement** : return, profit

II. RÉSUMÉ

Depuis la révolution tranquille, on voit de plus en plus d'entreprises québécoises réussir à exporter aux États-Unis et ailleurs dans le monde car elles sont mieux gérées par des jeunes qui sortent des écoles locales d'administration, d'ingénierie et de commerce.

Nombreuses sont celles qui se spécialisent dans les secteurs de pointe.

Grâce à une meilleure gestion et à une plus grande diversification au Québec, les PME se portent mieux qu'il y a vingt ans. Et cela s'explique par « l'interventionnisme de l'État » qui a commencé à s'intéresser dans les années 60 « au développement économique » du Québec. Grâce à l'apport de fonds et à un programme de « grands projets publics », le gouvernement québécois aide à passer du stade des entreprises familiales à celui des grandes firmes industrielles.

Alors que les industriels québécois ont beaucoup d'idées et font preuve d'ingéniosité, il y a beaucoup trop de PME qui meurent chaque année à cause d'une mauvaise gestion de leurs affaires. Il est donc urgent de progresser dans ce domaine et de s'assurer que le gouvernement investit non seulement dans le secteur de pointe mais aussi dans l'exploitation des ressources naturelles du Québec.

III. QUESTIONS SUR LA COMPRÉHENSION DU TEXTE

1. Décrivez le changement d'attitude des Québécois vis-à-vis des affaires depuis la révolution tranquille.

2. Pourquoi les entreprises embauchent-elles des jeunes diplômés ?

3. Quelle est la situation des PME depuis une vingtaine d'années ?

4. Dans quels domaines les entreprises francophones réussissent-elles particulièrement ?

5. En quoi se caractérise « l'interventionnisme de l'État » dans une province telle que le Québec ?

6. Expliquez comment on est passé d'une économie familiale à une économie provinciale.

7. Donnez un ou deux exemples de réussites d'entreprises francophones.

8. Si davantage de PME québécoises veulent réussir à plus long terme, dans quel domaine doivent-elles faire des progrès ?

9. En plus du secteur de pointe, dans quel autre secteur l'industrie québécoise devrait-elle aussi miser ?

10. Malgré tous les problèmes existants, le nationalisme d'affaires au Québec a-t-il un bel avenir devant lui ?

IV. MISES EN SITUATION

1. Vous êtes une jeune diplômée d'une école de commerce, vous venez d'être engagée dans la compagnie de votre choix et vous faites au P.-d.g. dix propositions pour améliorer son chiffre d'affaires.

2. Vous sortez d'une grande école d'économie et vous présentez au ministre de l'Économie et des Finances toute une série de conseils et de suggestions en vue d'améliorer l'économie de votre région/État/province.

V. EXERCICES DE LANGUE

A.   Trouvez des mots de la même famille.

1.   concurrencer   _____   _____

2.   un déboursé   _____   _____

3.   rentable   _____   _____

4.   une dette   _____   _____

5.   investir   _____   _____

6.   une économie   _____   _____

7.   innover   _____   _____

B.   Complétez les phrases suivantes avec le mot qui convient.
main-d'oeuvre - siège social - gestion - incitations financières - rendement

1.   Le gouvernement accorde aux investisseurs étrangers un large éventail de _____ .

2.   La _____ spécialisée dans la fabrication du meuble est très recherchée au Canada.

3.   La Commission de la fonction publique offre aux cadres du fédéral des cours d'orientation en _____ du personnel.

4.   La Banque Nationale de Paris, dont le _____ se trouve à Paris, a plusieurs succursales dans tout le pays.

5.   Augmentez le _____ de votre capital : investissez dans les Fonds Mutuels.

C.   Trouvez l'équivalent des mots en gras.

1.   Pour se lancer dans les affaires, **des biens en argent** sont nécessaires.

2.   Cette entreprise commerciale est devenue plus **profitable** grâce à une gestion efficace des ressources humaines.

3.   Pour que vos produits soient **concurrentiels** sur le marché international, il faut surtout améliorer leur conditionnement.

4.   Un **titre** d'invention, délivré par le Ministère de la Consommation et des Corporations, donne à son détenteur le privilège d'exploiter sa découverte.

5.   Afin de lutter efficacement contre le chômage, le gouvernement vient d'approuver **l'établissement** de nouveaux programmes de formation professionnelle.

D.   Employez le qualificatif qui convient.

1.   Le secteur qui vise à produire des produits finis est le secteur _____ .

2.   Le type d'industrie qui manufacture les armements, les trains, etc. s'appelle l'industrie _____ .

3.   Les technologies qui aident à exploiter les mines sont les technologies _____ et celles qui aident à exploiter les forêts sont les technologies _____ .

4.   Le secteur qui se spécialise dans les produits d'alimentation est le secteur _____ .

5.   Le secteur qui est à l'avant-garde de la technologie est le secteur _____ .

E.   Complétez les phrases suivantes avec le mot qui convient.

1.   Les eaux minérales embouteillées au Québec font _____ à celles importées d'Italie.

a. rivalité   b. face   c. concurrence   d. contestation

2. Cette jeune entreprise a _____ de nouveau un important contrat au Brésil.

   a. investi   b. décroché   c. débité   d. accroché

3. La Northern Telecom est en pleine expansion. Elle ne cesse de chercher des _____ à l'étranger.

   a. buts   b. débouchés   c. déboursés   d. allocations

4. Le _____ des marchés au niveau mondial diminue le nombre de débouchés possibles pour les exportations.

   a. déboursé   b. rétrécissement   c. endettement   d. financement

5. Les _____ d'aide au Tiers-Monde finissent trop souvent dans les poches de ceux qui n'en ont pas besoin.

   a. biens   b. dettes   c. déboursés   d. fonds

* * *

LA PME EN MUTATION

LA PME ET L'EXPORTATION : DE L'EXOTISME À LA RÉALITÉ

Bien que la PME[1], selon la définition officielle, compte quelque 750 000 unités au Canada pour environ 30 % de la main-d'oeuvre active[2], on ne peut certes pas prétendre qu'elle est active sur les marchés internationaux [3].

En effet, toutes les analyses faites à ce jour démontrent une sérieuse carence, sinon une indifférence notoire, à cet effet. Et si ce n'était que quelques cas isolés et spectaculaires, on serait en droit de se poser de sérieuses questions sur la valeur des programmes d'information privés ou gouvernementaux sur le sujet.

En fait, l'encadrement protectionniste tarifaire[4], l'éloignement des marchés, les distances à franchir et une certaine paresse commerciale, tout cela combiné à une ignorance traditionnelle touchant les affaires internationales caractérisent généralement l'approche de la PME face aux mystères de l'exportation. En ajoutant à ce mélange une crainte et une méfiance innée pour les marchés exotiques -- réaction de nordiques affectés par six mois d'hiver -- et le panorama de la PME exportatrice commence à émerger des ombres du petit commerce local ou provincial.

Sauf que...

Il y a quelques années seulement, l'exportateur du cru faisait figure[a] d'aventurier quelque peu particulier, de personnage un peu marginal dont on pouvait même mettre en doute le sérieux. Après tout, qu'y avait-il de logique et de sensé à exporter en Afrique lorsque son meilleur client réside à Drummondville!

On ne voyait pas trop quels avantages on pouvait retirer de telles pratiques commerciales. À la rigueur[b], des ennuis! Au mieux, quelques profits[5] sporadiques qu'on s'empressait d'encaisser[6] sans répéter l'expérience, trop heureux d'avoir réalisé une affaire[7] comme si on avait gagné la loterie.

Quelques précurseurs, néanmoins, flairant un avenir qui s'appelle maintenant présent, commencèrent à s'intéresser sérieusement à l'exportation, et ce sont eux qui, aujourd'hui devenus des entités corporatives[8] importantes, règnent sur les 100 milliards de dollars d'exportations canadiennes, toutes destinations, qui, bon an mal an[c], quittent les divers ports du pays.

Le Canada est ainsi fait : grande taille mais petite population, ce qui le prive du luxe de plusieurs de ses partenaires commerciaux [9] dont les marchés intérieurs[10] peuvent suffire à alimenter l'appareil de production. Quand 30 % du PIB[11] traverse les frontières et que ces biens et services[12] sont garants[13] d'une balance commerciale[14] positive, le choix n'en est plus un : il est une nécessité vitale à tous égards.

De toute façon, lorsque la situation économique internationale, régie par les accords du GATT[15] (General Agreement on Tariff and Trade) exige la réduction presque totale des barrières tarifaires[16] pour janvier 1987, que l'ensemble de l'industrie du textile et du vêtement[17] doit renégocier l'accord Multi Fibres en juillet 1986, et qu'à partir de 1987, 80 % des exportations canadiennes vers les USA et 65 % des américaines vers le Canada seront en franchise[18], il ne peut qu'être temps d'y songer plus sérieusement.

Autodiagnostic de l'exportateur en puissance

Si vous pensez que vos produits[19] ou services ont une vocation[(d)] à l'étranger, vérifiez les quelques points suivants qui constituent un petit test pratique et utile pour voir si vous vous qualifiez pour le marché de l'exportation[20]. Il faut garder en tête que le prix et la qualité de votre production ne sont pas suffisants pour vous permettre de plonger dans la jungle de l'exportation.

- Possédez-vous une capacité de production suffisante pour répondre à des commandes[21] supplémentaires ? Savez-vous que cette considération est la cause principale des déconvenues canadiennes à l'étranger ?

- Êtes-vous « fiable » ? Vous reconnaît-on comme tel ? Avez-vous un historique de livraison[22] selon les termes entendus ? Vous pourriez, à l'international, faire de malheureuses découvertes, lorsque vous vous verrez refuser une expédition[23] ou appliquer une clause de pénalité[24], pour délais[25], même hors de votre contrôle.

- Êtes-vous prêt à entreprendre l'étude de votre marché[26], et ce, en profondeur, touchant les structures du marché, les intermédiaires[27] impliqués, la compétition locale et étrangère, les coutumes et pratiques commerciales, les habitudes de consommation[28], etc. Rappelez-vous que la formule du 2 %-10 jours net 30 jours n'est pas universelle et que vous pouvez très couramment vous heurter à des marchés qui pratiquent les 180 jours de paiement sans autre compensation.

- Êtes-vous prêt et en mesure de faire traduire votre littérature et vos manuels de formation, si c'est le cas, dans la langue du pays ? N'allez pas faire la gaffe de nos concitoyens de langue anglaise, qui pendant longtemps, ont pensé que l'anglais est universel. Ce détail peut représenter la différence entre être retenu ou non pour un contrat[29]. Pensez client !

- Êtes-vous en mesure de[(e)] fournir un service après-vente[30] et des pièces de rechange[31] ? Si oui, à quel prix, à quelle fréquence et à quelles conditions n'affectant pas vos opérations normales ?

- Êtes-vous couvert par des brevets[32] et en mesure de céder éventuellement votre technologie lorsqu'on vous en parlera ? Êtes-vous prêt à envisager un accord de co-participation, à la rigueur ?

- Quel programme de financement pouvez-vous appliquer à vos exportations ? De quels fonds de roulement[33] disposez-vous à cet égard ?

Ces quelques points sont préliminaires et ne sont en aucune sorte[f] des conditions à priori pour réussir ou non à exporter. Néanmoins, ne pas y porter attention serait de nature à vous apporter quelques ennuis financiers très désagréables.

Source de renseignements à l'usage de l'exportateur

Il y en a tellement qu'on s'imagine mal que Mirabel ne soit pas plus encombré par des files d'entrepreneurs[34] au départ ou au retour de destinations de tous ordres.

Voyons dans un premier temps les services fédéraux : Le MEIR. Dans ses divers bureaux régionaux, le ministère fédéral de l'Expansion met à la disposition des entrepreneurs des spécialistes sectoriels[35] et géographiques, qui l'aideront à déblayer le terrain et à l'aviser des possibilités qui s'offrent à lui sur les divers marchés.

Ces conseils sont de tous ordres et de toutes natures : s'en priver serait périlleux et ce serait agir en dilettante, ce qui n'est pas de mise[g] sur les marchés extérieurs. Soyez sérieux car une mauvaise expérience peut vous priver de marchés très lucratifs[36]. En outre, via le MEIR, vous avez accès à divers programmes de supports financiers (Programmes d'aide aux développements des marchés) volet[37] A & F, tous bien structurés, généralement souples et assez applicables à tous les secteurs.

Rappelez-vous néanmoins qu'il est très recommandé de présenter vos demandes au moins six semaines avant d'entreprendre quoi que ce soit[h]. N'allez surtout pas présenter une demande d'aide deux jours avant de partir ou, pis encore, au retour avec vos factures[38] dans une enveloppe !

La maison n'apprécie pas et, surtout, vous n'aurez aucun support, même moral ! Si vous visez des marchés[39] d'importance, on vous parlera des programmes d'assurances de la Société pour l'expansion des exportations (SEE) et il est aussi très recommandé de s'en prévaloir. En outre, vous avez tout intérêt, via le MEIR, à prendre contact avec les ambassades et consulats canadiens à l'étranger où des experts sectoriels et des agents commerciaux[40] vous seront d'un précieux secours pour faire le point sur la situation et les modes d'opérations en terres inconnues.

Quant aux services du ministère québécois du Commerce extérieur (MCE), ils sont en grande partie centralisés à Montréal et sont à peu près de même nature que ceux offerts par la structure fédérale. Ces programmes d'aide pour l'expansion des exportateurs (APEX) sont accessibles à tous les exportateurs[41] à condition que vous justifiez un chiffre d'affaires[42] annuel minimal d'au moins 200 à 250 000 dollars.

Bien que la structure des opérations actuelle de ce ministère soit en perpétuelle réorganisation depuis plus d'un an, et que ceci nuise considérablement à son efficacité, le circuit des délégations du Québec à l'étranger fonctionne très bien et jouit d'une excellente crédibilité dans les milieux d'affaires. Ainsi vous avez la possibilité, dans toutes les grandes capitales de ce monde, de contre-vérifier toutes les informations qu'on vous donne à deux sources différentes. Prévalez-vous en, c'est unique et ça en vaut le coup[i] !

L'ACDI et les banques de développement

Il ne faudrait pas négliger ce petit marché annuel de 24 milliards de dollars U.S. En effet, via l'Agence canadienne de développement international (ACDI) et le réseau[43] de la Banque mondiale[44] et autres organismes internationaux, vous pouvez être retenu[j] aisément comme sous-contractant[45] dans une multitude de projets internationaux, à financement garanti[46] et à bonne rentabilité[47] pour vous.

Il est aberrant de constater les milliards qui glissent entre les doigts[k] des PME canadiennes par manque d'information et d'intérêt à cet égard. Il faut que vous consultiez, au MEIR, le centre de ressources sur l'aide multilatérale pour vous faire une idée de l'ampleur de la manne que vous négligez ; l'information est de bonne qualité, fiable et on vous appuie dans vos démarches.

Les sources privées

Les banquiers, toujours les banquiers[48] ! Voyez, non pas votre gérant local[49] -- il ne peut tout savoir, le pauvre -- mais les agents des services internationaux des diverses banques canadiennes. Elles sont toutes bien structurées et relativement efficaces à l'exportation. Vous ne pourrez de toute façon procéder sans elles, ne serait-ce que pour[l] faire la différence entre une lettre de crédit[50] révocable ou irrévocable : certaines PME l'ont appris à des coûts très élevés pour ne pas y avoir eu recours[m] à temps. Par ailleurs, elles organisent des sessions d'information et disposent de matériel à cet effet, assez bien fait et bien vulgarisé.

Enfin, les différents ministères, MEIR et MCE, ainsi que les Chambres de commerce[51] et d'autres organismes[52], donnent régulièrement des sessions de formation[53] à l'exportation, et il est fortement recommandé de participer à une de ces rencontres, ne serait-ce que pour vous familiariser avec le jargon international, (transitaires[54], FOB, CIF, mesures tarifaires[55], financement mixte[56], etc.)

Vérifiez quand même[n] au préalable avec les différents ministères, car il se peut fort bien[o] qu'une prochaine rencontre porte sur votre secteur d'activités, avec des spécialistes étrangers, invités à donner leur point de vue sur les marchés internationaux. Vous feriez ainsi d'une pierre deux coups.

Rappelez-vous qu'on vend à l'exportation comme chez soi ; il n'y a pas de différences majeures, si ce n'est[p] dans l'information spécialisée à obtenir au préalable. Allez la chercher. Bonnes ventes... et bon voyage !

J.-Pierre Bordua
Le Devoir

---

a. faisait figure de : avait l'air, paraissait **b.** à la rigueur : au pire **c.** bon an mal an : que l'année soit bonne ou mauvaise **d.** ont une vocation : ont de l'avenir, peuvent intéresser **e.** en mesure de : avoir la possibilité de **f.** en aucune sorte : d'aucune façon **g.** ce qui n'est pas de mise : ce qui ne se fait pas **h.** quoi que ce soit : quelque chose de quelque nature que ce soit **i.** ça en vaut le coup : ça en vaut la peine **j.** être retenu : être sélectionné, choisi **k.** glissent entre les doigts : échappent aux **l.** ne serait-ce que pour : même si ce n'est que pour **m.** pour ne pas y avoir eu recours : parce qu'elles n'y ont pas eu recours **n.** quand même : de toute façon **o.** il se peut fort bien : il est tout à fait possible **p.** si ce n'est : sauf

NOTES

2 %-10 jours, net 30 jours

Formules utilisées pour le règlement de marchandises.

Lorsque le client décide de payer le montant de sa facture dans les 10 jours qui suivent la réception de la marchandise, le fournisseur lui accorde une réduction de 2 %.

Net 30 jours signifie que le client a 30 jours pour régler la marchandise. Après cette date, il lui faudra payer des intérêts dont le pourcentage figure sur la facture.

balance commerciale

La balance commerciale présente la comptabilisation des importations et des exportations d'un pays. On parle d'une **balance commerciale excédentaire** lorsque les exportations de marchandises dépassent les importations. Une balance commerciale est **déficitaire** quand les importations dépassent les exportations. Une **balance commerciale équilibrée** indique un montant égal d'importations et d'exportations de marchandises. Certains pays laissent baisser la valeur de leur monnaie afin d'encourager leurs exportations et donc de se constituer une réserve de devises.

barrières tarifaires

Imposition douanière aux marchandises importées dans un pays.

Chambre de commerce
>   (Voir « L'Économie » texte I.)

CIF

>   « Cost Insurance Freight » = Coût, assurance, fret
>   Le fournisseur expédie les marchandises par voie maritime et le client paie les
>   frais de transport y compris l'assurance jusqu'au port destinataire.

en franchise
>   La forme prépositionnelle de ce mot signifie l'exemption des taxes d'importation.
>   (Voir également l'autre sens de **franchise** dans la section « Le Marketing »
>   texte II.)

FOB

>   « Free on board » = franco à bord
>   Le fournisseur expédie les marchandises par voie maritime et paie les frais de
>   transport jusqu'au chargement à bord.

fonds de roulement (working capital)
>   Liquidités disponibles ou valeurs réalisables permettant à l'entreprise de payer
>   ses dettes à court terme.

GATT (General Agreement of Tariffs and Trade)
>   « Accord général sur les tarifs douaniers et le commerce » conclu à Genève en
>   1947 par 23 pays pour promouvoir et développer les échanges commerciaux,
>   réduire les droits de douane et régler les différends entre les pays membres.
>   Depuis janvier 1995 cet accord regroupe presque autant de membres que les
>   Nations unies et s'inscrit au sein d'une nouvelle institution, **l'Organisation
>   mondiale du commerce - OMC (World Trade Organization - WTO)**.

lettre de crédit (ou accréditif)
>   Document bancaire qui permet à un client d'une banque d'obtenir des fonds
>   auprès d'une succursale ou d'une banque étrangère.

PIB
>   Produit intérieur brut (Voir « La Bureautique » texte I.)

sigles
>   L'ACDI   = Agence canadienne de développement international
>   L'APEX   = Aide pour l'expansion des exportateurs
>   CIF   = Cost insurance freight
>   FOB   = Free on board
>   Le GATT = General Agreement on Tariffs and Trade

sigles (suite)

Le MCE	=	Ministère québécois du Commerce extérieur
Le MEIR	=	Ministère de L'Expansion industrielle régionale
Le PIB	=	Produit intérieur brut
La PME	=	Petite et moyenne entreprise
La SEE	=	Société pour l'expansion des exportations

transitaire
Commissionnaire de transport qui s'occupe des opérations de transit.

I. VOCABULAIRE SPÉCIALISÉ

1 **une PME** : Small and Medium-Sized Business
2 **la main-d'oeuvre active** : productive labour
3 **un marché international** : world market
4 **tarifaire** : relating to tariffs
      un tarif
5 **un profit** : profit
6 **encaisser** : to cash, to collect
7 **réaliser une affaire** : to make/conclude a deal
8 **une entité corporative** : company
9 **un(e) partenaire commercial(e)** : trade partner
10 **un marché intérieur** : home market
11 **le PIB (Produit intérieur burt)** : Gross Domestic Product
12 **les biens et services** : goods and services
13 **être garant de quelque chose** : to secure
14 **la balance commerciale** : trade balance
15 **les accords du GATT** : General Agreement on Tariffs and Trade
16 **des barrières tarifaires** : customs barriers
17 **l'industrie du textile et du vêtement** : textile and clothing industries
18 **en franchise** : duty free
19 **un produit** : product
20 **le marché de l'exportation** : export market
21 **une commande** : order
22 **une livraison** : delivery
      livrer
23 **une expédition** : shipment
      expédier
24 **une clause de pénalité** : penalty clause
25 **un délai** : delay
26 **une étude de marché (entreprendre)** : market research
27 **un(e) intermédiaire** : middleman, broker

28 **la consommation** : consumption
              la société de consommation
              consommer
              un(e) consommateur (-trice)
29 **un contrat** : contract
30 **un service après-vente (fournir)** : after-sales service
31 **des pièces de rechange** : spare parts
32 **un brevet** : patent
33 **un fonds de roulement** : working/operating capital
34 **un(e) entrepreneur (-euse)** : person who establishes a business
35 **un(e) spécialiste sectoriel(-le)** : area specialist
36 **un marché lucratif** : profitable market
37 **volet** : section
38 **une facture** : invoice
39 **viser un marché** : to aim at a market
40 **un(e) agent(e) commercial(e)** : trade representative
41 **un(e) exportateur (-trice)** : exporter
              exporter (ant. importer)
              les exportations (ant. les importations)
42 **un chiffre d'affaires** : revenue, turnover
43 **un réseau** : network
44 **la Banque mondiale** : World Bank
45 **un(e) sous-contractant(e) (syn. sous-traitant(e))** : subcontractor
46 **un financement garanti** : guaranteed financing
47 **la rentabilité** : pay off (of project), profit earning capacity
48 **un(e) banquier (-ière)** : banker
49 **un(e) gérant(e)** : manager
50 **une lettre de crédit** : letter of credit
51 **une Chambre de commerce** : Chamber of commerce
52 **un organisme** : organization, body
53 **une session de formation** : workshop, training session
54 **un(e) transitaire** : forwarding agent
55 **une mesure tarifaire** : tariff regulation/law
56 **un financement mixte** : planned financing

II. RÉSUMÉ

La PME canadienne, jusqu'à récemment, ne s'est pas assez intéressée aux marchés internationaux. Mais à cause des changements de la situation économique internationale, il est temps qu'elle s'ouvre sur les marchés extérieurs. Cependant, pour pouvoir espérer se lancer dans l'exportation et réussir, il faut pouvoir produire suffisamment, être fiable, faire une étude sérieuse du marché, pouvoir traduire la documentation des produits exportés, avoir un service après-vente suffisamment développé et un programme de financement solide.

Une fois que le chef d'entreprise décide d'exporter, il a à sa disposition au niveau provincial et fédéral un certain nombre de services (MEIR, SEE, MCE, APEX, ACDI...) auprès desquels il peut s'informer et trouver conseil.

III. QUESTIONS SUR LA COMPRÉHENSION DU TEXTE

1. Quelles sont les raisons pour lesquelles la PME canadienne ne s'intéresse pas aux marchés internationaux ?

2. Pourquoi cette situation doit-elle changer ?

3. Quelles sont les conditions indispensables qu'il faut remplir pour avoir plus de chances de réussir sur le marché de l'exportation ?

4. En quoi consiste une étude de marché ?

5. Pourquoi est-il si important de pouvoir faire traduire sa « littérature » ? Qu'est-ce que l'auteur entend par « littérature » ?

6. En quoi consiste le « service après-vente » ?

7. Qu'est-ce que le MEIR peut apporter à un chef d'entreprise qui veut se lancer dans l'exportation ?

8. Quel organisme fédéral faut-il contacter pour se mettre au courant des projets internationaux qui existent ? Comment un tel organisme peut-il aider un futur exportateur ?

9. Qu'est-ce que les banques et les ministères peuvent apporter à un P.-d.g. qui veut exporter des produits ?

IV. MISES EN SITUATION

1. Fibre optique, pâte à papier et pièces électroniques : vous choisissez l'un de ces produits et vous décidez de l'exporter en Europe. Comment vous y prenez-vous pour percer le marché ?

2. Contactez les différents organismes d'aide aux exportateurs situés dans votre région et renseignez-vous sur les services qu'ils offrent.

V. EXERCICES DE LANGUE

A. **Trouvez des mots de la même famille.**

1. négocier   _____   _____

2. une livraison   _____   _____

3. une expédition   _____   _____

4. une compétition   _____   _____

5. une consommation   _____   _____

6. un contrat   _____   _____

7. une rentabilité   _____   _____

B. **Reconnaissez l'erreur orthographique.**

1. Il y a eu tant de delay dans la livraison de la marchandise que la commande a été annulée.

2. Grâce à l'ALENA (Accord de libre-échange nord-américain) les barrières tariffaires entre le Canada et les États-Unis disparaissent de plus en plus.

3. Par manque de fonds, cette compagnie a dû annuler le contract qu'elle avait récemment signé avec le Sénégal.

4. Ce sont les consumeurs qui seront les premiers touchés par l'augmentation de la taxe sur les ventes.

5. Chaque année, le gouvernement américain essaye d'avoir une balence commerciale excédentaire.

C. Vrai ou faux ?

		vrai	faux
1.	On parle d'un marché lucratif quand un pays importe plus de produits qu'il n'en exporte.	*	*
2.	Les sigles FOB et CIF indiquent les limites sur les frais de transport supportés par l'expéditeur.	*	*
3.	Un transitaire est un courtier engagé par l'entreprise pour collecter les paiements auprès des mauvais clients.	*	*
4.	Une balance commerciale est déficitaire quand l'ensemble des importations dépasse celui des exportations.	*	*

D. Trouvez l'équivalent des mots en gras.

1. Pour obtenir une marchandise désirée, le commerçant passe **un ordre** à son fournisseur.

2. Le client s'engage à payer la facture à **la remise** de la marchandise.

3. Les **objets de remplacement** pour automobiles représentent le gros du chiffre d'affaires global de cette entreprise.

4. La suppression des **droits de douane** entre les pays membres de l'Union européenne devrait entraîner l'amélioration du niveau de vie des consommateurs.

5. Pour faire face à la compétition, certains constructeurs d'automobiles garantissent l'entretien et la réparation de leurs voitures pendant une durée de cinq ans en offrant aux clients un **service après l'acquisition**.

6. Pour la bonne marche de son entreprise, un bon gestionnaire s'assure qu'il n'est pas à court de **liquidités**.

7. Le livreur de briques a demandé à **percevoir** immédiatement les frais de transport.

★ ★ ★

POUR ALLER PLUS LOIN

Naissance du numéro deux américain de l'hygiène

Kleenex gobe son concurrent

Kimberly-Clark (Kleenex) absorbe Scott et donne naissance à un groupe qui tiendra la dragée haute à Procter & Gamble.

Kimberly-Clark, le groupe papetier américain qui fabrique entre autres les mouchoirs Kleenex et les couches-culottes Huggies, a annoncé lundi qu'il allait racheter son concurrent Scott Paper, numéro un mondial du papier hygiénique, dans une transaction évaluée à 6,8 milliards de dollars (environ 197 milliards de francs). Approuvée par les conseils d'administration des deux sociétés, l'opération donnera naissance à un groupe dont le chiffre d'affaires atteindra les 11 milliards de dollars. La nouvelle société deviendra ainsi le deuxième groupe américain d'hygiène personnelle et de produits d'entretien derrière le géant Procter & Gamble. Si les actionnaires des deux sociétés autorisent la transaction, ceux de Scott Paper recevront 0,765 action Kimberly-Clark pour une action, indiquent les firmes dans un communiqué publié au siège de Kimberly à Dallas. Ils obtiendront 42 % de l'entité résultant de la fusion et ceux de Kimberly-Clark les 58 % restants. Le nouveau groupe développera une valeur boursière de 16,2 milliards de dollars. Selon le communiqué, la transaction devrait être achevée à la fin de cette année. La société fonctionnera sous le nom de Kimberly-Clark et continuera à être dirigée par le PDG du groupe de Dallas Wayne Sanders. Albert Dunlap, actuel PDG de Scott Paper, deviendra conseiller auprès du conseil d'administration de Kimberly-Clark.

SYNERGIE ET COMPLÉMENTARITÉ

Les deux sociétés ont des activités très complémentaires et allieront des marques comme Kleenex, Scott (mouchoirs et papier hygiénique) Cottonnelle (papier hygiénique), Huggies (couches-culottes), Kotex et New Freedom (serviettes hygiéniques et produits d'hygiène féminine) ainsi que Depend (produits pour personnes incontinentes).

« La combinaison va renforcer de façon significative le réseau de distribution mondial de Kimberly-Clark pour les produits d'hygiène personnelle, essentiellement en Europe, et améliorera l'accès au marché des marques de Scott aux États-Unis et ailleurs, a affirmé M. Sanders, estimant que, *ensemble, les deux firmes seront en mesure de réaliser des ventes élevées, d'accroître les bénéfices, de parvenir à des réduction de coûts et de devenir un concurrent plus important à l'échelle mondiale. »* Les réductions d'échelle vont augmenter progressivement jusqu'à atteindre quelque 400 millions de dollars à partir de 1998. Kimberly-Clark a réalisé en 1994 un chiffre d'affaires de 7,4 milliards de dollars. Le groupe, qui occupe quelque 42 000 personnes, a des unités de production dans 27 pays et vend ses produits dans 150 pays. En Belgique, la filiale, purement commerciale, a réalisé l'an passé un chiffre d'affaires de près de 350 millions de francs et emploie 25 personnes.

Outre les produits d'hygiène personnelle et d'entretien, Kimberky-Clarck propose également du papier de ménage pour l'industrie, du papier pour l'imprimerie et du papier de correspondance et de bureau, le tout commercialisé sous le nom de Kimwipes et Kimtex.

Par ailleurs, Scott Paper a réalisé en 1994 un chiffre d'affaires de 3,6 milliards de dollars. Le groupe, qui a des unités de production dans 22 pays et vend ses produits dans 80 pays, a subi une restructuration à la hussarde sous la houlette d'Albert Dunlap (plus de 11 000 emplois supprimés en huit mois). Mercrenaire et apôtre des droits des actionnaires, le PDG de Scott, celui qui sera « simple » conseiller du futur conseil d'administration, a multiplié la valeur des actions de son groupe par deux et demi, empochant en même temps 2,5 millions de dollars de primes, outre son salaire...

C.S. (Avec AFP)
Le Soir

Une histoire d'amour et de dollars

« **U**ne histoire d'amour et de dollars, celui et ceux de nos clients que nous avons voulu suivre parce que 50 % des centres de décision mondiaux sont dans ce domaine à Manhattan ». Ainsi s'exprime M. Chevassus, président de LIR, premier fabricant mondial d'emballages plastiques « de luxe » (pots, boîtes et bouchages pour cosmétiques et parfums). Les clients ? L'Oréal, Estée Lauder, Yves Rocher, Yves Saint-Laurent et Charles of the Ritz, et les américains : Revlon, Avon, Cosmair, Elizabeth Arden. Les moyens ? Au départ, il y a quatre ans,

650 personnes et 80 millions de chiffres d'affaires, et une forte croissance (l'activité a quintuplé en six ans).

Pourquoi l'implantation aux Etats-Unis ?

Parce que, dans un métier riche, avec des clients exigeants sur la qualité et le service, « la valise d'échantillons » ne suffit pas. Parce que les Etats-Unis sont le pays des gros volumes et des décisions rapides. Parce que certains acheteurs d'emballages, comme Elisabeth Arden, ont rapatrié d'Europe en Amérique leurs fabrications, et qu'il faut les suivre. Parce qu'une filiale outre-Atlantique permet de profiter mutuellement avec la maison mère des gammes de produits et de devenir chef de file de chaque côté de l'eau.

Le projet d'implantation a été monté en liaison avec les clients américains, servis à domicile, avec l'Institut de développement industriel (IDI), qui a apporté des fonds propres indispensables au montage financier, et avec une équipe : un *broker* (courtier), à savoir Cheverny Associates, filiale de l'IDI, un *lawyer* américain pour l'acquisition, et des cadres compétents et motivés pour relayer le management de la société à acquérir.

L'implantation ? L'achat d'une société qui faisait à l'époque, 10 millions de dollars de chiffre d'affaires, et qui en fait 14 maintenant, plus 2 millions de dollars d'exportations de la maison mère vers les États-Unis grâce à la filiale.

Les résultats ? 350 millions de francs de chiffre d'affaires, dont 110 millions de francs aux États-Unis, et les moyens de suivre les changements constants de la mode et des désirs des clients. Pour EUROCOM, le principal actionnaire depuis un an, et pour l'IDI, autre actionnaire, c'est une bonne affaire. Pour le personnel, c'est la garantie de l'emploi, et, pour la France, ce sont des devises.

Certes, le créneau est porteur, mais la concurrence est dure sur un marché en progression régulière mais moyenne (+ 2 à 3 % par an), et la réussite n'est jamais assurée. Mais, pour l'instant, la greffe a pris.

Le Monde

REGION RHÔNE-ALPES

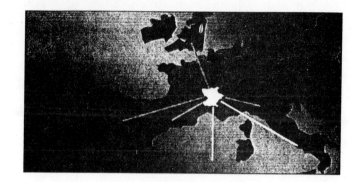

UNE PORTE OUVERTE SUR L'EUROPE...

Rhône-Alpes, première région française après l'Ile-de-France (Paris), est représentée en permanence au Canada depuis cinq ans dans le but de développer les échanges commerciaux entre Rhône-Alpes et le Canada, par le Québec. La Délégation économique Rhône-Alpes offre une aide personnalisée aux entrepreneurs québécois en les conseillant et en les accompagnant dans leur recherche de partenaires ou dans leurs transactions commerciales avec des entreprises de cette région française.

AU COEUR DE L'EUROPE

Région frontalière avec la Suisse et l'Italie, Rhône-Alpes (Lyon) fait partie de l'un des « qua-tre moteurs de l'Europe » avec la Lombardie (Milan), le Bade-Würtemberg (Stuttgart) et la Catalogne (Barcelone) où se multiplient les échanges économiques, scientifiques et technologique entre chercheurs, étudiants et acteurs économiques. Bref, une porte d'entrée exceptionnelle pour les gens d'affaires intéressés au marché européen.

RECHERCHE DE PARTENAIRES AU QUÉBEC

En 1993, la Délégation a reçu 130 demandes d'entreprises fançaises désireuses de trouver des partenaires québécois. À ce jour, 30 demandes ont abouti à une sélection et à une rencontre de partenaires potentiels dans les domaines de l'environnement, de l'agro-alimentaire et des technologies de pointe, générant un chiffre d'affaires de 1,3 million de dollars.

BULLETIN D'INFORMATION

La Délégation Rhône-Alpes de Montréal publie tous les deux mois un bulletin d'information sur les opportunités d'affaires et les activités commerciales et industrielles de cette région française. Pour recevoir votre exemplaire gratuit de « Rhône-Alpes Infos », communiquez au:

(514) 871-2222

PROPOSITIONS D'AFFAIRES...

La Délégation recherche également des gens d'affaires intéressés à devenir partenaires dans le but de commercialiser au Québec et au Canada des produits développés par des entreprises françaises.

Voici quelques exemples:

*« Entreprise spécialisée dans la **fabrication d'éléments d'assemblage mécanique** de haute fiabilité recherche un partenaire au Québec pour commercialiser des produits fabriqués par cette entreprise et, par la suite, fabriquer localement certains produits. Techniques: forgeage, matriçage, usinage, et filetage par laminage à froid. Marché cible: industries diverses et construction de haute performance.»*

*« Entreprise spécialisée dans la **fabrication de pulvérisateurs de jardin à pression** recherche un partenaire commercial au Canada pour commercialiser ses produits destinés aux traitements herbicides, insecticides, fongicides, engrais, etc... Marché cible: magasins de détail et centres de jardinage.»*

*« Entreprise spécialisée dans la **fabrication de leurres pour la pêche** recherche un partenaire commercial au Québec pour la distribution de ses produits. Marché cible: magasins de détail en chasse et pêche.»*

*« Entreprise spécialisée dans la **fabrication de produits pour cheminées** recherche un partenaire au Québec pour la distribution de ses produits destinés au ramonage des cheminées, au nettoyage des vitres et pierres et à l'extinction des feux de cheminée. Marché cible: quincailleries et magasins spécialisés.»*

*« Entreprise spécialisée dans la **fabrication de composants frigorifiques**: filtres déshydrateurs, voyants, éliminateurs de vibrations, séparateurs d'huiles... (air climatisé et chambres froides), recherche un partenaire commercial au Québec. Marché cible: installateurs et fabricants de matériel frigorifique.»*

*« Entreprise spécialisée dans **le tissage et la confection de filtres textiles** (à partir de fibres de verres) **pour coulée d'aluminium** recherche un partenaire au Québec. Marché cible: fonderies d'aluminium.»*

DÉLÉGATION ÉCONOMIQUE RHÔNE-ALPES,
630, boul. René-Lévesque Ouest
bureau 2860, Montréal (Québec) H3B 1S6

Téléphone: (514) 871-2222
Télécopieur: (514) 871-2200

CHAPITRE V

LES ENTREPRISES
(suite)

LANCER SA PETITE ENTREPRISE[1]

AUSSI UNE AFFAIRE DE FEMMES

Les Québécoises se sont découvert une nouvelle passion : les affaires[2]. Elles créent la moitié des jeunes entreprises. Comment vivent-elles cette grande aventure jadis réservée à la gent masculine[a] ?

De toute évidence, les Québécoises ont le goût du risque... calculé[b] ! Créer une entreprise n'est pas une mince affaire[c]. Les étapes à franchir sont longues et parfois ardues. Le financement[3] de leur nouveau commerce[4] n'est pas facile à dénicher[d] et les préjugés vis-à-vis des femmes d'affaires[5] sont encore nombreux et bien ancrés[e]. Pourtant, les femmes entrepreneuses[6] créent la majorité des nouveaux emplois[7] au pays et près de la moitié d'entre elles sont toujours en affaires[8] après trois années d'opération, alors que seulement 25 % des hommes passent le cap des trois ans aux commandes[f] d'une entreprise encore prospère. C'est ce que révèle un sondage[9] de Statistique Canada[10] réalisé en 1986.

Malgré un climat favorable aux affaires, les femmes sont prudentes et elles réfléchissent longtemps avant de passer aux actes[g]. « J'ai pensé à mon projet d'entreprise[11] durant sept ans, raconte Gina Raschella qui a créé Phénix, une boutique[12] de vêtements sur le boulevard Saint-Laurent à Montréal. Quand je me suis décidée, je savais comment décorer la boutique, quel style de vêtements et de services offrir et je connaissais le secteur[13] où je voulais ouvrir ce magasin[14] », explique cette jeune femme de 25 ans. Elle avoue cependant que même si elle possédait une idée fort précise de son projet d'entreprise, il lui a fallu plus de[15] six mois de préparation et de travail intensifs avec son associée[16] avant de pouvoir vendre la première chemise.

Selon les spécialistes[17], il n'est pas rare de voir des gens travailler une année complète sur leur projet d'affaires[18] avant de pouvoir ouvrir les portes. « J'ai une grande admiration pour ces gens qui investissent argent[19], temps et énergie sans être assurés de réussir[20] ; il faut vraiment être motivé pour tout risquer à ce point », s'exclame Sylvie Lavigne du Groupe d'intervention économique du Nord de Montréal, un organisme[21] sans but lucratif[22] qui aide les 18-35 ans à se lancer en affaires[23].

Avez-vous la bosse des affaires[h] ?

Devenir chef d'entreprise[24] ne se fait pas en criant ciseau[i]. Il ne suffit pas d'avoir le goût de se lancer en affaires pour réussir. La première étape à franchir : s'assurer d'avoir les aptitudes nécessaires. Il existe des tests pour évaluer son degré d'entrepreneurship[25]. « On est en mesure d'évaluer si une personnne a la bosse des affaires comme on évalue le talent d'un jeune joueur de hockey », explique Brigitte Van Coillie-Tremblay, directrice de la promotion de l'entrepreneurship au ministère de l'Industrie et du Commerce[26] (MIC). Le MIC offre à la population un atelier[27] qui s'intitule *Être ou ne pas être entrepreneur*. En familiarisant les participants avec la carrière[28] d'entrepreneur, ils peuvent évaluer eux mêmes s'ils ont le goût d'oeuvrer [i] dans le monde des affaires.

« Seize pour cent [29] des gens qui viennent nous consulter démarrent une entreprise[30] ; les autres s'aperçoivent qu'ils ne sont pas faits pour ce genre de défi », observe de son côté Sylvie Lavigne, du Groupe d'intervention économique. Selon elle, les gens ne sont pas toujours conscients de tout ce qu'implique le démarrage d'une entreprise. « Je savais dans quoi je m'embarquais[k], note Sylvie Rochon, une femme d'affaires qui a ouvert, il y a deux ans, le café-épicerie La Douce Aventure à Montmagny. Je possédais dix ans d'expérience[31] dans mon secteur ; je connaissais les fournisseurs[32] et j'étais familière avec la gestion[33] de ce type de commerce. Avec toute mon expérience, j'étais prête à partir à mon compte[34] puisqu'il s'agissait d'une suite logique à ma carrière », ajoute-t-elle.

Quel est votre plan ?

Une fois que vous êtes convaincue d'avoir les aptitudes nécessaires, vous devez définir votre projet d'entreprise ou votre plan d'affaires. La production de ce document peut nécessiter entre un et quatre mois. « Le plan d'affaires est véritablement l'outil de base pour le démarrage d'une entreprise », souligne Sylvie Lavigne. Le plan doit contenir un échéancier de réalisation[35], une étude de marché[36], la clientèle visée[37], la stratégie utilisée, une nomenclature des concurrents[38], l'emplacement[39] du lieu d'affaires, le matériel nécessaire au démarrage, la main-d'oeuvre[40] et les prévisions[41] des dépenses[42] et des revenus[43].

Le plan d'affaires a deux utilités : il permet à la femme d'affaires de ne pas perdre le contrôle de l'entreprise grâce à des objectifs préalablement définis. « Ce plan aide les entrepreneurs à planifier[44] le développement de leur compagnie », précise Mme Lavigne. Il s'agit d'un outil indispensable parce qu'il est exigé par l'institution financière[45] lors d'une demande de crédit[46]. « Un gérant de banque[47] le consulte pour savoir si le financement[48] du projet est possible, si le marché[49] dans lequel se situe le commerce ne subit pas une concurrence[50] trop féroce et si vous connaissez ce secteur suffisamment », ajoute Mme Lavigne. Sa décision d'accorder ou non un prêt[51] se base donc sur ce document, d'où l'importance d'y consacrer le temps nécessaire[l].

D'autant plus important que l'argent, c'est le nerf de la guerre[m]. « Trouver les sous[52] représente vraiment la plus grande difficulté », explique Gina. Âgée de 25 ans, elle s'est vite rendu compte qu'il n'était pas facile de se faire prêter de l'argent. Elle s'est cogné le nez[n] sur bien des portes d'institutions financières et elle n'était jamais admissible aux subventions[53] gouvernementales. « On nous a dit qu'on était trop jeunes et que l'industrie du vêtement était trop contingentée », explique-t-elle. Alors, elle et son associée ont dû emprunter[54] à des parents et amis.

Même son de cloche[o] du côté de Sylvie Rochon qui a rencontré toutes les difficultés possibles pour trouver le financement pour son café-épicerie. « Quand une personne n'a aucune garantie à offrir (auto, maison, etc.), elle ne réussit jamais à obtenir des sous. Que son projet d'entreprise soit bien construit et présente des possibilités intéressantes n'a rien à voir avec la demande de crédit », soutient-elle.

Avec l'aide d'experts ou d'amis

Les femmes peuvent évidemment demander de l'aide à des experts-conseils[55]. Un comptable[56] peut réaliser une analyse financière[57] de leur projet et les conseiller[58] pour leur plan d'affaires. Les services d'un avocat[59] sont aussi souvent utiles pour la constitution juridique[60] de la compagnie. Doit-on s'enregistrer[61] ou s'incorporer[62] ? Voilà une question difficile à résoudre seule. « Normalement, on recommande aux dirigeants[63] d'une nouvelle entreprise de débuter avec une simple compagnie enregistrée, explique Me François Robillard, spécialiste en droit des compagnies[64]. Si l'entreprise est un échec[65], ça n'aura coûté qu'environ 20 dollars », explique-t-il. Selon lui, ce n'est que lorsque l'entrepreneur sait que son entreprise est assurée de survivre longtemps qu'il vaut la peine de passer à l'incorporation[66]. « Il en coûte entre 1 000 $ et 2 000 $ pour incorporer une compagnie, mais en revanche les économies[67] réalisées en impôt[68] sont appréciables », ajoute Me Robillard.

Les services d'un expert-conseil peuvent être utiles aussi pour connaître tous les permis[69] indispensables avant d'ouvrir boutique : permis de zonage[70], de taxe d'affaires[71], d'accise[72], de l'Office de la protection du consommateur[73], etc. Dans certains secteurs d'activités, le nombre de permis à obtenir dépasse l'imagination[(p)].

Gina Raschella précise qu'elle s'est occupée seule de tous les aspects juridiques[74] et de l'obtention[75] des permis nécessaires à son commerce. « Les dépliants[76] offerts par le MIC sont très bien faits et nous aident à suivre toutes les étapes de la constitution juridique d'une compagnie. Ils nous informent aussi sur les permis à obtenir. » En fait, tout dépend des individus : certains préfèrent se débrouiller seuls, d'autres ont besoin de l'aide d'experts-conseils, notamment pour des entreprises dont le chiffre d'affaires[77] est important. « Dans bien des cas, un avocat n'est pas seulement un conseiller légal[78] ; il donne aussi de précieux conseils à son client sur ses affaires », note Me Robillard.

Mais pour Gina, la meilleure aide est venue de ses proches[(q)]. « J'ai surtout profité de l'expertise de mon père qui est en affaires depuis longtemps », dit-elle. Pour Sylvie, c'est le soutien des amis qui a le plus compté.

La prudence est profitable

Une étude réalisée par le Centre de la PME[79] de l'Université du Québec à Hull rend compte de la prudence des femmes qui se lancent en affaires. Durant les cinq premières années, les femmes font énormément d'efforts pour diminuer l'endettement[80] de l'entreprise. Le scénario type du démarrage des entreprises féminines se déroule ainsi : « Lorsque la femme lance[81] son entreprise, elle conserve son emploi antérieur afin de s'assurer un revenu régulier. Avec les années, son entreprise se développe et elle quitte graduellement son travail pour se consacrer de plus en plus à ses affaires. Dans la plupart des cas, ce processus s'échelonnerait[(r)] sur environ cinq ans. » Ce n'est donc qu'à partir de la sixième année que les femmes se consacrent[82] complètement à leur entreprise et qu'elles envisagent des projets d'expansion[83].

L'éloignement momentané du marché du travail explique pourquoi les femmes demeurent plus prudentes. « Une des caractéristiques des nouvelles entreprises dirigées par des femmes est la sous-capitalisation[84] », précise Brigitte Van Coillie-Tremblay. Alors que les hommes investissent en moyenne[85] 22 700 $ au démarrage d'une entreprise, les femmes n'y injectent que quelque 11 300 $. Le chiffre d'affaires de leurs entreprises se situe en moyenne à 45 000 $ alors qu'il grimpe à 328 000 $ dans les compagnies créées par les hommes.

En contrepartie, cette prudence des femmes leur évite des faillites[86]. Une étude sur la montée du capitalisme[87] féminin, réalisée par une firme privée, a démontré que toutes proportions gardées les femmes réussissent mieux que les hommes en affaires. Après avoir observé l'évolution de nouvelles entreprises pendant trois ans, les chercheurs ont noté que 47 % des entreprises féminines avaient survécu comparativement à 25 % de celles dirigées par des hommes.

Les femmes gèrent-elles[88] leur entreprise différemment des hommes ? Dans le bulletin d'information de l'Association des femmes d'affaires du Québec, on rappelle que si « les femmes gestionnaires[89] optaient pour les valeurs masculines et adoptaient presque le complet cravate marine[(s)] », cette manière de gérer leur réussit de moins en moins.

L'Association leur conseille plutôt de mettre à profit[(t)] les qualités dites féminines telles la compréhension, la capacité d'adaptation, la bonne gestion en temps de crise, la capacité de négocier un compromis et d'entretenir de bonnes relations interpersonnelles. « Quant à la liberté de décision que certaines femmes gestionnaires laissent à leurs employés[90], cela aurait l'heureux effet de maximiser leur rendement[91], de leur faire mieux apprécier leur emploi et leur milieu de travail[92] », peut-on aussi lire dans le bulletin de cette association qui compte près de 4 000 membres.

L'Association des femmes d'affaires du Québec a pour but de rompre l'isolement de ces femmes en les regroupant au sein d'un réseau d'échange[93] et de promouvoir leurs compétences. La vie d'une femme d'affaires n'est effectivement pas toujours rose[(u)] mais après un an, Gina est plus optimiste pour l'avenir de sa boutique. « Notre situation financière se régularise tranquillement et les fournisseurs[94] commencent à nous faire confiance », note-t-elle. Quant à Sylvie, après deux ans en affaires où les moments d'angoisse ont été nombreux, la situation de son café-épicerie est meilleure. « J'ai même des projets d'expansion », dit-elle. Mais pour Gina, le plus important est de faire ce qu'elle aime : « Ouvrir une boutique de vêtements, ça représente le rêve de toute ma vie. Je sais que c'est difficile, mais je suis vraiment passionnée par ce que je fais et rien ne me ferait abandonner mes projets » conclut-elle.

Serge Rochon
L'Essentiel

a. la gent masculine : les hommes **b.** ont le goût du risque... calculé : aiment prendre des risques raisonnables **c.** n'est pas une mince affaire : n'est pas facile **d.** dénicher : trouver, débloquer **e.** ancrés : forts, solides **f.** aux commandes : à diriger **g.** passer aux actes : réaliser leur projet **h.** avoir la bosse des affaires : être doué pour les affaires **i.** « en criant ciseau » : très rapidement (en voulant dépasser les étapes nécessaires) **j.** oeuvrer : travailler **k.** je m'embarquais : je me lançais **l.** consacrer le temps nécessaire (à un document) : préparer avec sérieux un document **m.** le nerf de la guerre : c'est indispensable **n.** elle s'est cogné le nez sur : elle s'est vu refuser qu'on lui ouvre la porte et qu'on l'écoute **o.** même son de cloche : même histoire **p.** dépasse l'imagination : est énorme **q.** ses proches : sa famille **r.** s'échelonnerait : durerait **s.** optaient pour... complet, cravate marine : adoptaient les valeurs et les caractéristiques des hommes d'affaires **t.** mettre à profit : exploiter, utiliser **u.** n'est pas rose : n'est pas facile

NOTES

accise

Impôt indirect frappant la fabrication de certains produits « de luxe » (tabac, allumettes, bijoux, alcool, montres, etc.)

zonage

On distingue trois zones : commerciale, résidentielle, agricole. La construction d'une usine, l'ouverture d'une clinique vétérinaire, l'établissement d'un supermarché, etc. sont soumis à la réglementation du zonage.

I. VOCABULAIRE SPÉCIALISÉ

[1] **une (petite) entreprise** : small size business
[2] **les affaires** : business
> **un(e) homme (femme) d'affaires**
> **des gens d'affaires**
> **être dans les affaires**
[3] **le financement** : financing
> **la finance**
> **financer**
> **un(e) financier (-ière)**
[4] **un commerce** : business
> **un(e) commerçant(e)**
> **faire du commerce**
> **commercial**
[5] **un(e) (femme) homme d'affaires** : businessman (businesswoman)

[6] **une (femme) entrepreneuse** : entrepreneur
   un entrepreneur
   une entreprise
   entreprendre
[7] **un emploi** : job, position
   employer qqn
   un(e) employeur (-euse)
   un(e) employé(e)
[8] **être en affaires** : to be in business
[9] **un sondage** : opinion poll
   sonder (l'opinion publique)
[10] **Statistique Canada** : Statistics Canada
[11] **un projet (d'entreprise)** : (business) project/plan
[12] **une boutique** : shop
[13] **un secteur** : area, sector, field
[14] **un magasin** : shop, store
   magasiner (can.)
   le magasinage (can.)
[15] **plus de (ant. moins de) + chiffre** : more than
[16] **un(e) associé(e)** : partner
   s'associer
[17] **un(e) spécialiste** : specialist
   (se) spécialiser
   une spécialité
[18] **un projet d'affaires** : business plan
[19] **investir (de l'argent, du temps...)** : to invest
   un(e) investiteur (-euse)
   un investissement
[20] **réussir (ant. échouer)** : to suceed, to be successful
   une réussite (ant. un échec)
[21] **un organisme** : organization
[22] **sans but lucratif (ant. à but lucratif)** : non profit
[23] **se lancer en affaires** : to go into business
[24] **un(e) chef d'entreprise** : company manager, head
[25] **l'entrepreneurship (anglicisme)** : entrepreneurship
[26] **le Ministère de l'Industrie et du Commerce (MIC)** : Ministry of Commerce and Industry
[27] **un atelier** : workshop
[28] **une carrière** : carreer
   un(e) homme (femme) de carrière
[29] **pour cent (chiffre + pour cent)** : per cent
[30] **démarrer (une entreprise)** : to start (a business)
   le démarrage
[31] **posséder beaucoup d'expérience (peu d')** : to have a lot of experience

³² **un(e) fournisseur (-euse)** : supplier
      fournir qqch. à qqn
³³ **la gestion (d'un commerce)** : management
      gérer
      un(e) gestionnaire
³⁴ **à son compte (être)** : to have one's own business
³⁵ **un échéancier de réalisation** : timetable (for carrying out the business plan)
³⁶ **une étude de marché** : marketing research/survey
³⁷ **la clientèle** : customers
      un(e) cliente
³⁸ **un(e) concurrent(e)** : competitor
      la concurrence
      concurrencer
      concurrentiel
³⁹ **un emplacement** : location
⁴⁰ **une main-d'oeuvre** : manpower
⁴¹ **une prévision (des dépenses)** : (expenses) forecast
      prévoir
      prévisible
⁴² **une dépense** : expense
      dépenser
      dépensier (-ière)
⁴³ **un revenu** : income (from sales)
⁴⁴ **planifier** : to plan
      une planification
      un(e) planificateur (-trice)
⁴⁵ **une institution financière** : financial institution
⁴⁶ **une demande de crédit** : request for money/funds
      créditer (un compte)
      un(e) créditeur (-trice)
⁴⁷ **un(e) gérant(e) de banque (Canada)** : bank manager
      un(e) directeur (-trice) de banque (France)
      gérer
      la gérance
⁴⁸ **un financement** : financing
      la finance
      financer
      un(e) financier (-ière)
⁴⁹ **le marché** : market
⁵⁰ **une concurrence féroce (subir)** : fierce competition
⁵¹ **un prêt (accorder)** : (to grant) a loan
      prêter (ant. emprunter)
      un(e) prêteur (-teuse)
⁵² **trouver des sous** : to find the moneys/funds
      un sou : a penny

53 **une subvention** : subsidy
        subventionner
54 **emprunter (de l'argent) (ant. prêter)** : to borrow
55 **un(e) expert(e)-conseil** : consultant
56 **un(e) comptable** : accountant
57 **une analyse financière (faire)** : financial analysis
        un(e) analyste
        analyser
58 **conseiller** : to advise
        un(e) conseiller (-ère)
        un conseil
59 **un(e) avocat(e)** : lawyer
60 **la constitution juridique (d'une compagnie)** : legal entity
61 **enregistrer (une entreprise)** : to register
62 **incorporer (une entreprise)** : to incorporate
63 **un(e) dirigeant(e)** : manager
        diriger
        la direction
64 **le droit (des compagnies)** : corporate law
65 **un échec (ant. une réussite)** : failure
        échouer (ant. réussir)
66 **l'incorporation d'une compagnie** : incorporation of a company
67 **les économies** : savings
        faire des économies
        économiser
68 **un impôt** : a tax
        imposer
        imposable (un revenu)
69 **un permis (obtenir)** : permit, licence
        permettre (à qqn de faire qqch.)
70 **le zonage** : zoning
71 **une taxe d'affaires** : business tax
72 **une accise** : excise (duty)
73 **un(e) consommateur (-trice)** : consumer
        consommer
        la consommation
        la société de consommation
74 **juridique** : legal
75 **l'obtention (d'un permis)** : to obtain (a permit, a licence)
        obtenir
76 **un dépliant** : brochure
77 **un chiffre d'affaires** : revenue, total sales
78 **un(e) conseiller (-ère) légal(e)** : legal advisor
79 **une PME (Petite et Moyenne Entreprise)** : Small and Medium Size Business

[80] **un endettement** : running into debt
> **s'endetter**
> **une dette**

[81] **lancer une entreprise** : to start a business

[82] **se consacrer à qqch.** : to give oneself to

[83] **une expansion (projets d'expansion)** : (plans) for expansion

[84] **la sous-capitalisation (ant. la surcapitalisation)** : underfunding, under
> capitalization

[85] **en moyenne** : on average

[86] **une faillite** : bankrupcy
> **faire faillite**
> **être en faillite**

[87] **le capitalisme** : capitalism
> **un(e) capitaliste**

[88] **gérer (une entreprise)** : to manage
> **la gestion**
> **un(e) gérant(e)**

[89] **un(e) gestionnaire** : manager, administrator
> **la gestion**

[90] **un(e) employé(e)** : employee

[91] **un rendement** : performance

[92] **un milieu de travail** : working place

[93] **un réseau d'échange** : exchange network

[94] **un(e) fournisseur (-euse)** : supplier

II. RÉSUMÉ

Les femmes d'affaires québécoises qui créent leur propre entreprise aident à la création de nouveaux emplois et sont bien plus nombreuses que les hommes à réussir.

Elles sont prudentes et travaillent longtemps sur leurs projets d'affaires avant d'ouvrir leurs entreprises.

Elles doivent tout d'abord consciencieusement réaliser un plan d'affaires qui les obligera à se donner des objectifs très clairs et qui les aidera à convaincre leurs banquiers de leur prêter de l'argent.

Alors que l'aide de certains organismes gouvernementaux est précieuse, elles ont souvent recours aux services de comptables et d'avocats.

Elles ne se jettent en affaires que prudemment et graduellement et même si, au départ, elles investissent bien moins que les hommes dans le démarrage de leur entreprise, leur prudence les aide à davantage éviter les faillites.

Encouragées par leurs réussites en affaires, les femmes entrepreneuses s'écartent de plus en plus du modèle masculin et gèrent leurs entreprises en exploitant davantage leurs qualités féminines.

III. QUESTIONS SUR LA COMPRÉHENSION DU TEXTE

1. Que signifie la première phrase de l'article : « (...) les Québécoises ont le goût du risque... calculé ! » ?

2. Quels sont les différents obstacles que les femmes d'affaires doivent surmonter avant d'ouvrir leurs propres entreprises ?

3. Donnez des exemples de la prudence des femmes qui se lancent en affaires.

4. Pourquoi Sylvie Lavigne admire-t-elle tant les femmes qui investissent leur argent, leur temps et leur énergie pour réussir en affaires ? Ces « investissements » ne sont-ils pas la condition indispensable à toute réussite en affaires ?

5. Expliquez, en termes simples, pourquoi le plan d'affaires est « un outil indispensable » ?

6. Que signifie : « (...) l'argent, c'est le nerf de la guerre. » D'après vous, à quel type de gens d'affaires les institutions financières prêtent-elles le plus facilement de l'argent ?

7. L'aide des experts-conseils, des avocats et des comptables est-elle indispensable ou peut-on se lancer seul(e) en affaires ? Si vous décidiez d'ouvrir votre propre entreprise, préféreriez-vous vous entourer d'experts-conseils ou rester indépendant(e) ?

8. En quoi les femmes entrepreneuses sont-elles prudentes quand elles se lancent en affaires ?

9. Pourquoi, à votre avis, les femmes d'affaires gèrent-elles de moins en moins leurs entreprises comme le feraient les hommes ?

10. Pourquoi l'auteur de l'article écrit-il que « la vie d'une femme d'affaires n'est pas toujours rose » ? Est-ce différent pour les hommes d'affaires ? En quoi l'Association des femmes d'affaires du Québec peut-elle les aider ?

IV. REMUE-MÉNINGES

1. Connaissez-vous des gens qui ont réussi sans avoir suivi toutes les étapes mentionnées dans cet article ? À quoi attribuez-vous leur réussite ?

2. « L'argent, c'est le nerf de la guerre. » À votre avis, quels sont les autres facteurs qui permettent de réussir en affaires ?

3. Quelles sont, d'après vous, les aptitudes nécessaires pour être un(e) bon(ne) homme (femme) d'affaires ?

4. Pensez-vous qu'il est bon que les femmes d'affaires s'écartent du modèle masculin qu'elles ont toujours suivi ? Mis à part les « qualités dites féminines » que mentionne l'auteur, y a-t-il des qualités typiquement féminines que les femmes d'affaires devraient exploiter davantage pour réussir dans le monde des affaires ?

V. EXERCICES DE LANGUE

A.   **Quel est le nom de métier qui correspond à chacun des verbes suivants ? Assurez-vous de mettre la forme masculine et féminine de chacun de ces métiers.**

	masculin	féminin
1. diriger	_____	_____
2. compter	_____	_____
3. financer	_____	_____
4. gérer	_____	_____
5. prêter	_____	_____
6. planifier	_____	_____
7. investir	_____	_____
8. entreprendre	_____	_____
9. fournir	_____	_____
10. employer	_____	_____
11. faire du commerce	_____	_____
12. créditer	_____	_____
13. conseiller	_____	_____

B.   **Faites suivre chacun des verbes ci-dessous par la préposition qui convient.**

1. Les gens d'affaires doivent être prêts _____ faire de gros sacrifices quand ils décident de se lancer en affaires.

2. Les gens d'affaires, surtout durant la première année, doivent investir tout leur temps, leur argent et leur énergie et se consacrer totalement _____ leurs affaires, s'ils veulent réussir.

3. Ils doivent s'assurer de solidement ancrer leur projet _____ la réalité du monde des affaires.

4. Ils doivent baser toutes leurs décisions _____ leurs connaissances du monde des affaires.

5. Avant de s'embarquer _____ une telle aventure, les gens d'affaires doivent savoir que « tout ne sera pas rose », surtout la première année.

C. **Faites correspondre le mot à sa définition. Ajoutez l'article qui convient devant les noms de cette liste.**

sondage	endettement	dépliant	économiser	avocat(e)	prêt
impôt	magasiner	travailler à son compte		main-d'oeuvre	

1. _____ : être autonome.

2. _____ : le fait de contracter des dettes.

3. _____ : argent que l'État perçoit.

4. _____ : enquête ou investigation faite auprès du public.

5. _____ : mettre de côté en épargnant.

6. _____ : personne qui défend une autre personne.

7. _____ : l'ensemble des salariés, des travailleurs.

8. _____ : prospectus pour informer ou faire de la publicité.

9. _____ : l'antonyme d'« emprunt ».

10. _____ : faire des courses.

D. **Reconnaissez-vous l'erreur orthographique ?**

1. Les petites entreprises ont à faire face à une concurence féroce.

2. Cette dirigeante d'entreprise a reçu le prix de la meilleure femme d'affaires du Québec.

3. À cause du gel en Floride, le prix des produces frutiers a presque doublé en quelques mois.

4. Les bénéfits de cette entreprise sont impressionnants et encourageants.

5. Ce client a du mal à rembourser ses emprunts banquaires.

6. Quand on se lance en affaires, il est souvent difficile d'attirer les fonds des investisseurs.

7. Quand on ouvre une nouvelle boutique, il est important d'avoir des prix concurrenciels.

8. Pour réussir en affaires, il vaut mieux s'entourer de bons conseillers financiers.

9. Entre autres permis, les nouvelles personnes d'affaires doivent se procurer un permis de tax d'afaires.

10. La société de consomation a ses forces mais aussi ses faiblesses.

* * *

LA PLANIFICATION
LE PLAN D'ENTREPRISE ET LE FINANCEMENT

Il y a trois personnes auxquelles l'homme d'affaires[1] avisé ne doit jamais cacher sa véritable situation financière : son comptable[2], son directeur de banque[3], et lui-même.

Peut-être que le conseil le plus judicieux que l'on puisse donner à un directeur d'entreprise dès le début, c'est de s'en tenir à[a] deux facteurs importants :

1. Retenir[b] les services d'un comptable professionnel qui le tiendra régulièrement au courant de la situation de son entreprise et qui lui fera part immédiatement des problèmes financiers imminents.

2. Établir une bonne relation de travail avec son banquier, pas seulement lorsqu'il prévoit des problèmes, mais dans une perspective de rapports réguliers et suivis.

Ces deux spécialistes pourront l'aider à prendre les décisions appropriées du point de vue financier et des décisions essentielles au progrès continu de son entreprise durant les étapes variées de son développement.

Toutefois, l'adoption d'un programme simple auquel on peut se fier afin de prévoir les besoins de trésorerie[4] et d'en planifier la réalisation, s'avère[c] le meilleur moyen d'atteindre cette clairvoyance indispensable. La confiance des banquiers[5] et des prêteurs de fonds[6] est rehaussée lorsqu'un client présente un programme d'exploitation comme guide sur le rendement[7] réel. En retour, ce programme sert de carte routière aux propriétaires[8] et leur permet de gérer leurs fonds[9] d'une façon plus efficace.

L'importance de la planification

On désigne comme « plan d'entreprise »[10] un document dans lequel les objectifs généraux d'un individu ou d'une entreprise sont clairement exposés de même que les moyens à prendre pour les atteindre.

On ne sait jamais exactement ce que réserve l'avenir. Cependant, un plan bien ordonné fournira la possibilité de tirer le meilleur parti[d] des occasions qui pourraient s'offrir dans l'avenir et de prévenir les difficultés possibles.

Comment démarrer

Commencer par faire une analyse détaillée de la situation actuelle et des buts pour l'avenir. Se poser par exemple les questions fondamentales suivantes :
- Quelle est la nature véritable de mon commerce[11] ?
- Où se situe-t-il par rapport à l'ensemble du secteur d'activités[12] dans lequel il se trouve ?
- Quels avantages ai-je sur mes concurrents[13] : qualité, service, prix, connaissances ?
- Qui sont mes clients ?
- Constituent-ils un marché profitable pour moi ?
- De quelle façon les clients en perspective jugent-ils mon entreprise ?
- Quelle est l'ampleur du marché pour les produits[14] ou services que j'offre ?
- Quelle part de ce marché puis-je logiquement espérer décrocher[15] ?
- Quels sont mes objectifs de ventes d'ici un, deux, et cinq ans ?
- Quels changements (effectifs[(e)], équipement, locaux) devrais-je effectuer dans l'entreprise pour atteindre ces objectifs ?
- Comment financer l'expansion projetée ?

Après avoir trouvé des réponses satisfaisantes à ces diverses questions, le dirigeant[16] sera en mesure[(f)] de mieux cerner ses problèmes courants et de définir ses objectifs.

Comment structurer le plan

L'idéal est de dresser un plan[17] pour une période de deux ans et de le revoir à intervalles de trois ou six mois.

Le processus de planification comporte cinq étapes :

1. Fixation[(g)] des objectifs et identification des problèmes.
2. Accumulation et analyse de l'information nécessaire.
3. Choix des alternatives possibles.
4. Examen et objectif des ressources de l'entreprise : personnel[18], installations, équipement, pratiques en matière de marketing, moyens financiers.
5. Choix de l'hypothèse à retenir et conception d'un plan de réalisation conservateur.

Et puis, il lui faudra aborder la phase d'exécution du plan, structurer ses cadres[19] et rédiger la description des fonctions de chacun.

Implantation[20]

Une fois la stratégie définie, il convient de[(h)] s'y référer périodiquement. Et surtout il ne faut pas hésiter à la réviser au besoin, face à de nouvelles situations. Au fur et à mesure que grandit l'entreprise, il est important de faire participer ses employés-clés à l'élaboration des plans futurs. Non seulement il bénéficiera des idées qu'ils avanceront, mais il s'assurera de leur appui et de leur enthousiasme pour ce plan à l'élaboration duquel ils auront contribué.

Par conséquent, l'adoption d'un programme d'exploitation s'avère des plus essentiels. Ce programme fournira à l'homme d'affaires de précieux renseignements qui peuvent être compilés sur une base mensuelle, trimestrielle ou annuelle.

1. Un état des bénéfices indiquera dans quel sens le programme d'exploitation évolue et permettra de comparer les prévisions[21] aux résultats réels. Ces prévisions servent de signaux d'alarme et permettent de prendre des mesures correctives.
2. Un état des mouvements de trésorerie[22] indiquera les mesures à prendre pour gérer les fonds au cours des phases critiques de la croissance de la compagnie[23].
3. Un bilan permettra aussi à l'homme d'affaires d'orienter, d'une façon régulière, les ressources financières de l'entreprise.

Le même programme d'exploitation présenté au banquier se révélera aussi un apport considérable parce qu'il lui fournit une base solide pour évaluer un prêt[24].

1. L'état des mouvements de trésorerie permettra de déterminer si les fonds[25] proviennent de l'exploitation de la compagnie ou de prêteurs. Cet état lui permettra également de supposer à quel moment le coût des projets d'envergure[(i)] sera payé de même que les emprunts bancaires[26] à long terme remboursés[27].

2. L'état des prévisions sur les bénéfices[28] produits par l'exploitation permettra de comparer le revenu prévu[29] avec le rendement des années précédentes et le revenu en cours[30].

3. Le bilan[31] indiquant la situation financière de l'entreprise permettra au prêteur d'évaluer les éléments de l'actif[32] et des valeurs données en garantie des emprunts et des avances[33].

Le banquier ou le prêteur arrivera plus facilement à la conclusion que le propriétaire-directeur [34] de l'entreprise a fait une présentation bien pensée et qu'il est un homme d'affaires sérieux. Le banquier se sentira alors justifié de lui accorder une marge de crédit[35] suffisante et il pourra participer, d'une façon régulière, à la réussite du programme de son client. Voilà une méthode simple, efficace, et utile pour les deux parties impliquées.

Conclusion

Trop souvent, on entend les hommes d'affaires se plaindre de la lenteur de certaines institutions prêteuses à prendre une décision à partir d'une demande de financement[36] faite par une entreprise. Dans certains cas, l'institution financière pourrait réagir plus rapidement, mais dans la plupart des cas, l'expérience nous a prouvé que l'homme d'affaires ne démontrait pas assez de sérieux dans ses demandes. Les demandes de crédit[37] additionnel sont souvent le résultat d'une mauvaise gestion[38], ou de tout autre problème interne d'organisation. C'est pourquoi nous considérons extrêmement important le fait d'analyser la gestion de l'entreprise pour en déterminer les forces et les faiblesses, corriger les lacunes, et par la suite, déterminer les besoins financiers.

Jacques Borel, un économiste français, a dit : « J'ai vu des banquiers prendre des risques, et des risques sérieux, parce qu'ils étaient bien informés, et qu'ils savaient qu'en tout temps ils seraient tenus au courant du développement de ces risques. »

Jean B. Dussault
Le Québec Industriel

----

a. s'en tenir à : se limiter à   **b.** retenir : s'assurer de   **c.** s'avère : se révèle être, est **d.** tirer le meilleur parti : exploiter, profiter **e.** les effectifs : le personnel   **f.** sera en mesure de : sera capable de   **g.** la fixation : la détermination   **h.** il convient de : il est bon de **i.** d'envergure : importants

NOTES

actif

Biens ou fonds dont dispose l'entreprise (versus - **passif** : dettes de l'entreprise).

besoins de trésorerie

Dépenses immédiates et nécessaires au fonctionnement de l'entreprise : salaires, paiements des fournisseurs, banques (prêts à court terme), facilités de caisse, etc.

bilan

Document comptable établi à la fin d'un exercice et où figurent les **actifs** et les **passifs** d'une entreprise.

I. VOCABULAIRE SPÉCIALISÉ

1   **un(e) homme (femme) d'affaires** : businessman(woman)
2   **un(e) comptable** : accountant
3   **un(e) directeur (-trice) de banque** : bank manager
4   **la trésorerie** : funds
5   **un(e) banquier (-ière)** : banker
6   **un(e) prêteur (-teuse) de fonds** : lender
7   **un rendement** : profit, return
8   **un(e) propriétaire** : owner

9   **gérer des fonds :** to manage the capital
10 **un plan d'entreprise :** company planning
11 **un commerce :** business
12 **un secteur d'activité :** area of specialisation
13 **un(e) concurrent(e) :** competitor
14 **un produit :** product
15 **décrocher une part de marché :** to obtain a share of the market
16 **un(e) dirigeant(e) :** manager
17 **dresser (un plan) :** to draw up a plan
18 **un personnel :** staff
19 **un(e) cadre (d'entreprise) :** managerial staff
20 **une implantation :** setting up
          s'implanter quelque part
21 **une prévision :** forecasting, estimate
22 **un mouvement de trésorerie :** cash flow
23 **la croissance d'une compagnie :** company growth
24 **évaluer un prêt :** to appraise a loan
          prêter (de l'argent) à quelqu'un
          un(e) prêteur (-teuse)
25 **les fonds :** funds
26 **un emprunt bancaire :** bank loan
          emprunter de l'argent à une banque
          à long terme (ant. à court terme)
27 **rembourser (un emprunt) :** to pay off, to repay
28 **un bénéfice :** profit
29 **le revenu prévu :** estimated income
30 **le revenu en cours :** current income
31 **un bilan (faire , établir) :** to draw up a balance-sheet
32 **un actif :** assets
33 **une avance :** advance loan
34 **un(e) propriétaire-directeur (-trice) :** owner-manager
35 **une marge de crédit :** credit margin
36 **une demande de financement (faire) :** (to put in a) request for financing
37 **une demande de crédit :** request for credit
38 **une (bonne ou mauvaise) gestion :** management

II. RÉSUMÉ

Pour réussir, le chef d'une entreprise doit établir puis entretenir des rapports sérieux et réguliers avec son comptable et son directeur de banque. Le premier devra le tenir au courant tout au long de l'année, de la situation financière de son entreprise. Quant au banquier et futur prêteur de fonds, le dirigeant de l'entreprise devra lui montrer ses capacités à bien gérer ses affaires en lui présentant un plan ou un programme d'exploitation à court, moyen et long terme.

Grâce à une telle planification qui définira clairement les objectifs de l'entreprise, le banquier se rendra compte du sérieux de son client et, ensemble, ils essaieront de faire prospérer l'entreprise en prévoyant les difficultés éventuelles et en profitant des occasions qui se présenteront sur le marché.

L'homme d'affaires devra mensuellement, trimestriellement ou annuellement faire un état des bénéfices, un état des mouvements de trésorerie et un bilan qui lui permettront d'évaluer où en est son entreprise ; cela aidera aussi son banquier à juger de la situation et de ses besoins financiers avant de lui prêter des fonds.

III. QUESTIONS SUR LA COMPRÉHENSION DU TEXTE

1. Pourquoi tout chef d'entreprise doit-il s'attacher les bons et loyaux services d'un comptable et d'un banquier ?

2. Comment une femme d'affaires peut-elle gagner la confiance d'une directrice de banque ?

3. Qu'est-ce qu'un plan d'entreprise et quel est l'intérêt d'un tel document ?

4. Comment un dirigeant peut-il analyser avec justesse la situation financière de son entreprise ? Dans quel but est-il important qu'il le fasse ?

5. En quoi consiste le processus de planification ?

6. Pourquoi est-il important de faire participer les employés-clés à la planification de son entreprise ?

7. Quels sont les renseignements que fournira un bon programme d'exploitation ?

8. Pourquoi une bonne directrice devrait-elle toujours présenter à sa banquière le programme d'exploitation de son entreprise ?

IV. MISES EN SITUATION

1. Vous êtes les deux jeunes chefs d'une entreprise que vous venez de créer et vous avez rendez-vous avec votre banquier afin qu'il vous prête des fonds pour bien faire démarrer votre affaire. Imaginez la discussion entre vous et lui.

2. Vous êtes la comptable d'une entreprise qui vous semble être mal gérée. Vous convoquez les deux directrices de cette affaire pour les mettre au courant de la situation et pour trouver ensemble des solutions afin de remédier à ce malaise.

V. EXERCICES DE LANGUE

A. **Trouvez des mots de la même famille.**

1. une comptable _____ _____

2. un commerce _____ _____

3. une concurrente _____ _____

4. financer _____ _____

5. un emprunt _____ _____

6. un prêteur _____ _____

7. une gestion _____ _____

B. **Trouvez l'antonyme des mots en gras.**

1. une **prêteuse** de fonds _____

2. la **croissance** (d'une compagnie) _____

3. à **long** terme _____

4. un **emprunt** bancaire _____

5. un **actif** _____

C. **Reconnaissez l'erreur orthographique.**

1. Cette compagnie est très riche en resources humaines, mais ne sait pas en tirer pleinement profit.

2. General Motors et Ford doivent faire face à une concurence étrangère qui leur vient surtout du Japon.

3. Il a assisté hier au congrès annuel des dirigants d'entreprises de sa ville.

4. Les produces laitiers non pasteurisés sont interdits dans ce pays.

5. Les bénéfices de cette campagne publicitaire seront tous alloués à la lutte contre la faim dans le monde.

6. Le P.-d.g. de cette compagnie aurait dû transférer plus de funds à sa filiale de Bruxelles.

7. Les taux banquaires ont baissé grâce à la reprise économique.

D. Remplacez les mots en gras par le mot juste.

1. En 10 ans, ce client aura réussi à **payer** tout l'emprunt qu'il avait fait pour s'acheter **une** maison.

2. Une bonne dirigeante d'entreprise doit savoir **juger à l'avance** les besoins de **sa** compagnie.

3. Depuis que l'Europe de l'Est s'est ouverte sur l'Occident, le Canada essaye d'**obtenir** une part de ce nouveau marché.

4. Un bon comptable doit se baser sur le bilan annuel qu'il a fait pour **faire** un plan pour les années à venir.

5. Cette compagnie a fait faillite à cause d'une mauvaise **administration** de ses fonds.

E. Complétez les phrases suivantes avec le mot qui convient.

1. Pour financer ses projets d'expansion, l'entreprise peut s'adresser à des _____ de fonds.

   a. prêteurs   b. emprunteurs   c. courtiers   d. comptables

2.   La BIRD (Banque internationale pour la reconstruction et le développement) accorde de nombreux _____ aux pays en développement.

   a. bilans   b. intérêts   c. revenus   d. prêts

3.   Pour connaître la situation financière d'une entreprise à un moment donné, la vérification de _____ est importante.

   a. son bilan   b. ses actifs   c. son mouvement de trésorerie
   d. son rendement annuel

4.   Le _____ se charge de préparer les états financiers de l'entreprise.

   a. banquier   b. comptable   c. avocat   d. gestionnaire

5.   Pour une gestion adéquate des _____ , un bon chef d'entreprise doit planifier l'utilisation des ressources humaines et anticiper les besoins de recrutement.

   a. actifs   b. stocks   c. effectifs   d. bénéfices

★ ★ ★

POUR ALLER PLUS LOIN

Se lancer dans les affaires n'est pas impossible
Le rester est un peu plus difficile

Vive l'indépendance !

Avant de fonder votre entreprise :

- · Déterminez vos objectifs

- · Enquêtez sur le secteur d'activité qui vous intéresse

- · Faites des études du marché pour déterminer le potentiel
  de votre produit ou de votre service

- · Familiarisez-vous avec les circuits de commercialisation

- · Étudiez   le mécanisme financier
              les moyens d'autofinancement

- · Apprenez comment   tenir des livres de comptabilité
                         calculer le coût de votre produit
                         préparer une planification judicieuse
                         de votre entreprise

- · Découvrez les différentes sources de financement

- · Suivez des séminaires de gestion

Trois types d'entreprises

A.   L'entreprise à propriétaire unique

La personne qui assume la direction de l'entreprise (le marchand de meubles, le restaurateur, l'artisan du quartier, le cordonnier, la fleuriste, etc.) apporte le capital, est seule à en jouir, mais elle est également responsable de toutes les dettes. En cas de faillite de l'entreprise, les biens personnels du « propriétaire exploitant » peuvent être vendus pour rembourser les créanciers. L'entreprise individuelle disparaît à la mort du propriétaire.

B.   La société en nom collectif ou société de personnes

Selon un contrat d'association, deux ou plusieurs personnes combinent leurs ressources et leurs services et partagent les bénéfices de la société. En cas de faillite, les associés sont conjointement responsables des dettes de la société sur leur patrimoine propre. La vie de l'entreprise est liée au départ ou à la mort d'un des associés.

C.   La société à fonds social ou compagnie limitée

Sa forme et son fonctionnement sont plus complexes et plus structurés que ceux de l'entreprise à propriétaire unique ou ceux de la société en nom collectif. Elle peut réunir des dizaines comme des milliers d'individus qui, par leur apport financier, contribuent au capital de l'entreprise.
En souscrivant au capital de l'entreprise (divisé en actions), chaque membre devient actionnaire, c'est-à-dire copropriétaire de l'entreprise. Par ailleurs, sa responsabilité est limitée à son apport quant aux dettes de l'entreprise. L'existence de la société à fonds social dépend de son incorporation légale et juridique et ne peut prendre fin à la mort ou au départ de ses actionnaires.

Ne confondez pas

ADDITION (f.) DEVIS (m.) FACTURE (f.) MÉMOIRE (m.) NOTE (f.)

Dans un café ou un restaurant, on vous présente à la fin du repas ou de la consommation l'**addition**.

Le **devis** n'est pas une facture. Avant d'entreprendre des travaux de réfection d'un local commercial ou d'une partie de votre maison, l'entrepreneur de construction vous soumet un **devis**, c'est-à-dire un état des réparations ou des travaux à exécuter.

Facture ou **facture de doit** : document accompagnant la livraison de marchandise et par lequel le client reconnaît une dette à payer au fournisseur. Dès réception d'une marchandise, vous payez le montant qui figure sur la **facture**.

Facture d'avoir : document par lequel le fournisseur accorde une somme d'argent à son client. Cette somme peut représenter :
· une marchandise retournée = **un retour**
· une réduction sur le prix = **un rabais**
· une réduction calculée sur le volume des machandises commandées = **une remise**
· une réduction calculée sur le volume annuel des marchandises commandées = **une ristourne**
· une réduction accordée sur une commande réglée au comptant dès réception de la marchandise = **un escompte**

Une facture **pro-forma** est un document établi par un fournisseur ou un entrepreneur à la demande d'un client éventuel. Comme dans la facture, ce document précise les détails sur la marchandise ainsi que son montant. Mais ce document n'est pas une **facture de doit** puisque la marchandise n'a jamais été commandée. Le client a besoin d'une facture pro-forma pour obtenir des fonds afin d'acheter des marchandises ou pour obtenir une licence d'importation.

Le **mémoire** est un état détaillé des matériaux fournis et des travaux entrepris par un architecte ou un constructeur.

Vos frais de séjour dans un hôtel sont reportés sur votre **note** d'hôtel.

RÉFLEXIONS

1. 80 % des nouvelles entreprises échouent dans les 5 premières années. 5 % des anciennes entreprises échouent pour une même période. **Comment expliquez-vous cette différence ?**

2. **Mettez de l'ordre dans vos affaires !**

    Avant de vous lancer dans la création d'une nouvelle entreprise, reconstituez par ordre d'importance les personnes ou organismes suivants à contacter. Justifiez l'ordre que vous proposez.

    1. les fournisseurs

    2. votre avocate

    3. une société d'étude du marché

    4. les agences gouvernementales

    5. votre comptable

    6. votre banquière

    7. une entreprise faisant le type de travail que vous envisagez

3. **Retrouvez l'équilibre !**

    Séparez les éléments de l'ACTIF de ceux du PASSIF

    . Emprunts bancaires   . Automobile

    . Achats à tempérament   . Maison

    . Compte en banque   . Comptes de crédit. VISA

    . Actions   . Loyer

    . R.E.É.R. (Régime   . Obligations
       Enregistré d'Épargne
       Retraite)   . Hypothèques

Le rendement financier de votre entreprise : À surveiller de près !

Vous tentez constamment d'améliorer la production, le service à la clientèle, les conditions de travail de vos employés, le roulement des stocks. Mais mesurez-vous l'impact de ces efforts ? Comment savez-vous s'ils ont porté fruit ? Évaluer le rendement, évaluer la situation financière de l'entreprise, est une démarche fondamentale et constante.

Les comptes clients

Les comptes clients sont à surveiller de plusieurs manières. Lors de vos vérifications régulières, portez une attention particulière aux comptes dont les soldes sont très élevés et à ceux qui sont échus. Même s'il s'agit d'anciens clients, dans la situation actuelle, un solde élevé impayé constitue un manque à gagner, mais aussi un risque. S'il s'agit d'un client récent, avez-vous bien évalué sa capacité de payer, ou bien choisi les termes de paiement ? Cette première étape franchie, classez les comptes par ordre chronologique et calculez la période moyenne écoulée entre la date du service, qu'il s'agisse d'un service professionnel ou la livraison d'une marchandise, et le règlement effectif de la facture correspondante. Si vous découvrez que le laps de temps moyen est en fait beaucoup plus long que ce que vous avez prévu, vous devriez vous poser certaines questions très précises. Par exemple, mettez-vous trop de temps à émettre un état de compte, auriez-vous mal choisi votre procédé de recouvrement ? Ou bien vos clients sont insatisfaits et par voie de conséquence, n'ont pas envie de payer à temps ou tout simplement de payer.

Les comptes fournisseurs

De la même manière, analysez vos comptes fournisseurs. Voyez lesquels vous donnent les meilleurs délais de paiement et les meilleures conditions, lesquels vous permettent d'étaler livraisons et paiements, ou vous accordent une prolongation d'échéance. Vous laissent-ils suffisamment de marge de manoeuvre ? Si pour toutes sortes de raisons, vous souhaitiez ne plus faire affaire avec un fournisseur donné, avez-vous prévu des alternatives ? Avez-vous rapidement accès à d'autres sources d'approvisionnement et à quelles conditions ?

Rotation des stocks

Même si la rotation des stocks constitue une des bases importantes d'une saine gestion financière, il n'est pas inutile de rappeler que c'est là un élément critique qui influence fortement le rendement d'une entreprise. Êtes-vous sûr que vous n'achetez pas plus que nécessaire parce que vous vous laissez séduire par des escomptes ? Que vous soyez manufacturier ou distributeur, avez-vous bien analysé quels articles se vendent plus vite et ceux qui se vendent moins vite ? Si vous êtes une entreprise de distribution, vous devez savoir que maintenant, ce n'est plus vous qui devez stocker, mais votre fournisseur. Vérifiez de près lesquels de vos fournisseurs sont en mesure de livrer à bref délai. Diminuez ainsi vos stocks, stockez minimalement. Vous en retirerez un double avantage. Vous pourrez vous ajuster à la demande et diminuer le capital investi.

Les finances à proprement parler

Êtes-vous sûr d'avoir exploré toutes les possibilités de réduction de la taxe de vente et de combiner votre planification fiscale personnelle à celle de votre entreprise afin de minimiser les impôts exigibles de votre entreprise ? Êtes-vous stable financièrement à court et long terme ? Il existe différentes façons de mesurer votre stabilité financière. Un indicateur rapide est le ratio de l'actif à court terme - ce qui est dû à l'entreprise - sur le passif à court terme - ce que l'entreprise doit. Ce ratio devrait s'établir minimalement à 1/1. On devrait retrouver le même ratio dans le rapport de l'actif à court terme sur le total du passif, soit le ratio de liquidité immédiate. Les bénéfices non répartis font aussi partie de l'analyse de la stabilité financière.

Bien choisir ses critères de rendement

De ce qui précède il ressort que pour évaluer le rendement financier, il faut faire, entre autres, des comparaisons, mais pas n'importe lesquelles. Il s'agit de comparer des pommes avec des pommes et non pas des pommes avec des poires. On fera des comparaisons chez soi, à l'intérieur de sa propre entreprise, et avec les autres. Les chiffres sont des indicateurs plus éloquents que les mots : des ratios, des pourcentages bien établis parlent d'eux-mêmes, et il ne s'agit pas de se fier à des moyennes ou des chiffres hétérogènes sans communs dénominateurs.

Enfin, dans vos prévisions financières, laissez-vous une bonne marge d'erreur pour vous ajuster à la réalité, essayez de penser à tout ce qui pourrait mal aller ou changer. Par exemple, dépassement des coûts ou plus longs délais de production. Ainsi, si les choses n'allaient pas tout à fait comme vous l'aviez prévu, vous n'aurez pas besoin de tout bouleverser et d'aller chercher un financement additionnel.

Richard Jacques, CA
Directeur général et secréraire général
Ordre des comptables agréés du Québec
La Revue Occasions d'Affaires

DEVENIR SON PROPRE PATRON

Emploi pas vraiment exaltant, chômage ou désir de mener sa barque, les femmes sont nombreuses à oser créer leur entreprise. Et elles font preuve d'une grande habileté, aux dires des spécialistes (hommes !). Mais créer n'est pas tout, il faut encore durer. Et pour cela, une seule recette : bien préparer le démarrage.

Un créateur d'entreprise sur quatre est... une créatrice. Fripes en gros (des wagons entiers de vêtements venus d'Allemagne sont dispatchés sur les marchés du monde), secrétariat téléphonique, bureau de placement pour baby-sitters, apéritif de Tante Adèle expédié par citernes entières, ou ébénisterie d'art apprise à l'école supérieure d'Avignon, rien ne leur fait peur... Mais à côté des réussites nombreuses, les statistiques font froid dans le dos. La moitié des nouvelles entreprises ne fêtent pas leur cinquième anniversaire. Liquidités insuffisantes au départ, frais sous-estimés, mais surtout dossier trop vide bouclé expliquent ces échecs, selon l'Agence nationale pour la création et le développement des nouvelles entreprises (ANCE), l'interlocuteur incontournable des créateurs novices.

Au commencement était l'idée

Inutile de vous torturer l'esprit à rechercher l'innovation géniale. Moins de 15 % des créateurs apportent vraiment un plus sur le marché. La bonne idée consiste souvent à adapter, à améliorer l'existant. Une exigence par contre : le projet doit être simple et réalisable, et doit surtout séduire les éventuels clients. Alors, n'hésitez pas à prendre votre entourage comme cobaye et à tester l'intérêt ou les réticences de vos interlocuteurs. Cela vous évitera de faire vos armes sur votre banquier, avec un projet fumeux et mal ficelé.

Vos amis trouvent l'idée géniale ? Passez à la question de confiance : vous prêteraient-ils des fonds ? Tous sans exception prétextent être sur la paille ? Interrogez-vous sur l'intérêt de votre montage. Si vous ne réussissez pas à convaincre vos proches, vous ne séduirez pas non plus des inconnus. Les banquiers américains ont d'ailleurs un à priori favorable envers ceux qui ont su réunir du « Love Money » prêté par des amis ou parents. Une preuve qu'on peut leur faire confiance. Deuxième question éliminatoire : avez-vous la tête de l'emploi ? Faites votre bilan. Si vous détestez prendre des risques, la création, ce n'est pas pour vous. Et puis ne rêvez pas. Au début, vous ne gagnerez sans doute pas plus que le SMIC.

Y a-t-il un créneau sur le marché ?

Bien connaître le marché et ses futurs concurrents, c'est vraiment le b.a.-ba. Existe-t-il des clients potentiels, une besoin véritable ? L'étude de marché vous le dira. À conduire de préférence soi-même plutôt qu'à confier à un cabinet spécialisé. Cela vous permettra de clarifier vos idées et de nouer de premiers contacts avec votre future clientèle. Vous n'avez pas la moindre idée de la méthode à employer pour connaître la clientèle potentielle, la concurrence et l'environnement ? Rendez-vous à l'Association nationale pour la recherche sur le développement des techniques de marché (ADETEM), où vous trouverez conseils et exemples. Et utilisez à fond enquêtes et données déjà disponibles : statistiques et études économiques générales (à l'INSEE), études spécialisées sur le commerce et la distribution (au CEDOC), analyse des comportements et des attentes des consommateurs (au CREDOC). Votre idée est déjà dégrossie ? Il est temps d'aller la tester auprès de quelques-uns des vos futurs clients. Écoutez les critiques, elles vous permettront d'affiner le service proposé.

La pompe à finances, nerf de la guerre

L'affaire est-elle viable ? Vous devez fournir une réponse à cette question essentielle avant de vous présenter chez le banquier. Pour cela, prenez conseil auprès des Boutiques de gestion (94 guichets d'accueil en France), structures associatives qui aident à formuler le projet, à le chiffrer et vous accompagnent même chez le banquier.

. Il vous faudra établir d'abord **un compte de résultat** qui permet d'avoir une idée de la rentabilité du projet en comparant votre chiffre d'affaires estimé et vos charges, et cela sur trois ans, délai nécessaire pour qu'une affaire démarre.

. **Le plan de financement**, lui, compare besoins et ressources financières. Des postes qui doivent être équilibrés. Car pour vous équiper, payer le loyer du local et disposer de l'indispensable fonds de roulement (qui permet de payer salaires et achats en attendant les premières rentrées d'argent), vous devez disposer de ressources supérieures aux dépenses. 200 000 F, c'est le minimum pour démarrer. Mais les enquêtes le prouvent : si vous pouvez alligner au départ 500 000 F, votre entreprise a de plus grandes chances de survie à long terme.

Bien sûr, cet argent-là, vous ne le sortirez pas de votre tirelire. À côté de vos petites économies, vous ferez d'abord appel aux banques pour obtenir des prêts personnels (contre des garanties : hypothèque, cautionnement...) et des prêts aux créateurs (de 100 000 F à 300 000 F sans garanties). Puis vous compléterez par d'autres prêts sans garanties ou à des taux très modérés. Vous irez taper à la porte des « business angels », ces anges gardiens des entreprises naissantes que sont les Clubs de créateurs ou France Initiative réseau, un circuit qui vous fera en plus rencontrer les principaux partenaires économiques de votre région (chefs d'entreprises, experts-comptables et avocats d'affaires). Vous verrez aussi du côté des Cigales, ces clubs d'investisseurs qui deviennent actionnaires ou associés de projets ayant une utilité sociale, culturelle ou écologique.

Les créatrices ont aussi un fonds bien à elles, créé à l'initiative de Michèle André, secrétaire d'État chargée des droits de la femme. Le Fonds de garantie à l'initiative des femmes (FGIF) cautionne des emprunts destinés à constituer un fonds de roulement et des investissements (renseignez-vous auprès de la déléguée régionale).

Des aides, tout le monde en fournit ou presque : les régions, les municipalités, certaines fondations, l'ANVAR, le Fonds départemental pour l'initiative des jeunes. Mais souvenez-vous que récolter des aides de tous les côtés n'a jamais suffi à lancer une affaire. Pour vous guider dans ces demandes de financement, les conseillers pullulent. Entre les points « Chance » (guichets créés par l'ANCE), les Boutiques de gestion, les cellules spécialisées des chambres de commerce ou des métiers, les réseaux France Initiative, les Juniors Entreprises ou EGEE (une association de cadres retraités), le plus difficile reste de choisir. La qualité n'est pas égale ; certains guichets sont plus expérimentés, il y a des régions pilotes et d'autres à la traîne. Renseignez-vous à l'échelon national pour identifier les compétences de chacun dans votre région.

Edwige Barron
Avantages

CHAPITRE VI

LES TRANSPORTS

LES RÉCLAMATIONS[1]

LE POINT DE VUE D'UN TRANSPORTEUR

L'expédition[2] de marchandises[3] sous toutes ses formes - avion, bateau, rail, route[4] - est devenue l'une des activités majeures de notre économie. Les sommes[5] consacrées à l'acquisition de matériels de transport[6] et de produits d'emballage[7] vont sans cesse croissant.

Cette activité, qui fait vivre directement ou indirectement une multitude d'entreprises[8] et d'individus, apparaît en fait comme un vaste réseau d'intervenants[9] sans lequel l'industrie ne pourrait exister. L'apparition de nouveaux modes de transports[10] et l'amélioration des modes traditionnels, conjuguées à[(a)] celles des techniques de distribution[11] et d'emballage, ont permis que s'effectue à meilleur coût[12] et dans des conditions plus sûres l'expédition de marchandises.

Cette modification des pratiques et des opérations n'a pas pour autant fait disparaître le bris[13], l'endommagement[14] ou la perte[15], voire, dans certains cas, le vol[16] des marchandises. Confrontés aux réclamations qui leur sont faites, les transporteurs doivent, pour conserver leur renom, y accorder l'attention qu'elles méritent.

F.J. Pace, directeur du service des réclamations chez Maislin Transport, considère que le « responsable d'un tel service[17] » n'a pas, comme beaucoup le croient, à trouver une foule de raisons pour ne pas payer ce qu'on lui réclame. » Au contraire, il faut payer, dit-il.

Mais pour ce faire[(b)], M. Pace ajoute qu'il est nécessaire de déterminer s'il existe une responsabilité et si la nature des dommages est bien telle que le soutient le requérant[18].

Intervenant lors d'un symposium sur les problèmes des réclamations tenu dans le cadre de[(c)] la 65ième réunion annuelle de la Canadian Industrial Traffic League (CITL), M. Pace présentait, comme il le souligne lui-même, le point de vue des transporteurs, sous l'angle des retards[19] apportés au traitement des réclamations[20].

M. Pace identifie trois éléments de solution à rechercher lors de la présentation d'une réclamation faite à un transporteur.

Il y a d'abord la CAUSE d'une réclamation qui passe par l'identification de la perte réelle encourue par le requérant. Ensuite, il y a la BASE D'ENTENTE[21] qui équivaut à reconnaître, de la part du requérant, le seuil de responsabilité[22] du transporteur. Enfin, le requérant doit COOPÉRER[23] avec et non contre le transporteur dans la recherche des moyens à mettre en oeuvre[24] pour déterminer ce qui peut être fait pour remédier à la perte réelle.

L'ATTITUDE du requérant est dès lors[d] déterminante dans la direction que prendra la résolution du litige[25]. Trop souvent en effet les délais rencontrés sont le résultat d'une mésentente inutile.

Reconnaissant qu'il n'est intéressant pour personne d'avoir à supporter les frais[26] découlant de l'endommagement de marchandises, M. Pace ne croit pas que l'action légale soit la meilleure des solutions pour résoudre[27] le litige. Il admet par contre que la présence d'un aviseur légal permettra de rechercher la CAUSE, la BASE D'ENTENTE et l'attitude de COOPÉRATION nécessaires dans un tel cas.

Quand me remboursera-t-on[28] la perte encourue ?

Cette question que posent très souvent les requérants fait dire au directeur du service des réclamations de Maislin qu'il n'en possède pas la clef[e]. « Certaines personnes ont tendance à croire que l'acheminement[29] d'une réclamation est en tous points semblable à la procédure normale d'envoi[30] de marchandises achetées. » Ce qui n'est malheureusement pas le cas.

S'il est facile de reconnaître qu'une marchandise livrée[31] est bien ou non celle qui a été commandée[32], il en va tout autrement[f] dans le cas d'une réclamation. Car, nous dit J.C. Pace, dans une situation de litige découlant de l'endommagement partiel ou total d'une marchandise, une enquête[33] doit être menée et le temps nécessaire à sa conclusion est fonction de la nature même de la réclamation. « Chaque réclamation est unique et réclame une attention et une appréciation toute particulière et rares sont les situations sans zone d'ombre[g]. »

L'expérience qu'il a acquise au fil des ans l'incite donc à amener le requérant à travailler en étroite collaboration avec le transporteur pour que soient identifiées rapidement et équitablement les causes d'un endommagement par exemple, causes qui peuvent tout aussi bien être le résultat d'un emballage défectueux[34] ou d'un vice de fabrication[35] des produits transportés.

Comment procéder en cas de réclamation

Peu de gens savent comment procéder lorsqu'il s'agit de présenter une réclamation pour des marchandises endommagées ou avariées[36]. En réalité, soutient M. Pace, la procédure[37] est très simple. Il suffit de faire parvenir par écrit une demande dans laquelle sont identifiés le montant[38] de la réclamation et les éléments de base sur lesquels reposent cette dernière.

Comme le fait remarquer M. Pace, il n'est pas nécessaire d'utiliser un formulaire[39] spécial, bien que plusieurs transporteurs mettent à la disposition de leurs clients de tels formulaires. À une simple lettre, il juge toutefois impératif de joindre les documents suivants : l'original du bon de chargement[40] ; l'original du bon de commande[41] ; la facture des frais d'expédition[42].

La présentation de l'ORIGINAL DU BON DE CHARGEMENT permet techniquement d'identifier le requérant comme étant le propriétaire de la marchandise visée par la réclamation. Bien que le transporteur reçoive copie de ce bon, celle-ci ne peut être considérée comme « l'original ». En général, la copie que possède le transporteur équivaut seulement à un certificat d'expédition.

M. Pace insiste sur le fait que le bon d'indemnité[43] délivré par certaines compagnies en lieu et place du[h] bon de chargement, et qui la plupart du temps est accepté comme son équivalent, ne doit pas faire perdre de vue le fait suivant. En signant un tel bon, son signataire[44], au nom de la compagnie qui l'emploie, accepte des marchandises pour lesquelles toute autre partie en possession du document original pourrait faire une réclamation auprès du transporteur en prétendant être le propriétaire de ces dernières.

D'autre part, la présentation de l'original du bon de chargement[45] établit formellement l'état du chargement au moment de sa prise en charge par le transporteur.

En règle générale, le transporteur est responsable pour la valeur de la marchandise[46] plus, lors de la réclamation, du montant de cette dernière lorsque sa responsabilité a été reconnue. Dès lors, pour établir hors de tout doute la valeur du chargement, en tout comme en partie, le transporteur doit pouvoir vérifier la valeur de la marchandise visée par la réclamation. Pour ce faire, il lui est nécessaire d'avoir en main l'ORIGINAL DU BON DE COMMANDE.

Le troisième document à présenter, LA FACTURE DES FRAIS DE LIVRAISON[47], permet d'établir à la charge de qui étaient ces frais. Bien que le paiement[48] de ces frais soit fonction des[i] conditions de ventes des marchandises visées, celui qui les assume est celui qui devrait faire la réclamation. En possession de ce document, le transporteur pourra plus rapidement identifier, grâce au numéro d'envoi de la facture[49], le chargement dont il est question et procéder sans délai à l'étude de la réclamation qui lui est faite.

S'il s'agit d'un envoi international, le requérant devrait joindre des copies des documents relatifs aux droits d'entrée, aux taxes[50]... ainsi que ceux, si c'est le cas, du montant des réparations qui ont dû être effectuées par ses soins ou par un tiers.

En conclusion, M. Pace déclarait qu'une réclamation faite telle qu'il l'énonçait plus haut, devrait permettre au transporteur d'y donner suite[j] rapidement et, espère-t-il, de juste manière.

Le Québec Industriel

---

a. conjuguées à : ajoutées à   **b.** pour ce faire : pour faire cela   **c.** dans le cadre de : à l'occasion de   **d.** dès lors : donc   **e.** il n'en possède pas la clef : il l'ignore   **f.** il en va tout autrement : la situation est bien différente   **g.** zone d'ombre : quelque confusion **h.** en lieu et place du : au lieu du   **i.** soit fonction des : dépende des   **j.** y donner suite : y répondre

I. VOCABULAIRE SPÉCIALISÉ

1   **une réclamation** : claim
     réclamer quelque chose à quelqu'un
2   **une expédition** : shipping
     expédier quelque chose
     un(e) expéditeur (-trice)
3   **une marchandise** : merchandise
4   **par avion, par bateau, par rail, par route** : by plane, by boat, by rail, by road
     (syn. aérien, maritime, ferroviaire, terrestre)
5   **une somme (d'argent)** : sum, amount
6   **un transport** : transportation
     un matériel de transport
     un mode de transport
     transporter quelque chose
     un(e) transporteur (-teuse)
7   **un emballage** : packing, packaging
     emballer
8   **une entreprise (syn. une compagnie)** : firm, company
9   **une réseau d'intervenants** : group (network) of intermediaries
10   **un mode de transport** : means of transportation
11   **la distribution** : delivery, shipping
     distribuer
     un(e) distributeur (-trice)
12   **un coût** : cost
13   **un bris** : breaking
     briser
14   **un endommagement** : damaging
     endommager
     un dommage
15   **une perte** : loss
     perdre
16   **un vol** : theft
     voler
17   **un(e) responsable du service de** : department manager
18   **un(e) requérant(e)** : applicant
19   **un retard** : delay
     être en retard
     un(e) retardataire

20   **le traitement (d'une réclamation)** : claim handling
         traiter (une réclamation)
21   **une base d'entente** : understanding
22   **le seuil de responsabilité** : degree of responsibility
23   **coopérer avec** : to cooperate
         une coopération
24   **mettre en oeuvre des moyens pour** : to implement measures to
25   **un litige** : dispute, lawsuit
         résoudre un litige
26   **supporter des frais** : to bear the cost
27   **résoudre un litige** : to settle, to solve a litigation
28   **rembourser quelqu'un** : to reimburse someone, to repay someone
29   **un acheminement** : forwarding
30   **un envoi** : sending
         envoyer quelque chose
31   **livrer une marchandise** : to deliver
         une livraison
         un(e) livreur (-euse)
32   **commander une marchandise** : to order a merchandise
33   **mener une enquête** : to lead an investigation
34   **défectueux** : defective
35   **un vice de fabrication** : defect in the manufacture of an article
36   **avarié** : damaged, spoiled
37   **une procédure** : procedure
38   **un montant** : sum, amount
39   **un formulaire** : form
         remplir un formulaire
40   **un bon de chargement** : loading/shipping document
41   **un bon de commande** : order form, purchase order (P.O.)
42   **la facture des frais d'expédition** : invoice of transport charges
43   **un bon d'indemnité** : indemnity voucher
44   **un(e) signataire** : signatory
         signer quelque chose
         une signature
45   **un chargement** : load
         charger (un camion)
46   **la valeur (de la marchandise)** : value, worth
47   **la facture des frais de livraison** : invoice of delivery charges
48   **un paiement** : payment
         payer quelque chose
49   **le numéro d'envoi de la facture** : forwarding number on the invoice
50   **une taxe** : tax, duty

II. RÉSUMÉ

L'expédition de marchandises est un secteur très actif de notre économie. Les conditions de transport ainsi que les techniques de distribution et d'emballage ne cessent de s'améliorer ce qui n'empêche cependant pas que des accidents (bris, endommagement, perte ou vol) arrivent.

Certaines compagnies (comme Maislin Transport, par exemple) acceptent de payer pour les dommages encourus ; et, comme le dit M. Pace, il est dans l'intérêt de tout requérant ayant présenté une réclamation, de collaborer avec son transporteur, pour établir ensemble et aussi rapidement que possible les causes du problème (dont la compagnie de transport n'est pas nécessairement responsable) ainsi que la valeur du remboursement à effectuer. En fait, la procédure en vue d'une réclamation est assez simple ; il suffit d'envoyer au transporteur une lettre de réclamation ainsi que l'original du bon de chargement, l'original du bon de commande et la facture des frais d'expédition.

III. QUESTIONS SUR LA COMPRÉHENSION DU TEXTE

1. L'expédition de marchandises est-elle actuellement un secteur de l'économie qui se développe ou qui stagne ?

2. Quels sont les différents facteurs qui contribuent à l'amélioration de l'expédition de marchandises ?

3. Le bris, l'endommagement, la perte ou le vol de marchandises ont-ils donc disparu ?

4. D'après M. Pace, quelle devrait être l'attitude des transporteurs quand il y a des réclamations ?

5. Quels sont les trois éléments qui vont aider à trouver une solution plus ou moins rapide au litige entre un transporteur et un requérant ?

6. L'action légale est-elle utile en cas de litige ? Qu'est-ce que M. Pace lui préfère ?

7. Dans une situation de litige, combien de temps cela prend-il pour qu'un requérant soit remboursé ?

8. D'après M. Pace, quel est l'élément qui aide à accélérer la procédure de remboursement ?

9. Est-ce difficile de présenter une réclamation pour des marchandises endommagées ou avariées ?

10. Quels sont les éléments de base qui permettent de décider du montant d'une réclamation ?

11. Quels sont les documents qu'un requérant doit soumettre s'il veut que la réclamation qu'il a présentée soit prise en considération dans les délais les plus brefs ?

IV. REMUE-MÉNINGES

1. Si vous importiez des agrumes (oranges, citrons, pamplemousses...) de Floride et que, juste avant Noël, vous receviez un chargement endommagé, que feriez-vous vis-à-vis de votre transporteur ? Lui intenteriez-vous un procès ou suivriez-vous les conseils de M. Pace ?

2. Essayez d'énumérer les raisons pour lesquelles les chargements suivants pourraient être endommagés :
    - un chargement de poissons transportés de Halifax à Winnipeg par le train.
    - un chargement de fleurs transportées de Casablanca à Montréal par avion.
    - un chargement de meubles anciens transportés de Boston à Toronto par la route.
    - un chargement de Volgswagen transportées de Hambourg à New York par bateau.

3. À votre avis, quels sont les types de marchandises qui courent le plus grand risque d'être endommagées lors de leur transport ? Après avoir fait la liste des différentes façons de transporter des marchandises, dites celles qui sont les plus sûres et celles qui sont les plus risquées.

4. Quelles sont les mesures de sécurité que toute importatrice doit prendre pour s'assurer que ses chargements venant (1) de France, (2) des États-Unis et (3) du reste du monde lui arrivent en bon état ?

V. EXERCICES DE LANGUE

A. Trouvez des mots de la même famille.

1. endommager _____ _____

2. signer _____ _____

3. distribuer _____ _____

4. expédier _____ _____

5. transporter _____ _____

6. réclamer _____ _____

B. Vrai ou faux ?

	vrai	faux
1. Quand un fabricant rappelle une marchandise qui a un défaut de fabrication, il s'agit alors d'une réclamation.	*	*
2. Le transport ferroviaire se fait par le chemin de fer.	*	*
3. Des produits avariés sont des produits qui sont détériorés et qui sont gâtés.	*	*
4. Au Canada français, le mot « formulaire » a pour synonyme le mot « formule ».	*	*
5. Passer une commande à un fournisseur signifie qu'on lui passe un ordre.	*	*

C. **Reconnaissez l'erreur orthographique.**

1. Le mauvais temps a endomagé tout le chargement de fruits et légumes qui arrivait de Floride.

2. Quand on travaille dans l'import-export, l'une des responsabilités principales est de s'assurer que les merchandises arrivent intactes à destination.

3. Les transporteurs essayent toujours d'améliorer leurs technics de transport afin que les marchandises se détériorent le moins possible.

4. Quand on achète une voiture ou une maison à crédit, il faut faire des payments mensuels à la banque.

5. Les responsables de ce projet ont tous été jugés incompétents.

D. **Complétez les phrases suivantes avec le verbe qui convient.**
intenter - remplir - effectuer - négliger - présenter - confier - mener - supporter

1. Quand les marchandises arrivent endommagées et qu'une plainte est déposée, le requérant a tout intérêt à aider le transporteur à _____ son enquête.

2. Pour que l'enquête commence aussi vite que possible, il est important de _____ dûment des formulaires de plainte.

3. Ce P.-d.g. n'a pas pu _____ ses paiements si bien que son affaire est tombée en faillite.

4. Si l'on veut _____ une réclamation pour des produits endommagés durant leur transport, il faut procéder de façon méthodique.

5. Quand un accident arrive durant le transport de marchandises, ce n'est pas toujours le transporteur qui en _____ les frais.

6. Nous _____ à notre transporteur habituel l'acheminement de tous nos colis.

7. L'emballage ayant été _____ , les marchandises sont arrivées en mauvais état.

8. L'entreprise qui reçoit une livraison de marchandises en mauvais état peut, en cas de litige, _____ une poursuite judiciaire, soit contre l'assureur, soit contre le transporteur, soit contre le fournisseur.

E. **Faites correspondre le mot à sa définition.**
bris - requérant - litige - enquête - vice de fabrication - formulaire - bon de chargement - signataire - bon de commande - réclamation

1. _____ : Investigation, recherche

2. _____ : Document à l'en-tête de l'acheteur que celui-ci adresse à son fournisseur pour demander une marchandise

3. _____ : Défaut, imperfection

4. _____ : Feuille de papier imprimée

5. _____ : Casse, destruction

6. _____ : Contestation en justice

7. _____ : Document présentant l'état des marchandises chargées dans un avion, un camion...

8. _____ : Dans un procès, la partie qui réclame

9. _____ : Personne qui signe un contrat, une lettre, un document...

10. _____ : Demande orale ou écrite pour faire reconnaître un droit, une plainte

* * *

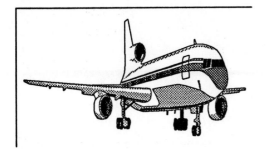

POUR ALLER PLUS LOIN

L'expédition de marchandises...

par avion, par bateau, par rail, par route

Quelle formule choisir ?

Pour indiquer qui paye les frais de transport, d'assurance et d'emballage, on se sert d'un certain nombre de formules françaises et anglaises qu'il est important de comprendre et de connaître.

TRANSPORTS MARITIMES		FOURNISSEUR PAYE	CLIENT PAYE
FAS	Free alongside ship Franco le long du navire	le transport jusqu'au navire	le chargement + le transport jusqu'à domicile
FOB	Free on board Franco à bord	le transport jusqu'au navire et le chargement à bord	le transport maritime
C&F	Cost and freight Coût et fret		les frais relatifs au coût et au transport de la marchandise
CIF	Cost Insurance Freight Coût, assurance, fret		le coût de la marchandise + les frais de transport et d'assurance

TRANSPORTS AÉRIENS

FOA Free on Airport   le transport   le transport
     Franco de transport   jusqu'à l'aéroport   de l'aéroport
     aérien   de destination   de destination

TRANSPORTS FERROVIAIRES / ROUTIERS

Franco de port   tous les frais
et d'emballage   d'expédition

Port payé   tous les frais de
                             transport

Port dû   tous les frais
                                                     de transport

DOCUMENTS DE TRANSPORTS INTERNATIONAUX

aérien :   Lettre de transport aérien (« Airway bill »)
maritime :   Connaissement maritime (« Bill of lading »)
ferroviaire :   Lettre de voiture (« Railway and Consignment note »)
routier :   Lettre de voiture (« International Consignment note »)

VOCABULAIRE SUPPLÉMENTAIRE DES TRANSPORTS

Abîmer : *to damage*
acheminer : *to forward*
acheminement (m) : *forwarding*
affrètement (m) : *charter*
armateur(-trice) : *shipowner*
autoroute (f) : *freeway*
avion de fret (m) : *freight plane*
avarie (f) : *damage*

Balle (f) : *bale*
baril (m) : *barrel*
bidon (m) : *tin*
boîte (f) : *box*
bordereau d'expédition (m) : *waybill, bill of lading*
bris (m) : *breaking*

Caisse (f) : *case*
-- à claire voie : *crate*
camion (m) : *truck*
camionnage (m) : *trucking*
camionnette (f) : *pick-up truck*
cargaison (f) : *cargo, freight*
cargo (m) : *cargo boat, freighter*
chargement (m) : *loading*
connaissement (m) : *bill of lading*
contenant, conteneur (m) : *container*

Décharger : *to unload*
demande d'indemnité (f) : *claim for damages*
douane (f) : *customs*

Emmagasiner : *to warehouse*
endommagement (m) : *damage*
entrepôt (m) : *warehouse*
expédier : *to ship*
expéditeur (-trice) : *shipper*
envelopper : *to wrap*

Facturer : *to charge*
flotte (f) : *fleet*
frais d'assurance (m) : *insurance costs*
fret (m) : *freight*
fût (m) : *cask*

Licence d'importation (f) : *import licence*
livraison (f) : *delivery*
livrer : *to deliver*
livreur (-euse) : *delivery person*

Marchandises (transportées) (f) : *goods*
monte-charge (m) : *freight elevator*

Navire (m) : *ship*

Paquet (m) : *bundle*
parc de véhicules (m) : *fleet of vehicles*
perte (f) : *loss*

Remorque (f) : *trailer*
réseau (m) : *network*

Tarif (m) : *rate*
train de marchandises (m) : *freight train*
transitaire (m)(f) : *forwarding agent*
transport à longue distance (m) : *long haul*
-- à courte distance : *short haul*
transports aériens (m) : *air transport*
-- ferroviaires : *rail transport*
-- maritimes : *marine transport*
-- routiers : *road transport*
transporteur (-teuse) : *carrier*

Vol (m) : *theft, flight*
vrac (en) (m) : *bulk*
vraquier (m) : *bulk cargo*

RÉFLEXIONS

1. Quel est l'impact du libre-échange sur l'industrie du transport en Amérique du Nord (Canada, États-Unis, Mexique) ?

2. Autrefois, on disait que sans le train, l'Est et l'Ouest ne se seraient jamais rencontrés. Prenez les différents modes de transport actuels et examinez l'impact socio-économique qu'ils ont actuellement sur notre vie.

CHAPITRE VII

LE MARKETING

LES ACHATS IMPULSIFS... VOUS CONNAISSEZ ?

Dans les grands magasins[1], au supermarché[2] ou encore dans les pharmacies à grande surface[3], tout est mis en oeuvre pour vous séduire et vous faire succomber à la tentation d'acheter plus que prévu. Comment éviter ces pièges et magasiner[4] sans défoncer votre budget[5] ? En élaborant à votre tour vos stratégies de consommatrice[6] avertie !

« Pourquoi je viens ici ? Mais tout simplement parce que j'aime ça. J'ai mes habitudes et puis vous savez c'est pas trop cher, il y a de bons spéciaux[7], et on y trouve de tout. Même ce à quoi on n'avait pas pensé ! » Si vous croyez que vous venez de lire le texte d'une annonce publicitaire[8] que vous entendrez bientôt à la radio, détrompez-vous. C'est tout simplement ce que nous a dit une consommatrice rencontrée dans une pharmacie Jean Coutu. Cette dame était accompagnée par sa fille, mère de deux jeunes enfants qui s'en donnaient aussi à coeur joie[(a)]. « Il y a tellement de choses ici, dit le petit garçon à sa soeur. Maman, tu veux bien m'acheter ces biscuits-là en forme de petits ours ? » « Non, non de la gomme[(b)] et du savon pour faire des bulles » demande à son tour la fillette.

Si vous étiez la mère de ces enfants, que feriez-vous en pareille circonstance ? Céder en vous jurant[(c)] que la prochaine fois vous viendrez seule ou rester ferme quitte à déclencher des cris aigus ? De toute façon, en y repensant bien, ne venez-vous pas vous-même d'acheter pas mal de choses plus ou moins utiles ? Nous sommes toutes de temps à autre de ces consommatrices peu averties[9] à la bourse un peu trop déliée[10]. C'est si facile d'acheter plus que prévu. Les stratégies de marketing sont conçues pour nous inciter à consommer[11]. Est-il possible de déjouer ces spécialistes de la commercialisation qui ont plus d'un tour dans leur sac[(d)] ? Le meilleur moyen de lutter contre les achats impulsifs[12], c'est encore d'être consciente des méthodes de vente[13] déployées.

La pharmacie à rayons[14]

Charles Trenet fredonnait il y a bien longtemps déjà une chanson sur les pharmacies du Canada. Des pharmacies où l'on retrouvait du nougat et du chocolat, des crayons, des calepins, des stylos... Cela avait bien amusé le célèbre chanteur européen habitué aux pharmacies[15] où l'on ne vendait que des médicaments[16]. Eh bien, il ne serait pas plus dérouté[(e)] aujourd'hui qu'il y a trente ans ! Il pourrait même rajouter des couplets à sa chanson puisque les pharmacies à grande surface comme les Jean Coutu, Maryland ou Pharmaprix offrent un éventail encore plus large de produits[17] les plus variés. Et ce n'est pas fini, même après être passée à la caisse[18], vous êtes encore sollicitée à dépenser[19]. À la sortie, dans le portique de plusieurs pharmacies, des petites machines distributrices vous invitent à connaître vos chances en amour, votre horoscope ou encore à vérifier votre tension artérielle pour quelques cents seulement !

Malgré leur popularité, on reproche souvent à ces établissements leur allure de magasins à rayons[20]. « Dans ces pharmacies, on cherche à utiliser au maximum l'espace disponible, à disposer la plus grande quantité de produits[21] au pied carré, explique Jacques Nantel, professeur à l'École des hautes études commerciales et spécialiste en marketing. Cela finit même par donner des surfaces sans relief », ajoute-t-il. La profusion y est étouffante ! Et cette abondance n'est pas le fruit d'une nature généreuse mais plutôt d'un fin stratège. Selon Jacques Nantel, il a pour but de rendre bien visible tout ce qui peut être acheté. « Pour que la personne qui vient acheter des pilules reparte aussi avec des petits gâteaux, il faut qu'elle les voie, quitte à[f] ce qu'il y ait tellement de choses que l'on ait de la difficulté à s'y retrouver. »

Ainsi, en cherchant votre marque préférée de papier hygiénique ou de shampooing, vos yeux croiseront probablement un amoncellement de produits voués au même usage mais de marque maison. Ces produits qui sont souvent à meilleurs prix[22] constituent aussi des bons choix pour les commerçants[23] (pharmacies ou supermarchés) puisqu'ils leur permettent de réaliser plus de profit sur les ventes. Ces produits imitent à la perfection les formats[24] et les emballages[25] des marques concurrentes[26]. On mise sur deux possibilités : que le consommateur les achète parce qu'il les voit en grande quantité et pour leur bas prix[27], ou alors qu'il les confonde avec sa marque habituelle par distraction et qu'il les adopte par la suite.

Il ne faudrait pas non plus oublier qu'avant d'entrer chez Jean Coutu, on y avait été fortement incité par la publicité[28]. Par des circulaires[29] déposées dans nos boîtes à lettres et par des annonces[30] dans les médias. La petite chanson publicitaire qui vous promet de « tout trouver même un ami » fait partie de la recette du succès[31] des pharmescomptes[32] Jean Coutu. Les experts en marketing aiment à rappeler que les humains sont des êtres complexes, pas toujours rationnels. La profusion, l'ambiance, la chaleur, les bas prix et la force de l'habitude sont autant de raisons qui vous incitent à magasiner dans ces pharmacies à grande surface[33].

Les grands magasins

Chaque semaine, les journaux sont remplis de cahiers spéciaux annonçant la vente[34] foyerama, la semaine du bébé ou celle où, promis juré[g], vous trouverez tout pour la cuisine. Si vous ne lisez pas les journaux, vous serez sollicitée par la poste en recevant des livrets de coupons-rabais[35] ou encore des billets à gratter[36]. S'inspirant de la mode des loteries, ces « gratteux[h] » vous donnent droit à des réductions[37] de 10 % à 25 % sur vos achats.

Dans les magasins La Baie[i], ce procédé est encore plus raffiné. La carte de loterie possède trois cases à gratter correspondant à trois rayons[38] du magasin. Par exemple, vous êtes susceptible d'obtenir un rabais[39] de 15 % à 30 % sur l'achat[40] de vêtements, de 20 % à 35 % sur la vaisselle et les lampes et de 10 % à 25 % sur les petits appareils électriques. On parie évidemment que vous serez encore plus tentée d'y faire vos achats et que votre plaisir de jouer à la loterie sera triplé !

Chez Zellers[i], qui vise avec les Magasins M et Woolco une clientèle[41] un peu différente de celle de La Baie ou Eaton[i], on souhaite attirer les consommateurs grâce à un club d'achat. Pour faire partie du fameux Club Z (rien à voir avec le légendaire Zorro !) il suffit d'en faire la demande. On vous attribue un numéro personnel et à chaque achat, vos points s'accumulent. Si vous avez acheté suffisamment, vous êtes invitée à choisir dans un catalogue la prime[42] à laquelle vous avez droit. Cela va de l'encyclopédie culinaire au barbecue. L'idée est astucieuse[j] puisque les gens qui fréquentaient[43] Zellers seulement pour acheter de la literie, par exemple, sont incités à acheter d'autres articles[44] pour faire grimper leurs points. Et on mise[k] sur la confidentialité : « Vous seule saurez que vous avez payé si peu ! »

Reste à savoir[l] si vous ne serez pas portée à dépenser plus que nécessaire pour obtenir votre cadeau ; vous vous retrouveriez alors perdante au change[m].

Tradition et services

La popularité des magasins à grande surface ne tient pas seulement du prix des produits. La croyance qui veut que le consommateur recherche toujours le meilleur produit au meilleur prix n'est pas toujours juste, soutient le spécialiste en marketing Jacques Nantel. Le consommateur, dit-il, demande aussi du service[45] au sens large du terme. Les grands magasins offrent souvent des services de livraison[46] et des politiques d'échanges et de remboursements[47] intéressantes. Eaton et La Baie offrent également la possibilité de prolonger les garanties sans frais supplémentaires sur les petits appareils électriques. Ils accordent aussi des facilités de crédit[48] mais les cartes qu'ils émettent affichent un taux d'intérêt beaucoup plus élevé que les cartes d'institutions bancaires[49]. Leur situation géographique, dans les centres commerciaux[50] ou au centre-ville, les avantage aussi en les rendant facilement accessibles.

Les grands magasins quels qu'ils soient s'inspirent des stratégies de marketing usuelles. Les produits qui portent aux achats impulsifs, comme les parfums ou les chocolats fins, sont placés au premier étage. Le rayon des soldes[51] se situe traditionnellement au sous-sol. Chez Eaton, cependant, il se retrouve maintenant au 8e étage. Pour profiter des aubaines[52], vous devrez donc traverser tout le magasin. On parie que vous vous arrêterez à chaque étage en cours de route puisqu'il existe un principe en marketing qui dit que plus on passe de temps dans un magasin, plus on risque d'y acheter quelque chose.

Tout comme les supermarchés, les grands magasins misent également sur le principe de la complémentarité : vêtements et accessoires mode, batteries de cuisine et petits appareils électroménagers regroupés, etc. Et si un article ménager est soldé, on mise de plus sur la forte probabilité que vous achetiez aussi d'autres articles au même rayon et au prix régulier.

On choisit souvent les grands magasins pour l'achat de cadeaux de Noël ou d'anniversaire. Votre grand-père y achetait probablement les cadeaux de votre grand-mère... Dans ces cas, la politique de retour[53] et de remboursement pèse lourd dans la balance[m]. Par exemple, pendant le temps des fêtes, la période de retour des marchandises est généralement prolongée de quelques semaines. Lorsque vous achetez un cadeau, vous pouvez également exiger d'obtenir une preuve d'achat[54] sans mention du prix afin que la personne puisse l'échanger[55] sans gêne.

Les grands magasins sont garants[56] d'une certaine tradition. De même, l'endroit où l'on se procure un article est parfois plus important que la marque, et ça aussi les experts en marketing le savent. Il y a la petite boîte bleue de Birks[n], l'arbre de Noël chez Eaton. Il arrive que les êtres d'habitudes que nous sommes demandent qu'on ne les déroute pas trop !

De l'épicerie au supermarché

Les stratégies de vente les mieux connues sont probablement celles qui sont utilisées dans les supermarchés. Qui n'a pas entendu parler des bonbons placés près des caisses[57] en guise de dessert et des croustilles[o] tentatrices en début d'allée ? Mais l'épicerie moderne s'est adaptée aux nouveaux goûts des consommateurs. Depuis quelques années, les petites épiceries[58] du coin cèdent leur place à des supermarchés ou encore à des boutiques fines[59]. Pendant que les magasins spécialisés dans la vente de fruits et légumes, de café, d'épices, de pâtes fraîches, de gâteaux et pâtisseries se multiplient, les supermarchés ont aussi tendance à transposer ce concept des petites boutiques dans leur magasin à grande surface.

Cette attirance que nous avons à la fois pour les grandes surfaces et les petites boutiques[60] s'expliquerait par la double influence qu'exercent sur nous les cultures européenne et américaine, explique Gunar K. Stelmo, titulaire de la chaire Omer DeSerres à l'École des hautes études commerciales. Selon M. Stelmo, les consommateurs ont intérêt à fréquenter les deux types d'épiceries afin de tirer meilleur profit de chacune d'elles. Il faut toujours se méfier des produits qui incitent aux achats impulsifs et qui sont généralement bien en vue au début du circuit de magasinage. Les croustilles et les chocolats trônent[p] dans les premières rangées alors que la viande et les légumes, qui constituent des achats de base, logent loin derrière[q]. Il est donc facile de dépasser son budget en emplissant son panier d'aliments superflus.

Lorsque vous scrutez les divers étalages[61], ne vous gênez pas pour regarder plus haut et plus bas que la hauteur des yeux et n'hésitez pas à faire un peu de gymnastique pour choisir les produits voulus. Ils sont souvent à meilleurs prix que ceux qui vous sautent aux yeux ! Il peut même arriver que des grossistes[62] payent pour s'assurer d'obtenir l'emplacement désiré pour leur produit, précise le spécialiste en marketing Jacques Nantel.

Méfiez-vous aussi des spéciaux. Avez-vous vraiment besoin des produits qui sont réduits cette semaine ? Sont-ils plus chers que votre marque habituelle au prix régulier ? Certes, les bons spéciaux existent et ils sont là pour attirer la clientèle. Les articles en solde sont sélectionnés parmi des produits de première nécessité. Dans le jargon du marketing, on parle de « produits sacrifiés », comme le mentionne M. Nantel en précisant que cette stratégie est efficace là où il y a de la diversité, là où on peut se procurer bien d'autres choses que les produits soldés. C'est dans les supermarchés que le principe de vente par association est le plus efficace. Les pâtes voisinent les sauces et les conserves de tomates. « Cette complémentarité sert à la fois le vendeur [63] et le consommateur qui serait bien embarrassé d'avoir oublié certains articles », souligne M. Nantel.

Près des caisses, pour agrémenter votre attente vous dira-t-on, se trouvent toujours des bonbons à l'unité, des petits gadgets, des magazines et des horaires de télévision. Vous est-il déjà arrivé de vous faire prendre le nez dans une revue et de la déposer précipitamment sur le convoyeur [64] sans vraiment souhaiter l'acheter ? Ou encore de revenir à la maison avec des quantités industrielles[r] de produits en vrac[65] choisis pour leur prix plus avantageux que les produits emballés ? À l'épicerie, la gourmandise aidant[s], ce ne sont pas les tentations qui manquent !

Que vous magasiniez dans n'importe quel magasin à grande surface, les experts en marketing parviennent parfois à vous faire acheter des choses dont vous n'aviez pas un besoin criant[t]. Cependant, vous pouvez toujours vous dire que la prochaine fois, ce sera à votre tour de déjouer leurs stratégies[u].

Louise Chainey
L'Essentiel

---

a. s'en donnaient à cœur joie : savouraient avec grand plaisir **b.** la gomme : chewing-gum **c.** en vous jurant : en vous promettant **d.** avoir plus d'un tour dans son sac : être très malin et très fort dans son domaine **e.** dérouté : étonné **f.** quitte à : en admettant la possibilté que **g.** promis juré : c'est vraiment promis **h.** « gratteux » : cartes à gratter qui permettent de gagner comme des billets de loterie **i.** La Baie, Zellers, Eaton : chaînes de grands magasins canadiens **j.** astucieuse : maligne, intelligente **k.** on mise sur : on compte sur **l.** reste à savoir si : cependant on ignore si **m.** perdante au change : en fin de compte, vous seriez la perdante **m.** pèse lourd dans la balance : offre deux bonnes raisons importantes pour justifier la fréquentation de ces grands magasins **n.** Birks : chaîne de joailleries et d'articles précieux au Canada **o.** des croustilles : des chips **p.** trônent : se font remarquer **q.** logent loin derrière : sont beaucoup moins évidents, se font moins remarquer **r.** des quantités industrielles : d'énormes quantités **s.** la gourmandise aidant : surtout quand on est gourmand(e) **t.** vous n'aviez pas un besoin criant : vous n'aviez pas vraiment besoin **u.** déjouer leurs stratégies : éviter de tomber dans leurs pièges

I. VOCABULAIRE SPÉCIALISÉ

[1] **un grand magasin** : department store
[2] **un supermarché** : supermarket
[3] **une pharmacie à grande surface** : super drugstore

[4] **magasiner (can.) = faire des courses (fr.)** : to do shopping

[5] **un budget** : budget

[6] **un(e) consommateur (-trice)** : consumer
   consommer
   la consommation
   la société de consommation
   un produit de consommation

[7] **un spécial (can.) = un article en promotion (fr.)** : item on special

[8] **une annonce publicitaire** : ad(vertisement)

[9] **peu averti(e) (consommateur (-trice))** : uninformed consumer

[10] **une bourse déliée (ant. serrée)** : (to be a) free spender

[11] **consommer** : to consume

[12] **un achat impulsif (ant. réfléchi)** : impulse-buy

[13] **une méthode de vente** : sales technique
   vendre
   un(e) vendeur (-euse)

[14] **une pharmacie à rayons** : drugstore

[15] **une pharmacie** : pharmacy
   un(e) pharmacien(ne)

[16] **un médicament** : drug

[17] **offrir un large éventail de produits** : to offer a wide range of products

[18] **passer à la caisse** : to pay

[19] **dépenser (de l'argent)** : to spend (money)
   une dépense
   dépensier (-ière)

[20] **un magasin à rayons (can.)** : department store

[21] **un produit** : product
   produire
   la production
   un(e) producteur (-trice)
   la productivité
   productif (-ive)

[22] **être à meilleur (bon, mauvais) prix** : at a better price

[23] **un(e) commerçant(e)** : merchant, someone in the retail trade
   un commerce
   commercial

[24] **un format** : size, format

[25] **un emballage** : packaging
   emballer
   un(e) emballeur (-euse)

[26] **une marque concurrente** : competitor's brand

[27] **un prix bas (ant. un prix élevé)** : low price

[28] **la publicité** : advertising
   un(e) publicitaire

[29] **une circulaire** : leaflet

[30] **une annonce (publicitaire)** : ad(vertisement)

31 **un succès (ant. un échec)** : success
   réussir
32 **un pharmescompte** : discount drugstore
33 **à grande surface (magasin)** : superstore
34 **une vente** : sale
35 **un livret de coupons-rabais** : discount coupons booklet
36 **un billet à gratter** : scratch coupon
37 **une réduction (syn. un rabais)** : discount
   réduire
38 **un rayon** : department (in a store)
39 **un rabais (syn. une réduction)** : discount
40 **un achat** : purchase
   acheter
   un(e) acheteur (-teuse)
41 **une clientèle** : customers
   un(e) client(e)
42 **une prime** : bonus, prize
43 **fréquenter un magasin** : to shop regularly at a store
44 **un article** : product, item
45 **un service (demander)** : (to expect) service
46 **une livraison** : delivery
   livrer
   un(e) livreur (-euse)
47 **un remboursement** : refund
   rembourser
48 **un crédit** : credit
   créditer
   un(e) créditeur (-trice)
   une carte de crédit
49 **une institution bancaire** : financial institution
   une banque
   un(e) banquier (-ière)
50 **un centre commercial** : shopping centre
51 **une solde (en solde)** : sale (on sale)
   solder
52 **une aubaine** : bargain
53 **la politique de retour** : exchange/refund policy
   retourner (un article)
54 **une preuve d'achat** : proof of purchase, sales ticket
55 **échanger (un article)** : to exchange
   un échange
   échangeable
56 **garant(e) (être)** : to stand by
   garantir
   une garantie

[57] **une caisse** : cashier's desk
       un(e) caissier (-ière)
[58] **une épicerie du coin (syn. un dépanneur (can.))** : corner store
[59] **une boutique fine** : gourmet/fine food shop
[60] **une petite boutique** : small shop
[61] **un étalage** : display/shelf arrangement
[62] **un(e) grossiste (ant. un(e) détaillant(e))** : wholesaler
[63] **un(e) vendeur (-euse)** : retailer
[64] **un convoyeur** : conveyor belt
[65] **un produit en vrac** : bulk (product)

II. RÉSUMÉ

Dans les magasins à grande surface, les experts en marketing savent comment tenter les consommatrices et leur faire acheter beaucoup plus que prévu.

Les pharmacies à rayons regorgent de produits car d'après les spécialistes, plus on voit d'articles sur les étalages et plus on a de chances de les acheter.

Les grands magasins rivalisent avec leurs billets à gratter, leurs clubs d'achat, leurs semaines de vente... et la clientèle qui s'y rue se retrouve à dépenser plus que nécessaire.

Les magasins à grande surface traditionnels tels que Eaton ou La Baie attirent leurs clients en leur proposant des services de livraison, des facilités de crédit, des politiques d'échange et de remboursement plus ou moins avantageux.

En un mot, tous ces magasins, pour survivre, ne doivent pas ignorer les stratégies de marketing les plus efficaces afin d'attirer les clients dont la bourse se délie souvent trop facilement.

Dans le domaine de la nourriture, les consommateurs d'aujourd'hui vont acheter dans les supermarchés et dans les petites boutiques spécialisées dans la vente de produits précis. Dans les supermarchés, les clients doivent se méfier des stratégies de ventes utilisées par les experts en marketing pour leur faire acheter plus qu'ils n'en ont besoin.

III. QUESTIONS SUR LA COMPRÉHENSION DU TEXTE

1.   Qu'est-ce que l'auteure de l'article veut dire par « achats impulsifs » ?

2.   Quelles sont, d'après vous, les « stratégies de consommatrice avertie » ? Sont-elles assez efficaces pour résister aux multiples tentations qu'offrent les magasins à grande surface ?

3. Comment réagissez-vous à la citation qui ouvre l'article et qui a été prononcée par cette consommatrice rencontrée dans une pharmacie Jean Coutu ? Êtes-vous scandalisé(e) ou pensez-vous que cela est tout à fait représentatif des consommateurs de notre société de consommation ?

4. Êtes-vous d'accord quand l'auteure dit que c'est très « facile d'acheter plus que prévu » ? Pourquoi ? Est-il cependant possible d'éviter de tomber dans le piège ?

5. Faites la liste des stratégies de marketing que l'on décrit dans cet article et que les spécialistes développent pour inciter les consommateurs à consommer. Pouvez-vous en ajouter d'autres à cette liste ?

6. Êtes-vous d'accord avec Jacques Nantel, spécialiste en marketing, quand il affirme que plus il y a de l'abondance de produits sur les rayons et plus les clients achètent ? Trouvez-vous cette profusion d'articles stimulante ou étouffante ? Vous incite-t-elle à acheter davantage ou à quitter ce type de magasin ?

7. Êtes-vous d'accord avec la dernière phrase de la partie qui s'intitule « La pharmacie à rayons » ? En ce qui vous concerne, y a-t-il d'autres raisons qui vous incitent à faire des achats dans ce type de pharmacie ?

8. Dressez la liste des procédés utilisés par les grands magasins pour attirer autant de clients que possible. Expliquez la phrase qui conclue la partie intitulée : « Les grands magasins ».

9. Que pensez-vous quand l'auteure écrit : « L'endroit où l'on se procure un article est parfois plus important que la marque... » ? Donnez des exemples précis qui illustrent cette citation.

10. Quelles sont, d'après l'auteure, les raisons pour lesquelles les consommateurs sont attirés par les grands magasins ? En vous basant sur votre expérience personnelle, pouvez-vous compléter cette liste de raisons ?

11. Êtes-vous d'accord que les petites boutiques spécialisées dans la vente de fruits et légumes, de café, de fromages, de pains sont de plus en plus populaires ? Pour quelles raisons, à votre avis ?

12. Faites la liste des stratégies utilisées par les experts en marketing des supermarchés pour inciter les clients à la consommation. Est-il possible de les déjouer ? Comment ?

13. Pensez-vous que les épiceries du coin vont complètement disparaître ? Que pensez-vous de cette tendance ?

IV. REMUE-MÉNINGES

1. Faites le portrait des consommateurs canadiens ou américains (d'origine anglo-saxonne, francophone, asiatique, africaine, jamaïcaine, cubaine...) et essayez de montrer comment leurs comportements de consommateurs sont influencés par leurs origines.

2. Quelles sont les stratégies (ou trucs) que vous utilisez pour éviter de vous faire prendre dans les pièges de la consommation à outrance ? Êtes-vous capable de ne pas faire trop d'achats impulsifs même en période de fêtes telles que Noël, Hannukah, le Nouvel An, Pâque, la Fête des mères et des pères... ?

3. Que pensez-vous de la concurrence presque déloyale que les grands magasins font aux petits commerces ? Êtes-vous dérangé(e) par le risque de disparition des petits magasins au profit des grandes surfaces ? Quelles sont, à votre avis, les conséquences positives et négatives du monopole sans cesse grandissant des grands magasins dans notre société, nos villes et notre mode de vie ?

V. EXERCICES DE LANGUE

A. **Quel est l'antonyme ou le synonyme des mots suivants ?**

1. une baisse   ant. _____

2. dépenser (de l'argent)   ant. _____

3. un(e) grossiste   ant. _____

4. faire des courses   syn. _____

5. impulsif (dans les achats)   ant. _____

6. une réduction   syn. _____

7. une aubaine   syn. _____

8. un achat   ant. _____

9. cher   ant. _____

10. un grand magasin   ant. _____

B. **Quel est le féminin des mots suivants ?**

1. un acheteur   _____

2. un consommateur   _____

3. un spécialiste   _____

4. un pharmacien   _____

5. un client   _____

6. un caissier   _____

7. un publicitaire _____

8. un banquier _____

9. un directeur _____

10. un livreur _____

C.   Écrivez des phrases complètes à partir des termes proposés.

1. dépenser - consommateurs - impulsifs

2. pharmacies à rayons - médicaments - éventail - produits

3. profusion - étouffante - ventes

4. spécialistes en marketing - consommateurs - dépenser

5. magasin - passer du temps - acheter

D.   Complétez les phrases suivantes avec le verbe qui convient.

1. Les grands magasins _____ un large éventail de produits à leur clientèle.

2. Les clients particulièrement fidèles aiment _____ toujours le même magasin.

3. Les experts en marketing _____ des pièges aux consommateurs qui y tombent sans défense.

4. Les grandes chaînes de magasins _____ la qualité de leurs marchandises.

5. Les consommateurs qui ont tendance à trop fidèlement délier leur bourse ont du mal à _____ contre les achats impulsifs.

E.   Trouvez les mots de la même famille.

1. consommer   _____   _____

2. acheter   _____   _____

3. dépenser   _____   _____

4. vendre   _____   _____

5. emballer   _____   _____

6. un commerce   _____   _____

7. livrer   _____   _____

8. une banque   _____   _____

9. échanger   _____   _____

10. échouer   _____   _____

★ ★ ★

LES LIMITES DE LA FRANCHISE*

Le développement de la franchise[1], cette forme nouvelle de la distribution[2] associée, ne paraît pas devoir connaître de limites. Le deuxième Salon international, qui vient d'être organisé à Paris, a été pour les professionnels comme un long temps d'euphorie. La franchise est à la mode. En deux ans (de 1981 à 1983), le nombre de franchiseurs[3] s'est accru (41 %), surtout dans les activités de service (les deux tiers des contrats[4]).

Environ 20 000 à 22 000 magasins[5] dépendant de plus de 450 chaînes[6] de « franchiseurs », relèvent de[a] ce genre de commerce. Le chiffre d'affaires[7] final est supérieur à 65 milliards[8] de francs, soit 6 à 7 % du total des ventes du commerce. Nombre de ces statistiques ont été rassemblées dans un annuaire publié par le Centre d'étude du commerce et de l'industrie (Cecod), 19, rue de Calais, Paris-9.

Comme toutes les nouveautés, la formule a de quoi séduire : le « franchisé »[9] a le sentiment de n'être pas seul ; de faire partager les risques qu'il prend par un plus puissant que lui ; de devenir membre d'une chaîne produisant des articles ou proposant des services connus : ceux dont on parle par publicité interposée[b]. La franchise, c'est la « noblesse » du nouveau commerce, affirment certains.

Autre élément de séduction, d'intérêt plutôt : les gains[10]. « Le meilleur atout de la franchise -- précise un dépliant vantant les mérites de cette activité -- est [...] d'assurer une rentabilité[11] supérieure à celle des magasins indépendants (entre 20 % et 40 % dans certaines franchises de distribution). »

La certitude d'être réapprovisionné[12] rapidement ; de n'avoir pas à stocker[13] ; de pouvoir proposer très vite à la vente tout nouveau produit mis au point par le « franchiseur », expliquent ainsi le succès de la franchise.

Mais celle-ci comporte des risques. D'abord le « franchisé » doit verser un droit d'entrée[14] élevé ; le montant[15] moyen sur lequel porte le plus grand nombre de propositions est de l'ordre de 200 000 à 500 000 francs (une offre sur deux), 19 % se situant dans la tranche inférieure, celle des 100 000 à 200 000 francs. Ce droit d'entrée inclut le montant de l'investissement[16] moyen (location[17] ou achat[18] de la boutique[19], frais[20] de stock , redevance[21] versée la première année...). Ce sont d'importants capitaux[22] dont it faut disposer avant de décider de se lancer -- ou non -- dans l'aventure.

La profession n'a pas de statut juridique[23] particulier, aussi bien n'en réclame-t-elle pas[c], se méfiant de toutes les contraintes. Une Fédération française de la franchise (9, boulevard des Italiens, Paris-9) cherche à préciser les règles du jeu. Mais tant pis, le plus souvent pour ceux qui se font avoir[d], qui tombent sur des forbans[e], des franchiseurs cherchant à attirer des gogos[f] afin de réussir un bon coup[g] avant de disparaître...

Le « nouveau » consommateur [24]

La distribution a trouvé dans la franchise une formule pour se renouveler. Compte tenu des[h] taux d'intérêt [25] élevés, les fabricants[26] de produits de large diffusion[27] ont cherché des possibilités nouvelles pour investir [28]. La franchise est l'une de celles-là, comme elle facilite aussi les exportations[29]. On estime que le quart des franchiseurs français sont à présent représentés à l'étranger.

Enfin cette forme moderne du commerce répond à un goût nouveau des consommateurs. Selon des responsables de « grandes surfaces »[30], l'attrait des prix (« on les casse », « on les écrase », « on les lamine »[i]...) n'est plus décisif pour attirer le chaland, et le retenir. Cet argument est désormais intégré dans le comportement du client de la « grande surface ».

Le client est à présent surtout séduit par des produits de marque[31], ceux que tout le monde achète ou porte. Le consommateur s'uniformise[j]... Les « grandes surfaces », sans aller jusqu'à la franchise, cherchent donc à offrir à leur clientèle ces services-là et ces articles « griffés »[32] qu'elles n'étaient pas habituées à distribuer [33]. Cela ne va pas sans réserves de la part des producteurs.

* La franchise est une forme relativement récente de la distribution, par laquelle une entreprise[34] connue (le franchiseur) octroie une licence à un commerçant[35] (le franchisé) moyennant une redevance. Elle lui permet d'exploiter l'enseigne[36] de la maison mère[37], de distribuer ses produits et aussi de bénéficer de ses services de gestion[38], de formation, de publicité. L'industrie commence à s'intéresser à la franchise.

Le Monde

---

a. relèvent de : appartiennent à   **b.** par publicité interposée : par l'intermédiaire de la publicité   **c.** aussi bien n'en réclame-t-elle pas : et elle n'en veut pas   **d.** se font avoir : se font tromper, duper   **e.** qui tombent sur des forbans : qui ont affaire à des bandits **f.** gogos : naïfs   **g.** réussir un bon coup : les piéger, les voler   **h.** compte tenu des : étant donné les   **i.** les casse... les écrase... les lamine : les fait baisser autant que possible   **j.** s'uniformise : se standardise, désire les mêmes articles que tout le monde

NOTES

activités de service
> Secteur tertiaire de l'économie : les banques, le commerce, les transports, la gestion, les services informatiques, les entreprises de distribution en font partie.

distribution
> Sans la distribution, cette composante du « **marketing mix** », le consommateur ne pourra pas jouir des produits que lui propose le fabricant. Selon les conditions du marché, un **canal de distribution** approprié sera choisi par le fabricant. La franchise est une nouvelle voie d'acheminement des produits.

enseigne (f.)
> Signe distinctif d'un commerce. Panneau portant un nom ou une marque de commerce accroché à la façade d'un établissement.

milliard
> Mille millions (« billion » en anglais).

I. VOCABULAIRE SPÉCIALISÉ

1 **une franchise** : franchise
   un magasin en franchise
   un(e) franchisé(e)
2 **la distribution** : distribution
   un(e) distributeur (-trice)
   distribuer quelque chose
3 **un franchiseur** : franchiser
4 **un contrat** : contract
5 **un magasin** : store
   magasiner
   le magasinage
6 **une chaîne (de magasins)** : chain of stores
7 **un chiffre d'affaires** : turnover, revenue
8 **un milliard** : billion
9 **un(e) franchisé(e)** : franchisee
10 **un gain** : gain, profit
   gagner
11 **une rentabilité** : profitability
   rentable
   rentabiliser quelque chose
12 **réapprovisionner (un magasin)** : to restock
   des provisions
   un approvisionnement

13 **stocker** : to stock
    un stock

14 **verser un droit d'entrée** : to pay an initial fee

15 **un montant** : amount, sum

16 **un investissement** : investment
    investir
    un(e) investisseur (-euse)

17 **une location** : rental
    louer quelque chose à quelqu'un

18 **un achat** : purchase
    acheter quelque chose à quelqu'un

19 **une boutique** : store

20 **des frais** : expenses

21 **une redevance** : dues, fee

22 **un capital (des capitaux)** : funds, capital

23 **un statut juridique** : legal status

24 **un(e) consommateur (-trice)** : consumer
    consommer
    la consommation
    la société de consommation

25 **un taux d'intérêt** : interest rate

26 **un(e) fabricant(e)** : manufacturer

27 **un produit de large diffusion** : widely distributed product

28 **investir** : to invest

29 **l'exportation (ant. importation)** : export
    exporter
    un(e) exportateur (-trice)

30 **une grande surface** : hypermarket

31 **un produit de marque** : brand product

32 **article griffé** : designer product

33 **distribuer** : to distribute

34 **une entreprise** : business, company

35 **un(e) commerçant(e)** : retailer, shopkeeper

36 **une enseigne** : sign, signboard

37 **une maison mère** : parent company

38 **la gestion** : management
    gérer
    un(e) gérant(e)

II. RÉSUMÉ

Dans cet article, l'auteur explique qu'en France, la franchise (« cette forme nouvelle de distribution associée ») connaît un grand succès. Il explique les différentes raisons pour lesquelles tant de gens s'intéressent à ce type de commerce. Cependant, pour devenir un franchisé il faut payer un droit d'entrée élevé et il faut accepter le fait que l'on n'est pas bien protégé juridiquement.

La franchise est une nouvelle forme de distribution qui encourage les exportations et répond mieux aux besoins des consommateurs dont les goûts ont changé ; en effet, ceux-là ne s'intéressent plus aux prix « cassés » des grandes surfaces mais préfèrent acheter les produits de marque que leur proposent les magasins en franchise.

III. QUESTIONS SUR LA COMPRÉHENSION DU TEXTE

1. Qu'est-ce qu'une franchise ?

2. Ce type de commerce connaît-il un grand succès en France ?

3. Quelles sont les sept raisons pour lesquelles cette « formule a de quoi séduire » ?

4. La franchise est-elle un type de commerce risqué ou sûr ? Pourquoi ?

5. Pourquoi les franchisés ne tiennent-ils pas à avoir de statut juridique bien défini ?

6. Comment le goût des consommateurs a-t-il évolué, ces dernières années ?

7. En quoi les petites franchises influencent-elles les grandes surfaces, selon l'auteur de cet article ?

IV. REMUE-MÉNINGES

1. La franchise connaît-elle un grand succès en Amérique du Nord ? Citez des exemples de chaînes de magasins en franchise qui ont du succès et des exemples de franchises qui ont échoué.

2. La franchise est définie comme une « forme nouvelle de la distribution associée ». Connaissez-vous d'autres formes de commerce qui ont récemment vu le jour pour permettre à la distribution de se renouveler et aux fabricants de mieux écouler leurs produits ?

3. L'auteur dit que « le quart des franchiseurs français sont à présent représentés à l'étranger. » Lesquels sont représentés avec succès au Canada ? Aux États-Unis ?   Y a-t-il des franchiseurs canadiens/américains représentés à l'étranger ? Donnez-en des exemples.

4. Dans cet article, l'auteur dit qu'en France, les clients ne sont pas nécessairement attirés par les prix que les grandes surfaces « cassent » et qu'ils cherchent plutôt à trouver des produits de marque. Est-ce qu'en en Amérique du Nord, les consommateurs se comportent de la même façon ?

V. EXERCICES DE LANGUE

A.   Donnez les substantifs à partir des verbes suivants.

1.   diffuser   _____

2.   distribuer   _____

3.   approvisionner   _____

4.   stocker   _____

5.   vendre   _____

6.   attirer   _____

7.   bénéficier   _____

8.   gérer   _____

B.   Vrai ou faux ?

		vrai	faux
1.	Les activités de service comprennent l'extraction et la transformation des matières premières.	*	*
2.	Le chiffre d'affaires représente la somme totale des ventes annuelles d'une entreprise.	*	*
3.	Dans un contrat de franchise, le franchiseur garantit un revenu annuel à son franchisé.	*	*
4.	L'accumulation des stocks est importante pour le franchisé.	*	*
5.	Une licence est un permis de vente de produits alcoolisés.	*	*

C. **Remplacez les mots en gras par des équivalents plus précis.**

1. La maison Adidas **produit** des articles de sport en grande quantité.

2. Cette boutique n'arrive pas à attirer les **chalands**.

3. Pour s'associer à une chaîne de franchises, le franchisé donne des droits de **participation**.

4. Ce représentant **montre** les qualités exceptionnelles de ses produits.

5. **Le propriétaire de ce magasin** veut améliorer la gestion de ses stocks.

6. Quand un nouveau produit est **introduit** dans le marché, les fabricants établissent une étude du marché pour connaître le comportement des **acheteurs**.

D. **Quel est l'antonyme ou le synonyme des mots suivants ?**

1. une licence   syn. _____

2. exporter   ant. _____

3. une grande surface   syn. _____

4. un gain   ant. _____

5. stocker   syn. _____

6. un achat   ant. _____

7. des frais   syn. _____

E.   **Trouvez dans la colonne B l'équivalent du mot de la colonne A.**

A   B

1. une chaîne   ___ un total de ventes

2. une distribution   ___ une direction

3. un commerçant   ___ une diffusion

4. une maison   ___ un réseau

5. une gestion   ___ une brochure

6. un chiffre d'affaires ___ un négociant

7. un dépliant   ___ une firme

8. un magasin   ___ un fonds

9. un versement   ___ un pourcentage

10. un capital   ___ un manufacturier

11. un taux   ___ un paiement

12. un fabricant   ___ un commerce

★ ★ ★

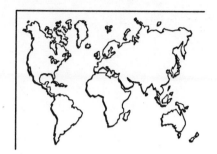

POUR ALLER PLUS LOIN

Un marché pas comme les autres

Le **marketing** (ou la **mercatique**) est à la fois un concept, une attitude et une stratégie. Dans un marché où la **concurrence** est un facteur déterminant, le fabricant s'assure, avant de **lancer** son produit, que celui-ci répond avant tout aux **besoins** du consommateur. Afin de favoriser l'**écoulement** de ses marchandises, un bon administrateur d'entreprise

- · connaît les **tendances** du marché et prévoit son évolution
- · oriente tous ses efforts vers le consommateur
- · s'attire le concours de personnes spécialisées dans les domaines de la publicité, de la distribution, de la promotion...

Le terme **segmentation** se réfère à la répartition de la clientèle

- · selon des **critères** socio-démographiques (âge, sexe, éducation, revenu, classe sociale, région, religion, profession...)
- · selon le type de consommateur (petit, moyen, gros...)
- · selon le type de vie du consommateur

La segmentation facilite la **mise sur pied** d'une stratégie mercatique efficace puisqu'elle permet à l'entreprise non seulement de cerner et d'évaluer son **marché cible**, mais aussi d'utiliser précieusement des moyens de communications pour atteindre les marchés (**actuel** et **potentiel**).

Le marketing est constitué de quatre facettes inportantes que l'on désigne comme étant les variables du « **marketing-mix** » (ou **marchéage**) :

- · le produit
- · le prix
- · la distribution
- · la communication (publicité et promotion)

Le produit peut être **tangible**, c'est-à-dire un bien (une voiture, une tondeuse à gazon) ou **intangible** (cela peut être un service rendu par un notaire ou une consultation par un expert-conseil en ingénierie).

Un produit appartient à un ensemble ou à une **ligne de produits.** Ainsi dans le mobilier, il peut y avoir plusieurs lignes telles que le mobilier de jardin, le mobilier de bureau, le mobilier d'hôpital et le mobilier de maison. Chaque ligne comprend une **gamme** de produits diversifiée : les chaises de jardin ne sont pas de la même qualité et n'ont pas la même valeur marchande (un article **haut de gamme / bas de gamme**).

Les produits appartiennent à deux classes distinctes :

- · biens de **consommation**
    - de grande consommation : produits alimentaires
    - durables : voiture, réfrigérateur
    - semi-durables : chemise, robe
    - non durables : lait, rasoir jetable, électricité

- · biens **industriels** : produits utilisés pour la fabrication de marchandises

Un produit se distingue par sa **marque**, sa **forme**, son **format**, son **emballage** et son **conditionnement**.

L'acceptation d'un produit par le public, sa popularité ne sont pas permanentes. Rares sont les produits qui résistent au temps et à la mode sans que l'entreprise n'y apporte des changements. On reconnaît au produit un **cycle de vie** qui évolue en cinq étapes :

- · **l'introduction** : coûts de production élevés, nombre limité de ventes, profits faibles
- · la **croissance** : diminution des coûts de production, volume de vente élevé, augmentation des bénéfices ; le produit fait ses preuves et a la confiance du consommateur
- · la **maturité** : concurrence menaçante ; introduction dans le marché du même type de produit
- · la **saturation** : vente du produit accompagnée de réductions ; publicité nécessaire pour son maintien
- · le **déclin** : obsolescence du produit, diminution des ventes, maintien d'une clientèle traditionnelle, abandon du produit s'il ne répond plus aux exigences du consommateur

La **fixation du prix** d'un produit a pour but de maximiser des profits pour l'entreprise ; toutefois, la compétition, la réaction du consommateur, la participation des distributeurs (les **intermédiaires**) représentent également des facteurs déterminants. L'entreprise doit choisir une politique des prix qui répond le mieux à ses objectifs :

- **prix de la concurrence** : établi par rapport à celui d'un produit similaire offert par le compétiteur (ce prix peut également être bien inférieur)
- **prix coût de revient plus profit** : frais de production, frais généraux, bénéfice
- **prix de qualité ou de prestige** : généralement associé à des produits de luxe
- **prix psychologique** : les derniers chiffres d'un prix sont pairs 2,44 $ ou impairs 6,99 $. Des prix tels que 3 $ ou 7 $ attireraient moins le consommateur

La **distribution** est la composante du marketing-mix qui concerne l'acheminement des produits du manufacturier au consommateur. Un certain nombre d'**intermédiaires** peuvent y participer :

- le **grossiste** : vend et achète **en gros**, propose un **assortiment** de produits, intervient entre le manufacturier et le détaillant
- le **grossiste au comptant** (cash and carry)
- le **grossiste responsable de l'étalage** (rack merchandiser) : établit l'inventaire et garnit les rayons du détaillant (supermarchés)
- le **demi-grossiste** : intermédiaire entre le grossiste et le petit détaillant
- le **détaillant** : intermédiaire entre le grossiste et le consommateur, entre le fabricant et le consommateur (magasins à rayons, grands magasins, supermarchés, coopératives d'achat, distributions aux consommateurs, porte-à-porte, vente par correspondance, par catalogue et par téléphone)
- la **franchise**

Un **canal de distribution** est la voie d'acheminement entre le manufacturier et le consommateur. Lorsque le produit part du producteur au consommateur, c'est un **canal direct** ; lorsqu'il passe par un détaillant, c'est un **canal court** ; c'est un **canal long** lorsque le grossiste et le détaillant interviennent.

RÉFLEXIONS

1. Selon A. M. Maslow, *Motivation and Personality* (Harper Brothers), l'être humain cherche à satisfaire ses besoins dans l'ordre suivant :

   - besoins physiologiques ou primaires : satisfaction de la faim, de la soif...
   - besoins de sécurité : travail, famille...
   - besoins d'appartenance ou d'affection : attachement à un groupe social, recherche d'amitié ou d'amour...
   - besoins d'estime : satisfaction de l'ego, indépendance, progression dans la société, recherche de prestige...
   - besoins d'accomplissement : perfectionnement, créativité...

   À quels besoins répondent l'achat des produits ou des services suivants ?

   une montre Swatch, une police d'assurance-vie, une carte de membre à Weight Watchers, une piscine installée dans son jardin, un casque, une Rolls-Royce, des cours à l'école de formation continue, une carte de membre à un club de photographie, des cours de peinture, un repas McDonald, une chemise Ralph Lauren, une télévision

2. À l'aide d'exemples précis, montrez comment les éléments suivants peuvent influencer le comportement du consommateur :

   - le milieu social
   - la culture
   - l'éducation
   - le revenu
   - l'image de soi

3. Après une longue période de fidélité à un produit, il arrive parfois que le consommateur change de marque. Selon vous, qu'est-ce qui influence le changement ?

4. Parmi les nouveaux produits lancés sur le marché, un sur deux échoue. Comment expliquez-vous ce résultat ?

5. Choisissez un produit que vous connaissez de longue date. Comment expliquez-vous sa longévité sur le marché ?

L'art du marketing

Le marketing est un terme mal compris, affirme Jacques Nantel, spécialiste dans cette discipline à l'École des hautes études commerciales. « On voit le marketing comme quelque chose de péjoratif et on le confond avec la vente. Le spécialiste en marketing analyse ce qui existe sur le marché, quels sont les besoins du consommateur et s'il y a adéquation entre ce qu'il recherche et ce qui est disponible. » Donc le marketing est utile.

La où il faut se méfier, c'est qu'une fois que le détaillant s'est procuré la marchandise, il veut nous la vendre à tout prix, besoin ou non. Pour ce faire, il utilisera tous les moyens mis à sa disposition. Et il en connaît souvent plus long sur nous qu'on ne le pense grâce aux renseignements fournis pour obtenir une carte de crédit et aux lecteurs optiques qui sont maintenant couplés aux caisses enregistreuses de plusieurs commerces. Ces lecteurs permettent d'analyser le contenu de chaque commande d'épicerie. Des études de marché révèlent aussi aux commerçants les goûts, les attentes et les moyens financiers de la clientèle cible pour un produit donné. Ils peuvent utiliser ces informations pour distribuer des circulaires dont le contenu est adapté au profil socio-économique des gens selon le secteur où ils habitent.

Jacques Nantel rappelle que théoriquement tout achat comporte trois risques pour le consommateur : le risque économique (une dépense pour rien), le risque fonctionnel (mauvaise performance du produit) et le risque social (la perception que les gens ont de nous si on utilise tel produit). Les cosmétiques sont des produits à haut risque social. Le rôle du vendeur devient alors primordial. Il est là pour compléter les informations que vous avez déjà sur le produit mais aussi pour cautionner votre choix, vous rassurer sur votre bon goût.

Les consommateurs sont généralement assez bien informés sur ce qu'ils désirent. Les stratégies de marketing, aussi efficaces soient-elles, ont donc leurs limites. Elles peuvent nous amener à préférer une marque à une autre, un nouveau modèle à l'ancien et nous inciter à consommer plus, c'est vrai. Cependant, ce seront toujours les consommateurs qui auront le dernier mot, et ça aussi les spécialistes en marketing en sont bien conscients !

L'Essentiel

FRANCHISEURS ET FRANCHISÉS : UNE CLÉ DE SUCCÉS

On dit souvent que le choix du site, pour l'établissement d'un commerce franchisé, est le principal facteur de succès. Il s'agit là d'une vérité première. Mais il ne faut surtout pas négliger pour autant la deuxième composante sans laquelle, même la meilleure localisation ne vaut rien : la qualification du franchisé. Ce paramètre est de plus en plus essentiel pour deux raisons.

Tout d'abord, la qualité du service donné à la clientèle dépend largement de la compétence innée du franchisé qui exploite le commerce. De nos jours, cette qualité de service, perçue par la clientèle, est un facteur important de réussite et, l'efficacité de la gestion du franchisé fait toute la différence entre profits ou pertes. La formation dispensée par le franchiseur assurera un transfert de connaissances spécifiques au franchisé, mais ne modifiera pas ses aptitudes ni ses comportements. Il est donc essentiel pour le franchiseur, de s'assurer que le franchisé corresponde au « profil du poste ».

Par ailleurs, le choix du franchisé revêt une importance particulière pour l'homogénéité des membres du réseau et l'équilibre des échanges avec le franchiseur.

Les franchisés doivent évoluer dans une même culture d'entreprise, véhiculer un message unique, partager des valeurs communes. La bonne communication, gage d'une saine harmonie entre les partenaires d'un même réseau, est basée sur un échange ouvert entre des interlocuteurs qui parlent le même langage. Tous ces éléments doivent être évalués avant que les engagements définitifs ne soient pris.

La qualification du franchisé est l'une des responsabilités importantes du franchiseur qui doit s'assurer, par diverses méthodes, que chaque nouveau franchisé sera à sa place dans le réseau. Il doit être garant de la force de sa chaîne, donc de la fiabilité de chacun de ses maillons.

Quant au franchisé, il ne doit pas négliger de qualifier aussi le franchiseur. Il doit s'assurer de prendre connaissance de toutes les données disponibles. Sa responsabilité est de s'entourer d'experts pour analyser tous les paramètres techniques de son projet. Mais lui seul peut et doit évaluer son futur partenaire.

La qualification mutuelle du franchiseur et du franchisé est donc l'une des clés du succès du franchisage.

Alain P. Villeneuve
Président de Villeneuve
et Associés Consultants
La Revue Occasions d'Affaires

Le franchisage international

Le savoir-faire de nos entrepreneurs est-il exportable ?

Une entrevue réalisée avec maître Alex S. Konigsberg, c.r.

On décrit le franchisage comme la « vague de l'avenir ». Ce secteur compte pour 45 % des ventes au détail au Canada et il est estimé qu'en l'an 2000, 60 % des ventes globales transigeront par des entreprises franchisées.

Aux États-Unis où la pratique commerciale du franchisage est fortement développée, on a évalué qu'elle représente un chiffre d'affaires annuelles de 800 milliards de dollars que se partagent 600 000 commerces procurant ainsi 8 millions d'emplois directs.

On reconnaît que l'avantage majeur d'un système de franchisage est de permettre à une entreprise de croître rapidement avec un capital limité. D'ailleurs, les multinationales américaines du franchisage telles les McDonald's, Avis et Subway n'ont pas attendu la globalisation des marchés pour agir.

Pour sa part, l'industrie canadienne du franchisage a connu une expansion internationale beaucoup plus timide quoique l'on note que « déjà en 1989, 16,3 % des franchiseurs canadiens exploitaient 2 583 établissements à l'extérieur du pays. »* Cependant, la majorité des consultants du domaine s'entendent pour dire que très peu d'entreprises canadiennes se sont aventurées sur la scène internationale jusqu'à maintenant.

Depuis peu, on observe un intérêt grandissant des franchiseurs pour la conquête de nouveaux marchés outre-frontières. Les limites que nous impose notre marché national, la diminution réelle des contraintes imposées aux investisseurs étrangers par les gouvernements (le Mexique illustre bien cette nouvelle situation) et surtout le momentum créé par l'entrée en vigueur de l'Accord de libre échange nord américain (ALÉNA) semblent vouloir modifier les projets d'avenir de nos entrepreneurs franchiseurs.

Nous avons rencontré maître Alex Konigsberg qui est spécialisé en droit commercial auprès des franchiseurs et qui possède une vaste expertise en développement international des entreprises.

Quelle est la position des franchiseurs canadiens sur la scène internationale ?

« D'abord, nous avons tendance à associer le franchisage au commerce de détail alors que bon nombre d'entreprises des secteurs industriels et manufacturiers ont recours à cette formule pour assurer leur développement. Prenons le cas de la France où le franchisage est principalement utilisé dans le secteur manufacturier pour stimuler les exportations. La corporation Yves Rocher, dans le secteur de la parfumerie, est un bon exemple d'entreprise qui produit des biens de consommation que l'on retrouve dans le monde entier par l'entremise du franchisage.

Sur les scènes canadienne et québécoise, et plus particulièrement dans le secteur du commerce de détail, peu d'entreprises sont présentes à l'étranger, malgré l'importance de la pratique commerciale du franchisage à l'intérieur de nos frontières.

Le développement international d'un système de franchise n'est pas réservé exclusivement aux entreprises qui possèdent, dans leur réseau, des centaines d'unités. Et les gens d'affaires commencent à réaliser que, lorsque l'on parle de globalisation des marchés, ça n'affecte pas uniquement les grandes multinationales comme Bombardier ou la Banque Royale du Canada, mais que ça aura également des effets sur nos PME. »

La scène internationale est donc accessible à nos entreprises !

« Bien sûr, mais ce n'est pas accessible à toutes nos entreprises. D'une part, cela nécessite d'importants investissements et d'autre part, notre marché naturel qu'est celui des États-Unis est très difficile à percer. Ce n'est pas évident d'aller compétitionner avec les leaders mondiaux du franchisage sur les marchés les plus lucratifs et, de surcroît, sur leur propre terrain.

Par contre, je peux vous dire que les expertises canadienne et québécoise et le savoir-faire de nos entrepreneurs en matière de franchisage sont de même niveau que ceux des Américains. Il est cependant évident que, malgré notre excellente maîtrise du concept de franchisage, nos entreprises ne possèdent pas toujours les infrastructures requises pour se permettre de déléguer un représentant pendant plusieurs mois à Bornéo, par exemple, pour développer ses activités commerciales.

Une compagnie comptant 100 franchisés aux États-Unis est perçue comme une petite entreprise alors qu'ici, au Canada, c'est un grande entreprise. Nous possédons le calibre pour aller sur la scène internationale mais nous devons admettre que nos ambitions sont parfois limitées par nos ressources humaines et financières qui sont essentielles à l'étranger. »

Quels sont les marchés qui nous sont les plus accessibles ?

« Les marchés qui me semblent présentement les plus accessibles et peut-être, d'une certaine manière, les plus faciles à pénétrer, sont les pays où le franchisage est encore peu développé comme en Amérique Latine. Le Brésil est peut-être considéré comme un pays en voie de développement, mais il représente tout de même des millions de consommateurs qui ont un réel pouvoir d'achat : la seule ville de Sao Paolo représente un potentiel commercial équivalent à celui de Toronto et de Montréal mis ensemble. Les pays d'Europe de l'Est nous sont également accessibles. Les gens d'affaires et les agents gouvernementaux de ces pays se font une priorité de mettre en place un secteur de franchisage, en achetant des droits de franchise étrangers mais également en développant leur propre système pour la distribution de produits et services. Ces pays sont autant d'excellentes occasions d'affaires pour nos franchiseurs et nos entrepreneurs.

Je suis persuadé, qu'au cours des années qui viennent, nos entrepreneurs sauront profiter des retombées que leur offre le franchisage international. Il représente des entrées d'argent importantes pour le pays, et c'est générateur d'emploi. L'exportation de nos produits, de notre technologie et de notre savoir-faire assurera l'expansion de nos entreprises. L'exportation en franchise de nos concepts commerciaux permettra à nos PME de profiter des retombées positives de la mondialisation des marchés. »

Pierre Bhérer
La Revue Occasions d'Affaires

* Gaulin, Laroche, Mc Dougall et collaborateurs, *Les commerces de détail, marketing et gestion*, Gaëtan Morin éditeur, 1993, 752 p.

CHAPITRE VIII

LA PUBLICITÉ

QUAND LES ANNONCEURS[1] PRENNENT L'OPINION À TÉMOIN[a]

Calvin Klein achète des pages de journaux pour se défendre, tandis que Philip Morris exige des excuses publiques des mêmes journaux et des chaînes de télévision pour leurs calomnies envers le tabac.

À vingt-quatre heures d'intervalle, le couturier[2] new-yorkais Calvin Klein et le fabricant[3] de cigarettes Philip Morris se sont payé des pages entières des plus grands journaux américains pour se justifier : le premier pour se défendre d'incitation à la pornographie enfantine dans une campagne publicitaire[4] avortée[b] ; le second pour accuser les médias[5] de parti pris[c] hostile dans leurs reportages sur l'industrie[6] du tabac. Dans les deux cas, la manoeuvre de séduction est habile, donc potentiellement payante.

Connu pour ses publicités[7] érotiques, dans lesquelles l'actrice Brooke Shields avait fait des débuts remarqués à l'âge de 15 ans, Calvin Klein a toujours pris à rebrousse-poil[d] le vieux fond puritain[e] d'une certaine Amérique. Il est sans doute allé trop loin en axant[f] sa nouvelle campagne publicitaire de jeans, pour la rentrée scolaire, sur des prises de vue[8] d'adolescents jugées particulièrement suggestives.

Un public habitué aux audaces de Benetton se serait moins offusqué[g] des poses de jeunes gens qui, en 1995, en ont vu d'autres[h]. Mais un éditorialiste bien pensant[i], John Leo, les a qualifiées de semblables « aux premières scènes d'un film porno ». Dans une autre tribune libre, un journaliste de télévision Jeff Greenfield, qui ne peut être soupçonné de sympathie excessive pour[j] les croisés[k] du nouvel ordre moral si populaire dans la vie politique américaine, a vu dans la campagne « une tentative délibérée de faire appel aux frissons bon marché de la pornographie », ajoutant que les dirigeants de Calvin Klein « devraient avoir honte ».

Campagne choquante

Ils ont à tout le moins[l] fait amende honorable[m] en annonçant leur décision de mettre fin à leur campagne « dès que possible ». Dans une pleine page du *New York Times*, une sobre déclaration explique que le message des publicités, qui se voulait un hommage à « la force de caractère et à l'indépendance » de la jeune génération, a « été mal compris par certains ». Soudain, Calvin Klein a fait machine arrière[n] et placé, avant ses intérêts, le sens de sa « responsabilité envers les jeunes », en raison du « rôle que l'industrie de la mode[9] joue dans le façonnage[o] de la culture dans laquelle nous grandissons, et dans la formation des impressions ».

Le coup est bien joué. Nul ne saurait mettre en doute la sincérité d'un annonceur dont beaucoup estiment, dans les milieux publicitaires[10] new-yorkais, qu'il a été surpris par l'avalanche des critiques, depuis celles des organismes d'assistance à l'enfance jusqu'à celles des associations catholiques, en passant par[p] l'appel au boycott[11] des boutiques de jeans Calvin Klein lancé par la très conservatrice Association de la famille américaine.

Mais en fin de compte[q], Calvin Klein risque de gagner sur les deux tableaux[r]. Il s'est rangé du bon côté de l'opinion. Et le tollé[s] soulevé par sa campagne douteuse, ainsi que le coup d'arrêt spectaculaire qu'il vient d'y donner, ne peuvent pas faire de mal à ses ventes[12] de jeans qui stagnent autour de 200 millions de dollars annuellement (un milliard de francs), alors que son concurrent[13] Guess fait trois fois mieux. D'ailleurs, c'est une nouvelle campagne jugée tout aussi provocante qui prendrait le relais[t]...

Affirmations non prouvées

A l'inverse, Philip Morris a adopté une tactique offensive[14] dans une série de publicités pleine page[15] achetées au *Washington Post*, au *Wall Street Journal* et au *New York Times*. Ce dernier, par exemple, publie une déclaration dans laquelle l'annonceur, s'adressant aux lecteurs, fustige[u] de bout en bout le journal, qu'il accuse de mener une campagne[16] pour « l'élimination d'un produit[17] légal dont jouissent 45 millions d'Américains ». Et de conclure que pour le *Times* et « le reste de l'establishment des antifumeurs[18] », les excuses consécutives à de « fausses affirmations sur les compagnies de tabac sont peut-être un concept étranger à leur mode de pensée ». De quoi s'agit-il ?

Une grande partie de la presse[19] américaine a réagi avec beaucoup de scepticisme aux excuses publiques de la chaîne de télévision[20] ABC pour un reportage[21] controversé sur le tabac. Dans un magazine d'information[22], les reporters d'ABC avaient affirmé que les fabricants contrôlaient le niveau de nicotine dans les cigarettes pour accentuer[v] la dépendance des fumeurs. La polémique[23] s'est focalisée non pas sur le niveau de nicotine, mais sur sa provenance. ABC avait fait état d'addition de nicotine « de sources extérieures ». Ses reporters n'ont pu le prouver et la chaîne vient de se récuser [w] dans un communiqué lu et montré à l'antenne.

Les excuses valent moins cher qu'un procès[24] dans lequel Philip Morris demandait 10 milliards de dollars (50 milliards de francs) de dommages et intérêts[25]. Pourtant, si l'affaire était allée au tribunal[26], ABC aurait pu, selon la chaîne, produire des documents prouvant que Philip Morris avait acheté de l'extrait de tabac riche en nicotine[27] — mais sans preuve que la substance avait été effectivement utilisée. Le plaignant[28], pour sa part[x], a évité la réquisition de documents internes potentiellement gênants.

Philip Morris a préféré le tribunal de l'opinion. En contre-attaquant, le fabricant se pose en victime[y] d'une prétendue campagne de presse antitabac[29]. Et l'affaire ABC risque de refroidir[z], comme le craignent les milieux journalistiques[30], l'ardeur des médias dont les enquêtes[31] pourraient désormais s'arrêter là où commencent les gros risques financiers.

Jean-Louis Turlin
Le Figaro

a. prennent l'opinion à témoin : demandent l'opinion du public **b.** avortée : qui n'est pas réussie et qui est arrêtée dans son développement **c.** accuser les médias de parti pris : accuser les médias d'avoir des préjugés **d.** pris à rebrousse-poil : provoqué en procédant de façon contraire à l'usage habituel **e.** le vieux fond puritain : le côté profondément puritain **f.** en axant : en concentrant **g.** offusqué : scandalisé **h.** en ont vu d'autres : sont habitués au pire **i.** bien pensant : dont les opinions sont conformes à celles de la majorité des citoyens **j.** ne peut être soupçonné de sympathie excessive pour : qui ne fait absolument pas partie du courant de pensée conservateur actuel **k.** un(e) croisé(e) : un(e) défenseur (-euse) **l.** à tout le moins : néanmoins **m.** ont fait amende honorable : ont reconnu leurs torts **n.** a fait machine arrière : a reculé **o.** le façonnage : la modification, la transformation **p.** en passant par : sans oublier **q.** en fin de compte : finalement **r.** gagner sur les deux tableaux : être le grand gagnant de toute cette affaire **s.** le tollé : le scandale **t.** prendrait le relais : suivrait **u.** fustige : blâme, critique **v.** accentuer : augmenter **w.** se récuser : laisser tomber ses accusations **x.** pour sa part : de son côté **y.** se pose en victime : se fait passer pour une victime **z.** refroidir : décourager

I. VOCABULAIRE SPÉCIALISÉ

[1] **un(e) annonceur (-euse)** : advertiser
[2] **un(e) couturier (-ière)** : fashion designer
[3] **un(e) fabricant(e)** : manufacturer
    fabriquer
    la fabrication
    une fabrique
[4] **une campagne publicitaire** : advertising campaign
    un(e) publicitaire
    une publicité
    une publicité mensongère
    un panneau publicitaire
    une affiche publicitaire
[5] **les média(s)** : media
    télévisés
    radiophoniques
    écrits
    publicitaires
    cinématographiques...
[6] **l'industrie du tabac** : tobacco industry
[7] **une publicité (un commercial)** : advertisement
[8] **une prise de vue** : picture shot
[9] **l'industrie de la mode** : fashion industry
[10] **le milieu publicitaire** : advertising circle

11 **un boycott (lancer)** : boycott
    (syn.) un boycottage
    boycotter qqch. ou qqn
    un(e) boycotteur (-teuse)

12 **une vente** : sale
    un(e) vendeur (-euse)
    vendre
    vendu

13 **un(e) concurrent(e)** : competitor
    la concurrence
    concurrencer
    concurrentiel(le)

14 **adopter une tactique offensive** : to adopt an aggressive approach

15 **une publicité pleine page** : full page ad(vertisement)

16 **mener une campagne pour (ou contre) qqch. ou qqn** : to campaign for/against

17 **un produit** : product
    produire
    un(e) producteur (-trice)
    productif (-tive)
    la production

18 **un(e) antifumeur (-euse)** : anti-smoker
    fumer
    un(e) fumeur (-euse)
    un fumoir

19 **la presse** : the press

20 **une chaîne de télévision** : television network

21 **un reportage controversé** : controversial reporting
    bien reçu
    un(e) reporter

22 **un magazine d'information** : public affairs program
    un magazine de mode

23 **une polémique** : argument, polemic
    polémiquer

24 **un procès** : a legal suit
    engager un procès contre qqn
    faire, intenter un procès à qqn
    les pièces, le dossier d'un procès
    gagner, perdre un procès

25 **des dommages et intérêts** : damages
    demander, obtenir des dommages et intérêts

26 **un tribunal (des tribunaux)** : tribunal

27 **(tabac) riche en nicotine** : with a high content of nicotine
    pauvre en nicotine

28 **un(e) plaignant(e)** : plaintiff
    une plainte (déposer)
    se plaindre

²⁹ **une campagne de presse anti-tabac** : anti-smoking campaign
³⁰ **le milieu journalistique** : news media circles
          un(e) journaliste
          le journalisme
          le journal télévisé
³¹ **une enquête (faire)** : investigation
          enquêter
          un(e) enquêteur (-teuse)

II. RÉSUMÉ

À quelques jours d'intervalle, Calvin Klein (la mode) et Philip Morris (le tabac) ont utilisé la presse américaine pour justifier leurs campagnes publicitaires respectives.

Calvin Klein s'est déclaré surpris du scandale qu'a soulevé sa nouvelle campagne publicitaire qui, selon une grande partie du public américain, incite à la pornographie enfantine. Il a utilisé les grands journaux américains pour se justifier et pour annoncer le retrait de ses affiches qui scandalisent tant ; ceci devrait plaire au grand public et donc dynamiser la vente de ses jeans qui stagne depuis quelque temps.

Philip Morris, lui, adopte une tactique opposée à celle de Clavin Klein, puisqu'il utilise des pages de la presse écrite pour attaquer les médias écrits et télévisés qui, dans leurs articles et reportages, critiquent les fabricants de cigarettes. Il est allé jusqu'à menacer d'un procès la chaîne de télévision ABC pour un reportage où on l'accusait d'utiliser un tabac particulièrement riche en nicotine qui augmenterait la dépendance des fumeurs. Dans l'incapacité de fournir des preuves tangibles, ABC a dû s'excuser publiquement. Et Philip Morris sort encore plus fort de cette partie de bras de fer où l'argent l'emporte sur l'information du public.

III. QUESTIONS SUR LA COMPRÉHENSION DU TEXTE

1. Pourquoi l'auteur de l'article dit, à la fin, du premier paragraphe : « la manoeuvre est habile, donc potentiellement payante » ?

2. Trouvez dans des magazines, des exemples de publicités de Calvin Klein dont parle l'auteur, et essayez de voir dans quelles mesures elles incitent à la pornographie enfantine.

3. Pensez-vous, comme l'affirme John Leo, que les publicités de Calvin Klein sont semblables « aux premières scènes d'un film porno » ?

4. Que veut dire Calvin Klein quand il déclare que ses publicités sont un hommage à « la force de caractère et à l'indépendance » de la jeune génération ?

5. Pensez-vous qu'aujourd'hui, l'industrie de la mode façonne la culture dans laquelle nous baignons ? Ce phénomène a-t-il toujours existé ou est-il typique de la fin du 20ᵉ et du début du 21ᵉ siècle ?

6. Pensez-vous que Calvin Klein a bien fait de se justifier et d'expliquer pourquoi il mettait fin à sa campagne publicitaire ? Croyez-vous que son respect de la volonté du public servira à augmenter ses ventes de jeans qui stagnent depuis quelque temps ?

7. Expliquez ce que Philip Morris reproche à la chaîne de télévision ABC.

8. Pourquoi la « réquisition de documents internes » aurait pu être gênante ? Elle aurait été gênante pour ABC ou pour Philip Morris ?

9. Pensez-vous que le fabricant de tabac sortira gagnant de cette campagne d'intimidation ?

10. Que veut dire : « L'affaire ABC risquerait de refroidir... l'ardeur des médias dont les enquêtes pourraient désormais s'arrêter là où commencent les gros risques financiers. » ? Que pensez-vous de ce phénomène et de ses conséquences sur notre société et notre soif de vérité ?

IV. REMUE-MÉNINGES

1. Pensez-vous que Calvin Klein et Philip Morris ont bien fait de réagir ? Approuvez-vous la façon dont ils s'y sont pris ?

2. Trouvez des échantillons de publicités de Calvin Klein, Benetton et autres publicitaires connus pour leurs publicités provocatrices et essayez de voir dans quelles mesures leurs publicités sont, à votre avis, bonnes ou mauvaises.

3. D'après vous, les fabricants de tabac devraient-ils avoir le droit de faire de la publicité ? Si « oui », justifiez votre réponse. Si « non », justifiez votre réponse et nommez d'autres produits pour lesquels, à votre avis, on ne devrait pas faire de publicité.

4. Comme vous le savez, les publicités, pour vendre, doivent forcément s'adapter aux différents marchés auxquels elles s'adressent. Choisissez un produit de consommation courante dont la publicité doit nécessairement s'adapter au public (anglophone et francophone) qu'elle cherche à atteindre. Une fois votre produit choisi, en vous basant sur des publicités en anglais et en français que vous connaissez, expliquez ce qui oblige les spécialistes à élaborer deux publicités différentes. Faites-en, ensuite, la publicité en anglais et en français.

V. EXERCICES DE LANGUE

A.   **Reconnaissez l'erreur orthographique.**

1. Pour s'assurer de l'efficacité des messages publicitaires, les agences de publicité mènent des sondages auprès du publique.

2. Les fabriquants de tabac investissent des sommes énormes dans les anonces publicitaires promouvant leurs produits.

3. Les publicités mansongères sont de plus en plus critiquées par le public.

4. Les géants de la mode se livrent une concurence féroce sur le marché actuel.

5. Philip Morris a réclamé des domages et intérêts à la suite d'un reportage controversé sur le tabac par la chaîne ABC.

B.   **Trouvez le verbe correspondant au substantif.**

1. une télévision :   _____   un reportage

2. un boycott :   _____   une compagnie

3. un(e) vendeur (-euse) :   _____   un produit

4. un(e) plaignant :   _____   contre quelqu'un

5. une enquête :   _____   sur le comportement du consommateur

6. un(e) fabricant(e) :   _____   un produit

C.   **Trouvez le mot qui correspond au nombre de lettres indiquées.**

1. Texte écrit dans une publicité : _ _ _ _ _ _ _

2. Synonyme du mot « publicité » : _ _ _ _ _ _ _ _ _ _

3. Support publicitaire : _ _ _ _ _ _ _

4. Celui qui fait une campagne publicitaire pour vendre un produit : un _ _ _ _ _ _ _ _ _

5. Une publicité dans laquelle on ne dit pas la vérité est une publicité :
   _ _ _ _ _ _ _ _ _ _

6. Lieu où l'on rend la justice : _ _ _ _ _ _ _ _

7. Dans le milieu de la justice, quelqu'un qui se plaint est un(e) _ _ _ _ _ _ _ _ _ (_).

8. Litige soumis à un tribunal : _ _ _ _ _ _

9. Quand les ventes d'un produit n'augmentent ni ne diminuent,
   elles _ _ _ _ _ _ _ _ .

D.   **Trouvez dans la colonne B l'équivalent du mot de la colonne A.**

A	B
1. offusquer	_____ arrêté
2. antitabac	_____ article
3. un tollé	_____ scandaliser
4. un produit	_____ un canal
5. une chaîne (de télé)	_____ un scandale
6. intenter (un procès)	_____ critiquer
7. avorté (un projet)	_____ antifumeur
8. la haute couture	_____ engager
9. fustiger	_____ les grands couturiers

★   ★   ★

GLOIRE À LA PUB !

En mai 68, les « escholiers »[a] ingrats crachèrent sur ce qu'ils appelaient avec mépris « la société de consommation »[1]. Et sur la publicité, chienne rampante[b] nous excitant, disaient-ils, au gavage. Pourtant pour consommer [2], l'humanité avait dû lutter, dans les siècles des siècles, avec ses ongles, ses griffes, sa sueur, son génie, son sang. Paysans, ouvriers[3], ingénieurs, patrons[4], médecins, techniciens, savants, tous avaient dû s'acharner pour vaincre la famine, le froid, la sécheresse, les épidémies, la misère. Ils touchaient au but, dans le climat d'initiative d'une société libérale assurant au plus grand nombre une prospérité inconnue jusque-là dans l'Histoire, quand ces enragés crachèrent sur leurs efforts[c]. Aujourd'hui, ces trublions[d] se sont calmés. On n'ose plus vomir sur la « société de consommation » que nous risquons de perdre, surtout quand l'actualité nous offre, aux « étranges lucarnes » de la télé, le spectacle atroce des peuples d'Afrique ou d'Asie mourant de faim, alors qu'au Paradis de la « consommation » « Notre Père qui êtes aux cieux » accorde à ses fidèles leurs trois repas par jour, fromage compris.

Quant à la publicité, Cendrillon mal aimée, je voudrais la laver des accusations de mercantilisme[5] et l'exalter, la porter aux nues[e], chanter sa gloire. Elle ne vise pas seulement à vendre des produits dans des tintements de tiroirs-caisses, pour engraisser[f] des capitalistes[6] ventrus à cigares, comme dans les caricatures politisées. Elle ne cherche pas uniquement à créer en nous des réflexes conditionnés provoquant, à l'instar de[g] la salivation du chien de Pavlov, l'ouverture automatique de notre porte-monnaie[7]. Ce que vend surtout la publicité, c'est cette denrée[8] à laquelle aspire désespérément notre société de robots qui, depuis 1968, s'est automatisée dans l'informatique[9]. Ce produit introuvable que nous appelons de tous nos voeux, comme des affamés et assoiffés des déserts invoquent, à genoux, la manne céleste et la goutte d'eau salvatrice : le rêve.

La publicité, que nous appelons familièrement la pub, tant elle hante l'air du temps[h], est devenue le dixième art. (Les six premiers : architecture, peinture, sculpture (et gravure), photographie, musique, danse. Le septième : le cinéma. Le huitième : la télévision. Le neuvième : la bande dessinée).

Genre-orchestre, la pub joue de tous les autres arts. Elle succède au merveilleux païen (dieux, déesses, nymphes, muses, héros, héroïnes), et au merveilleux chrétien (saints, saintes, anges, démons, ciel et enfer). Elle est le merveilleux moderne. Son enchanteur Merlin est l'homme de la pub : le Pubman (un mot que je me suis permis de créer). Ce héraut[i] des tentations[10] magnétise tout ce qu'il touche : chaussures de vrai cuir, désodorisants ou déodorants, détachants, dentifrices anti-caries, brosses à dents courbes, pour aller dans les coins, voitures-aérolithes[j], confitures arrachant des soupirs d'extase, gâteaux du paradis, chewing-gum d'éternelle jouvence, purée mousseline, fromages des anges, conserves de fruits et légumes, peintures pour appartements idylliques, eaux minérales nettoyant notre intérieur comme un sou neuf[k], café d'indubitable Brésil, chaussettes grisantes, collants fascinants, vêtements d'un chic renversant, opérations bancaires[11] cousues d'or[l], stylos écrivant tout seuls des chefs-d'oeuvre, lieux de vacances des béatitudes, pâtées pour chiens et chats dont Brillat-Savarin aurait fait ses choux-gras[m].

Le Pubman, devenu Protée[n], prend toutes les formes, adopte tous les langages, fait flèche de tout bois[o] : annonces[12] et encarts[13] dans la presse écrite, programmes de radio, de télévision, de cinéma, contact direct par lettres, catalogues[14], brochures[15], dépliants[16] expédiés à domicile, cadeaux flattant notre amour-propre et distribués sous forme d'objets, de primes[17], de concours[18]...

Le Pubman témoigne[p] d'une richesse d'imagination, d'une virtuosité, d'une efficacité qui pourraient servir de modèle à tant de metteurs en scène de théâtre, de cinéma, de télévision. Condamné à faire mouche[q] à tous coups sur une cible[19] étroite, délimitée par l'argent, le temps, le rendement[20], il est acculé à la brièveté fulgurante. Il respecte scrupuleusement les lois éternelles du style : adaptation de l'expression à un but, économie des moyens pour obtenir le maximum d'effet. « Entre deux mots, il faut choisir le moindre » (Paul Valéry). Et entre deux images.

Au fil du temps, les plus étincelants Pubman furent les écrivains, spécialistes du langage, inventeurs de formules, inoubliables : Rabelais, Ronsard, La Fontaine, Corneille, Molière, Voltaire, Diderot, Beaumarchais, Hugo... Aujourd'hui, le Pubman n'hésite pas à faire appel parfois à des hommes de plume[r], malgré les dédains de l'intelligentsia, claquemurée[s] dans sa tour d'ivoire, qui trouve salissant le contact du public. Moi-même j'ai eu la joie de participer à une foule d'opérations publicitaires[21] : « Le Naïf et les matières plastiques », « le Naïf et l'huile de lin », « ma Montre et moi » (pour les montres Zénith), le train « le Cévenol », les « stylos Parker », « le Grand Dictionnaire Encyclopédique Larousse », « le Pain en majesté ».

Le héros de mon nouveau roman, « la Tigresse », est un célèbre dompteur, Francesco Vivabelli. À un moment donné, je le fais travailler, à Paris, dans l'agence de publicité de son oncle. Il participe à plusieurs campagnes[22]. Pour le lancement[23] d'un jus de pomme, au paradis terrestre, Eve dit à Adam : « Dieu nous a défendu de manger la pomme de l'arbre du savoir, pas de la boire. J'en fais du jus. »

Seconde opération : le lait pasteurisé Pasteuria. « Tous les matins, le grand Pasteur trait les vaches de France pour vos bébés. » Une prairie émeraude. Au centre, une splendide vache laitière. Assis sur un tabouret, Pasteur (calotte, bouc) étreint de sa main gauche, le pis du mammifère et, de la droite, élève, dans un rayon de soleil, une éprouvette débordant du lait de l'avenir.

Troisième opération, pour les Ptt[t]. Un laideron[u] demande à une amie ravissante :
« Quel est votre secret de beauté ?
- Le téléphone !...
- Pour être belle, téléphonez !... »

Quelque temps après, l'ex-rébarbative, devenue une splendeur, téléphone, enivrée, à l'homme de sa vie.
« Elle a le téléphone !... », murmurent ses voisines, extasiées.

Pub... Pub... Pub... sans toi notre vie d'ordinateurs télé-commandés serait aussi morne que sans l'amour. Sur son trône céleste, régissant les changements à vue de l'univers, Dieu n'est-il pas le Pubman éternel ?

Paul Guth
Paris Match

---

a. un escholier : un écolier **b.** chienne rampante : insulte contre la publicité **c.** crachèrent sur : critiquèrent, méprisèrent **d.** ces trublions : ces agitateurs **e.** porter aux nues : glorifier, louer **f.** engraisser : enrichir **g.** à l'instar de : comme **h.** tant elle hante l'air du temps : tant elle fait partie intégrante de notre vie **i.** héraut : chef **j.** voitures-aérolithes : voitures puissantes et rapides **k.** comme un sou neuf : d'une propreté immaculée **l.** cousues d'or : qui rapportent beaucoup d'argent **m.** dont Brillat-Savarin aurait fait ses choux-gras : dont le célèbre gastronome Brillat-Savarin aurait tiré profit **n.** Protée : personne qui change sans cesse d'opinions, qui joue toutes sortes de personnages **o.** fait flèche de tout bois : utilise tous les moyens à sa disposition **p.** témoigne de : fait preuve de **q.** faire mouche : viser juste, réussir **r.** hommes de plume : écrivains **s.** claquemurée : isolée **t.** Ptt : Poste, Télégraphes, Téléphones **u.** un laideron : jeune personne qui est laide

I. VOCABULAIRE SPÉCIALISÉ

1   **la société de consommation** : consumer society
consommer
un(e) consommateur (-trice)
un produit de consommation
2   **consommer** : to consume
3   **un(e) ouvrier (-ière)** : worker, blue collar
4   **un(e) patron(-ne)** : employer, boss
5   **le mercantilisme** : commercialism
6   **un(e) capitaliste** : capitalist
7   **un porte-monnaie** : purse

8   **une denrée** : commodity
9   **l'informatique** : electronic data processing
10 **une tentation** : temptation
        succomber à la tentation
        tenter quelqu'un
        être tenté
11 **une opération bancaire** : banking transaction
12 **une annonce** : advertisement
13 **un encart** : insert, supplement
14 **un catalogue** : catalogue
15 **une brochure** : brochure, publicity booklet
16 **un dépliant** : leaflet, folder
17 **une prime** : bonus, gift
18 **un concours** : contest
19 **une cible** : target
20 **le rendement** : profit
21 **une opération publicitaire** : advertising campaign
22 **une campagne (publicitaire)** : advertising campaign
23 **le lancement (d'un produit)** : launch(ing)
        lancer un produit

II. RÉSUMÉ

Si dans les années 60 on critiquait la société de consommation, aujourd'hui ce n'est plus le cas parce qu'on la compare à la situation des pays pauvres d'Afrique, d'Asie ou d'ailleurs.

Quant à la publicité qui est le nerf moteur de la consommation, l'auteur la défend au lieu de la critiquer pour son mercantilisme et les réflexes conditionnés qu'elle provoque en nous. Il montre qu'elle est même devenue un art grâce au « Pubman » qui, avec sa richesse d'imagination et la souplesse de son langage, présente du merveilleux à la radio, la télévision et sur les affiches et les dépliants...

Enfin, l'auteur présente trois exemples de publicité pour illustrer ses propos.

III. QUESTIONS SUR LA COMPRÉHENSION DU TEXTE

1. Qu'est-ce que les jeunes des années 60 reprochaient à la société de consommation et pourquoi leurs critiques ont-elles cessé dans les années 80 ?

2. Que reproche-t-on souvent à la publicité ?

3. Quelles en sont les qualités que loue l'auteur ?

4. Quels sont les facteurs qui font qu'une publicité est bonne ou mauvaise ?

5. Qu'est-ce qu'un bon « Pubman » (une bonne « Pubwoman ») ?

IV. MISES EN SITUATION

1. Des trois exemples de publicité que présente l'auteur, choisissez celui que vous préférez et expliquez pourquoi.

2. En vous mettant par groupes de deux ou trois étudiants, cherchez à la télé, la radio et dans les magazines ou les journaux français deux exemples de publicité : l'un bon et l'autre mauvais. Présentez-les à la classe et expliquez les raisons de votre choix.

3. Trouvez un produit de consommation courante que vous aimez bien (parfum, dentifrice, biscuit, boisson...) et faites-en la publicité soit pour la télé soit pour un magazine.

V. EXERCICES DE LANGUE

A.   Trouvez des mots de la même famille.

1. le mercantilisme   _____   _____

2. vendre   _____   _____

3. une capitaliste   _____   _____

4. l'informatique   _____   _____

5. une annonce   _____   _____

6. une économie   _____   _____

B.   Trouvez le féminin des noms suivants.

UN   UNE

1. consommateur   _____

2. paysan   _____

3. ouvrier   _____

4. ingénieur   _____

5. patron   _____

6. médecin   _____

7. technicien   _____

8. savant   _____

9. producteur   _____

10. écrivain   _____

C. **Vrai ou faux ?**

	vrai	faux
La publicité		
- cherche surtout à vendre des denrées alimentaires	*	*
- touche à tous les arts	*	*
- utilise plusieurs supports	*	*
- ignore les principes linguistiques	*	*
- fait appel aux services des écrivains	*	*
- a eu comme précurseur Merlin l'Enchanteur	*	*

D. **Expliquez brièvement la signification de ces expressions et illustrez chaque type de société par un ou plusieurs noms de pays.**

1. société de consommation

2. société de gaspillage

3. société de pénurie

4. société d'abondance

5. société d'économie

E. **Reconnaissez l'erreur orthographique.**

1. Les consomateurs sont souvent influencés par la publicité.

2. Certaines campagnes publicitères sont mieux réussies que d'autres.

3. La publicité peut rendre plus attrayantes certaines opérations banquaires.

4. Les ordinnateurs aident beaucoup à la réalisation de bonnes publicités.

5. Les belles publicités sont une puissante source de temptations.

✱ ✱ ✱

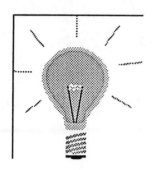

POUR ALLER PLUS LOIN

Les supports publicitaires

Pour
- faire connaître un produit
- canaliser la clientèle vers une marque
- convaincre et inciter le consommateur à acheter un bien ou un service
- atteindre un public cible

les publicitaires utilisent différents moyens nommés supports publicitaires :

- **la presse :** un journal, un quotidien, un hebdomadaire
  un périodique local, régional, une revue, un magazine
  une publication d'affaires, professionnelle, spécialisée, technique, la presse féminine, masculine, juvénile

- **la télévision :** un message télévisé, une annonce, un téléspectateur

- **la radio :** un message radiodiffusé, une annonce, un auditeur

- **l'affichage :** mural [panneau métro (subway poster), panneau lumineux (backlight)]
  ambulant [affiche intérieure d'autobus, panobus (busboard), affiches dans les voitures de métro]
  urbain [panneau d'affichage (billboard)]
  routier

- **la correspondance directe :** circulaires, lettres, dépliants, brochures, catalogues, fascicules

- **la publicité sur le lieu de vente** (P.L.V.) : affichette de vitrine, affiche de gondole (shelf talker), pancarte (showcard), échantillon (sample)

Vocabulaire supplémentaire de la publicité

Abonné(e) : *suscriber*
abonnement (m) : *suscription*
agence publicitaire (f) : *advertising agency*
affichage (m) : *posting*
affiche (f) : *poster*
annonce (f) : *advertisement*
annonce énigme (f) : *teaser advertisement*
auditeur (-trice) : *listener*
auditoire (m) : *viewership, audience*

Cadeau publicitaire (m) : *giveaway*
cahier publicitaire (m) : *advertising section*
campagne de lancement (f) : *launch campaign*
-- de matraquage : *burst campaign*
-- de notoriété : *awareness campaign*
clientèle cible (f) : *target consumer*
commanditaire (m)(f) : *sponsor*
co-commandite (f) : *co-sponsorship*
créneau (m) : *market gap*

Dépliant (m) : *folder, leaflet*
diffuser : *to broadcast*

Échantillon (m) : *sample*
écoute (f) : *listening*
écran (m) : *screen, monitor*
 grand écran : *cinema*
 petit écran : *television*
émission (f) : *program, show*
émission commanditée : *sponsored program*
encart (m) : *insert, supplement*
envoi postal (m) : *mail out*
enseigne lumineuse (f) : *neon sign*

Feuilleton (m) : *serial*
foyer (m) : *household*

Image de marque (f) : *brand image*

Jeu (m) : *contest*

Marchandisage (m) : *merchandising*
marketing téléphonique (m) : *telemarketing*
marque (f) : *brand*
matraquage publicitaire (m) : *burst advertising*
mercaphonie (f) : *phone marketing*

Niche (f) : *market gap*

Panneau (m) : *billboard, sign*
panobus (m) : *busboard*
part d'écoute (f) : *listening, viewing share*
part de marché (f) : *market share*
pause commerciale (f) : *commercial break*
placard publicitaire (m) : *wall poster*
publipostage (m) : *mailing*

Réclame (f) : *publicity, special offer*

Sonal (m) : *jingle*
sondage d'opinion (m) : *opinion poll*
spot publicitaire (m) : *T.V slot, commercial*

Télé-achat (m) : *teleshopping*
téléspectateur (-trice) : *viewer*
télépayante (f) : *pay T.V.*

Au service de la publicité !

Des verbes expressifs :

allécher le client
attirer   --
persuader   --
titiller   --
attirer l'attention du consommateur
capter   --   --
inciter le consommateur à acheter
satisfaire un besoin
susciter   --
stimuler la demande
promouvoir une image
vanter les mérites d'un produit

« Lorsque nous discutons de ce que nous allons faire, j'imagine déjà la campagne de publicité.   J'essaye de créer une image autour du produit.   La photo doit être saisissante, les gens doivent tourner les pages des magazines, et s'arrêter. »

« Je veux que la photo soit forte, puissante ; elle doit être émouvante... je me fiche de savoir si elle est provocante, je suis prêt à prendre des risques... j'essaye de plaire et non pas offenser. »

Calvin Klein   **ELLE** No. 2591 28 août - 3 sept. 1995

RÉFLEXIONS

1. Quel(s) est(sont) selon vous le(s) support(s) publicitaire(s) le(s) plus efficace(s) pour vendre ou faire connaître les biens ou les services suivants :

    un nouveau détergent, un médicament, la location de voitures, un fusil de chasse, des sous-vêtements, un système de chauffage central, un instrument pour vérifier la tension artérielle, un nouveau papier de toilette, des meubles, le nettoyage de vitrines, une assurance-vie, une croisière aux Bermudes, les bijoux Cartier, des bijoux de fantaisie, un nouveau télécopieur (Fax), un restaurant de quartier, une nouvelle marque de boîte de conserve.

2. M. Jacques Bouchard, président-fondateur de Sociétal, fait la distinction entre la **publicité commerciale** qui s'adresse au consommateur et la **publicité sociétale** qui s'adresse au citoyen :

    « La publicité commerciale, dit-il, vend des produits ou des services, alors que la publicité sociétale offre des choix d'opinions, de comportements, des choix de société. »

    Quels groupes, organismes ou institutions utilisent la publicité sociétale comme moyen de communication ? Donnez des exemples précis.

3. Que pensez-vous du parrainage publicitaire (« sponsoring ») dans les grandes manifestations sportives, artistiques, culturelles et dans la réalisation d'émissions de télévision ?

4. Êtes-vous d'accord avec Jean Saine, président de Saine Marketing Inc., pour qui l'efficacité d'un message publicitaire relève de l'intégration des quatre pouvoirs suivants :
    - le pouvoir d'attraction
    - le pouvoir de compréhension
    - le pouvoir de rétention
    - le pouvoir de conviction

    Commentez.

5.   La publicité : un « art nommé désir ».   Cette expression de Bernard Pivot, animateur d'une émission télévisée culturelle en France, vous semble-t-elle appropriée ?

6.   On reconnaît la publicité française par son esthétisme, l'anglaise par son humour et l'allemande par sa rigueur.   Qu'est-ce qui caractérise la publicité nord-américaine ?

7.   En vous basant sur les publicités que vous connaissez, relevez les techniques employées par les publicitaires pour
·   convaincre
·   séduire
·   informer
·   faire rêver les consommateurs.
Connaissez-vous des publicités trompeuses, provocantes, choquantes, stéréotypées ?   Qu'est-ce qui les caractérise ?

8.   « Les consommateurs achètent des images et non des produits. »   Est-ce vrai ?

Remplacez le verbe en gras par un verbe plus précis.

1.   Pour faire connaître la nouvelle taxe sur les impôts, le gouvernement vient de **faire** une campagne publicitaire.

2.   Une affiche publicitaire bien réussie doit **avoir** l'attention des passants.

3.   Quand les publicitaires **font** une publicité, ils ont pour but d'encourager la vente de biens ou de services.

4.   Une entreprise **a** plusieurs moyens de diffusion pour faire connaître au consommateur l'existence de ses produits.

5. Les annonceurs **font** toujours des annonces attrayantes pour les fabricants de parfum.

6. Pour **faire** une bonne publicité, il est important que le message soit bref, bien écrit et convaincant.

7. Les grandes chaînes de télévision **font** d'énormes profits grâce aux tarifs élevés qu'ils imposent aux annonceurs.

8. Les fabricants de voitures **laissent** un budget important à la publicité et à la promotion.

9. D'habitude, une affiche **a** une photo et un slogan.

10. La publicité est le support publicitaire qui **a** des résultats immédiats.

Un mythe taillé dans la toile de tente

C'est en 1853 que Levi Strauss, émigrant bavarois de 24 ans, arrive à San Francisco, en pleine Ruée vers l'or. Ce jeune homme entreprenant se lance dans le commerce de bâches pour charriots et de tentes, puis imagine d'y tailler des pantalons. La serge de Nîmes, toile de coton résistante fabriquée en France, lui sert de matière première. D'où l'appellation de tissu « denim ». Le mot « jean » vient, lui, de la tenue des marins génois dont s'inspirent les patrons de Levi Strauss. Le « blue » (bleu) apparaît en 1873, quand les pantalons, dont la couleur « naturelle » était ocre, commencent à être teintés à l'indigo. Ce sont les premiers « 501 » avec leurs poches renforcées par des rivets et leur braguette à boutons. À quelques transformations près - la petite encoche pour la montre en haut de la poche droite en 1890, les poches arrières en 1905, les passants de ceinture en 1922 et l'étiquette rouge, le « red tab » en 1936 - ce sont les mêmes qu'aujourd'hui. Du moins, selon la légende « officielle ». Car toutes les archives de Levi Strauss ont été détruites dans le grand incendie qui ravagea San Francisco en 1906.

Capital

CHAPITRE IX

LES INSTITUTIONS FINANCIÈRES

TOUT (OU PRESQUE) SUR VOTRE BANQUE

Pour réussir dans la vie, il faut avoir de bons rapports avec sa concierge et... son banquier. Voici donc ce que vous devez savoir pour que vos relations avec lui ne soient pas dans le rouge [a].

1. « Je suis allée l'autre jour à une agence bancaire[1] pour ouvrir un compte[2] et... je me suis heurtée à un refus[b] sous prétexte que le minimum de dépôt[3] à l'ouverture devait être de 2 500 F. Et je ne pouvais déposer[4] que 1 000 F. *Un banquier[5] a-t-il le droit de refuser l'ouverture d'un compte[6] ?* »

Oui. On a tendance à croire qu'un banquier est obligé d'accepter une ouverture de compte. C'est faux. La banque[7] n'est pas un service public et chaque directeur d'agence[8] peut fixer le minimum d'argent à déposer[9] lors de l'ouverture. Avant de frapper à la porte d'une banque, renseignez-vous donc sur les conditions d'ouverture de compte. Et si vraiment vous n'arrivez pas à obtenir satisfaction, adressez-vous à la Banque de France[10] de votre région. Elle vous fera remplir un dossier[11] et vous désignera une banque qui sera obligée de vous accueillir.

2. « *Quelles précautions faut-il prendre avant de choisir une banque ?* »

Avant de vous lancer dans une étude comparative des services[12] offerts par les différentes banques, n'oubliez pas qu'il vaut mieux avoir une agence près de chez vous ou de votre lieu de travail[13], avec des horaires[14] qui vous conviennent, plutôt qu'une banque offrant une panoplie[c] de services mais où vous aurez les pires difficultés pour vous y rendre (distance, manque de souplesse dans les horaires). Cette première sélection effectuée, mitonnez-vous[d] un petit questionnaire[15] que vous soumettrez aux diverses agences à prospecter (pourquoi pas par téléphone, pour perdre moins de temps ?) :

- montant[16] du dépôt initial[17] ;
- prix d'un découvert[18] ;
- conditions et taux[19] du découvert maison autorisé[20] ;
- possibilité et taux du crédit revolving[21] ;
- périodicité[22] des relevés bancaires[23] ;
- application des dates de valeur[24] pour les débits[25] et les crédits[26] ;
- possibilité de louer[27] un coffre[28] et, si oui, à quel prix ;
- service de banque à domicile[29] (sur Minitel) et, si oui, quel en est le tarif[30] ;
- prix d'une opposition[31].

Et n'oubliez pas : tout ce que vous demandez là n'a rien de secret puisque, depuis 1984, les banques sont obligées d'afficher[32] leurs tarifs. A vous de faire jouer la concurrence[33].

3. « J'ai reçu une lettre de mon banquier m'informant qu'il allait clôturer[34] mon compte dans un mois. *Est-ce légal ? »*

Oui. Le fonctionnement d'un compte, c'est un peu comme un mariage. Pour l'ouvrir, il faut être deux mais pour le fermer, donc se séparer, l'un de vous est libre d'en prendre l'initiative. Conséquence : si votre compte n'a pas suffisamment de « mouvements », (traduisez : d'opérations bancaires[35]) ou s'il est trop modeste (bref, s'il n'est pas suffisamment rentable[36] pour la banque), votre banquier est en droit de le clôturer sans vous demander votre avis. Et vice versa. Si sa tête ne vous revient plus[(e)] ou si vous trouvez que, décidément, cette banque est trop nulle, vous aussi vous avez le droit de clôturer votre compte sans en demander la permission à votre banquier.

4. « J'aimerais donner procuration[37] sur mon compte à mon mari, mais j'ai lu qu'ouvrir un compte joint[38] est préférable. *Que dois-je faire ? »*

Cela dépend du fonctionnement de votre couple et... de la confiance mutuelle que vous avez l'un pour l'autre.

• Si vous ouvrez un compte joint (qui s'intitulera Monsieur ou Madame Najedanlaure, par exemple), chacun de vous pourra disposer comme il l'entend[(f)] de l'argent qui sera sur le compte sans en référer à l'autre. Ce qui signifie que vous pouvez le vider[39] totalement sans le dire à votre époux et réciproquement. Et, en cas de chèque sans provision[40], vous risquez de vous retrouver tous les deux interdits bancaires[41] puisque vous êtes co-titulaires[42] du compte. Seul avantage de ce compte : en cas de malheurs, si l'un de vous venait à disparaître, le compte joint (contrairement à tous les autres comptes) n'est pas bloqué[43] et celui qui reste peut continuer à l'utiliser sans interruption.

• Si vous donnez procuration à votre mari, votre compte restera à votre nom et votre conjoint[44] ne pourra y effectuer que les opérations que vous lui avez autorisées. Vous pourrez lui donner une procuration partielle[45] (pour déposer de l'argent, par exemple) ou totale[46] (retirer[47] et déposer de l'argent). Le gros avantage : vous maîtrisez les rentrées[48] et les sorties[49] d'argent... ce qui ne vous empêche pas d'être responsable s'il émet[50] un chèque sans provision. Inconvénient : la procuration s'éteint avec celui qui l'a donnée. Autrement dit, si le titulaire du compte décède, le compte est bloqué, et celui qui avait procuration ne peut plus l'utiliser avant que la succession[51] ne soit réglée.

5. « *Quels sont les cas où je peux faire opposition[52] à un chèque ? »*

Pour les particuliers[53], il n'existe que deux cas : la perte[54] ou le vol[55] d'un chèque ou de votre chéquier[56].

• Vous avez perdu votre chéquier ou on vous l'a volé : commencez par porter immédiatement plainte[57] au commissariat[58] (ou faites une déclaration de perte) et, avec le récépissé[59], rendez-vous à votre banque pour faire opposition sur le chéquier en question (si vous avez noté les numéros des chèques de votre chéquier volé, c'est mieux car vous pouvez indiquer à votre banque à partir de quel numéro de chèque elle devra faire opposition). Attention : l'opposition n'est pas gratuite[60]. Vous devrez assumer des frais[61], variables selon chaque banque.

• Vous avez émis un chèque en faveur d'un particulier ou d'un commerçant[62] et cette personne l'a perdu. Avant de faire opposition et de lui refaire un autre chèque, demandez-lui une lettre de désistement. Ce n'est rien d'autre qu'une lettre dans laquelle il reconnaît qu'il a perdu votre chèque n°... , émis sur la banque... (nom de votre banque), d'un montant de... F (montant[63] du chèque) et qu'il s'engage à ne pas le mettre à l'encaissement[64] dans l'hypothèse où il le retrouverait. Avantage de la lettre de désistement : vous ne payez pas de frais d'opposition.

6. « J'aimerais ouvrir un compte bancaire à ma fille mais elle est mineure[65]. *Que puis-je faire ? »*

Cela dépend de l'âge de votre fille.

• Elle a 16 ans révolus[(g)] : il vous est possible de vous rendre dans n'importe quelle banque pour lui ouvrir un compte à vue[66] (compte bancaire classique). Avec votre garantie, elle pourra même obtenir un chéquier et l'utiliser comme elle l'entend (dans la limite des fonds disponibles, bien sûr).

• Elle a moins de 16 ans : de très nombreuses banques ont mis au point des formules[67] de comptes bancaires destinés aux moins de 16 ans. Certains sont couplés avec des comptes d'épargne[68], d'autres pas : votre fille pourra déposer de l'argent sur son compte et en retirer dans la limite fixée avec la banque (et après que vous vous êtes portée caution[69]). Parmi les plus connus, notez les Jeans épargne de la BNP (à partir de 10 ans), le Compte MC2 de la Bred (dès la naissance), Norjeune du Crédit du Nord (à partir de 14 ans), le Compte électronique 13/18 du Crédit Industriel et Commercial, le Multilion Junior du Crédit Lyonnais (pas d'âge minimum et jusqu'à 16 ans), le Kit 15-17 ans de la Société Générale...

7. « J'ai perdu ma Carte Bleue[70] et ne m'en suis pas aperçue tout de suite. *Qui est responsable en cas d'utilisation frauduleuse[71] ? »*

La première chose à faire, maintenant que vous vous êtes aperçue du vol, est de téléphoner à votre banque puis de courir à votre commissariat (ou à la gendarmerie[72]) pour faire une déclaration de vol[73]. Adressez-la ensuite en recommandé[74] à votre banque et à partir de ce moment-là, votre responsabilité est dégagée[(h)]. Avant ces déclarations, votre responsabilité n'est engagée que jusqu'à concurrence de[(i)] 800 F pour les achats que votre voleur aurait effectués avec votre carte bancaire. En revanche, s'il retire de l'argent dans un distributeur[75], votre responsabilité est illimitée car cela implique que vous avez commis l'imprudence de laisser votre code secret[76] à proximité de votre carte.

8. « *Qu'en est-il des comptes rémunérés*[77] ? »

Vous savez qu'en France il est interdit de rémunérer[78] les comptes de dépôt à vue. En 1987, la Compagnie Bancaire (avec Cortal) a trouvé le moyen de contourner la loi[79]. Vous déposez une certaine somme sur un compte avec laquelle vous achetez des parts[80] de Fonds Communs de Placements[81] (FCP) ou de Sicav[82]. Quand vous retirez de l'argent ou vous faites un chèque (pour Cortal, par exemple), l'établissement vend vos parts de FCP ou de Sicav. Avant de choisir votre compte rémunéré, étudiez le versement minimal[83] initial qui est demandé (de 0 à 50 000 F selon les comptes), le montant de la part (plus ce montant est petit, moins il restera d'argent qui ne travaille[84] pas sur votre compte), les frais de gestion[85] (entre 400 F et 900 F/an) et la rémunération[86] (rémunération au jour le jour entre 7 et 9 %). Si vous êtes intéressée, prospectez l'American Express, Cortal, Citibank, Caixa Bank-CGIB, la banque Paluel Marmont, et même Carrefour et les Galeries Lafayette.

Béatrice Çakiroglu
Avantages

---

a. être dans le rouge (de l'anglais "to be in the red") : avoir un découvert, devoir de l'argent **b.** se heurter à un refus : se faire refuser **c.** une panoplie : un grand nombre de **d.** mitonnez-vous : préparez-vous **e.** si sa tête ne vous revient plus : si vous ne l'aimez plus du tout **f.** comme il l'entend : comme il le désire **g.** elle a 16 ans révolus : elle a plus de 16 ans **h.** votre responsabilité est dégagée : vous n'êtes plus responsable **i.** n'est engagée que jusqu'à concurrence de... : vous n'êtes responsable que pour une somme ne dépassant pas...

NOTES

chèque

Il est signé par le titulaire du compte bancaire (le **tireur**) pour donner l'ordre à la banque (le **tiré**) de payer une somme déterminée à un **bénéficiaire** (un client, un commerce, soi-même).

Un chèque est **certifié** lorsque la banque bloque la somme à payer. Le paiement est garanti.

Un chèque est **visé** lorsque la banque confirme l'existence de la somme à payer. Le paiement n'est pas garanti.

En France,

• l'utilisation du **chèque barré** est fréquente (deux traits transversaux parallèles sont imprimés sur le chèque). Le bénéficiaire doit le déposer à sa propre banque.

• l'émission d'un **chèque sans provision** est un délit. Le débiteur a 30 jours pour régulariser la situation. S'il a déjà émis un chèque sans provision dans les douze mois précédents, il sera fortement pénalisé (amende, interdit bancaire pendant dix ans...)

• on peut ouvrir un compte à vue à la Caisse nationale d'épargne (la Poste) et obtenir un **CCP (Compte-Chèques Postal)**. La Poste livre au client un carnet de chèques postaux et une carte pour retirer de l'argent des distributeurs.

crédit revolving ou crédit permanent

Réserve d'argent mise à la disposition du client. Celui-ci peut retirer une partie de cette somme quand il le désire. L'intérêt est calculé dès que le client utilise cette somme et s'arrête lorsqu'il la rembourse. Les paiements de remboursement se font selon le rythme choisi par le client à condition, toutefois, qu'il respecte les mensualités minimales. (Dans le cas d'un **crédit personnel**, le client paie les intérêts même s'il n'utilise pas la somme empruntée.)

date de valeur

Date à laquelle les opérations bancaires sont prises en compte. Certaines banques pratiquent un décalage dans les inscriptions aux comptes. Ainsi un dépôt de chèque, un virement de salaire prennent effet un ou plusieurs jours après la date réelle de leur enregistrement.

Minitel

Petit ordinateur fourni par France Telecom. En France, le Minitel a remplacé l'annuaire téléphonique et permet donc aux utilisateurs de trouver une adresse, un numéro de téléphone, de faire une réservation d'avion ou de chemin de fer, de consulter des programmes de spectacles, etc.

virement (bancaire)

Opération consistant à créditer un compte par le débit d'un autre compte.

I. VOCABULAIRE SPÉCIALISÉ

[1] **une agence bancaire (syn. une banque)** : bank (branch)
[2] **ouvrir un compte (ant. fermer un compte)** : to open an account
   une ouverture (de compte)
[3] **un dépôt (faire, effectuer)** : deposit
[4] **déposer (de l'argent dans un compte)** : to deposit
[5] **un(e) banquier (-ière) (syn. un(e) agent(e) de banque)** : banker
[6] **une ouverture (de compte) (ant. une fermeture de compte)** : to open (a bank account)
[7] **une banque (syn. une agence bancaire)** : bank
   un(e) banquier (-ière)
   bancaire

[8] **un(e) directeur (-trice) d'agence** : branch manager
[9] **fixer le minimum d'argent à déposer** : to set the initial minimum deposit
[10] **la Banque de France** : French National Bank
   la Banque du Canada
   le FED (Réserve fédérale américaine)
[11] **remplir un dossier** : to complete, to fill out a dossier/form
[12] **un service (offrir)** : (to offer) services
[13] **un lieu de travail** : workplace
[14] **un horaire** : business hours
[15] **un questionnaire (soumettre)** : (to present) a questionnaire
[16] **un montant** : amount
[17] **un dépôt initial** : first deposit
[18] **un découvert** : overdraft, overdrawn balance
   le découvert d'un compte
   être à découvert
[19] **un taux** : rate
   le taux d'intérêt (bas, élevé)
   le taux du change
   le taux d'un prêt
[20] **un découvert maison autorisé** : authorized overdraft balance
[21] **un crédit revolving (syn. un credit permanent)** : revolving credit, personal line of credit
[22] **une périodicité** : frequency
[23] **un relevé bancaire** : statement of bank account
   un relevé de compte
   un relevé des dépenses
[24] **une date de valeur** : cut off date
[25] **un débit** : debit
   débiter (un compte, une somme, un(e) client(e))
   débiteur (-trice)
[26] **un crédit** : credit
   créditer (un compte d'une somme, un(e) client(e))
   créditeur (-trice)
[27] **louer (un coffre)** : to rent
[28] **un coffre** : safety box
[29] **un service de banque à domicile** : banking from home
[30] **un tarif** : rate, charges
[31] **une opposition** : stop payment of a cheque
   faire opposition (à un chèque perdu)
[32] **afficher (des tarifs)** : to display/post the banking rates
[33] **une concurrence** : competition
   être en concurrence avec
   concurrencer
   un(e) concurrent(e)
   concurrentiel
[34] **clôturer (un compte) (syn. fermer, ant. ouvrir un compte)** : to close an account

35 **une opération bancaire (effectuer)** : bank transaction
36 **rentable (un compte)** : profitable
37 **donner (une) procuration à qqn** : to give power of attorney
38 **un compte joint** : joint account
39 **vider (un compte)** : to empty an account
40 **un chèque sans provision (émettre)** : NSF cheque, not sufficient fund
41 **interdit(e) bancaire (être)** : be banned from dealing with banks
42 **co-titulaire (être)** : joint account holder
43 **bloquer un compte** : to freeze/to stop an account
44 **un(e) conjoint(e)** : spouse
45 **une procuration partielle (donner à qqn)** : (to give) partial power of attorney
46 **une procuration totale (donner à qqn)** : (to give) full power of attorney
47 **retirer (de l'argent) (ant. déposer)** : to withdraw
       un retrait (d'argent) (ant. un dépôt)
48 **une rentrée (d'argent)** : deposit
49 **une sortie (d'argent)** : withdrawal
50 **émettre (un chèque)** : to write a cheque
       une émission (de chèque)
       un(e) émetteur (-trice)
51 **une succession** : estate, inheritance
52 **faire opposition à un chèque** : to stop payment of a cheque
53 **un(e) particulier (-ière)** : individual
54 **une perte** : loss
       perdre
55 **un vol** : theft
       voler
       un(e) voleur (-euse)
56 **un chéquier** : cheque book
57 **porter plainte (contre qqn)** : to lodge a complaint against
58 **un commissariat** : police station
59 **un récépissé** : (acknowledgment of) receipt
60 **gratuit** : free
61 **des frais** : service charges
62 **un(e) commerçant(e)** : merchant, someone in the retail trade
63 **un montant (d'argent)** : sum, amount
64 **un encaissement (de chèque, d'argent)** : cashing of cheque
       encaisser
65 **mineur(e) (être)** : minor
66 **un compte à vue (ouvrir, fermer)** : checking account
67 **une formule** : plan
68 **un compte d'épargne** : savings account
69 **se porter caution** : to be a garantor
70 **une Carte Bleue** : (French equivalent of VISA)
71 **une utilisation frauduleuse (de carte)** : fraudulent use
72 **une gendarmerie** : police force
       un(e) gendarme

[73] **faire une déclaration de vol** : to declare a theft
[74] **en recommandé (envoyer une lettre)** : registered
[75] **un distributeur (d'argent) = guichet automatique** : cash machine
        distribuer
[76] **un code secret (un code confidentiel)** : personal identification number (PIN)
[77] **un compte rémunéré** : interest bearing account
[78] **rémunérer** : to pay interest
        rémunérateur (un compte)
[79] **contourner la loi** : to circumvent the law
[80] **une part** : share
[81] **des Fonds Communs de Placements (FCP)** : Mutual Funds
[82] **des Sicav (Société d'Investissement à Capital Variable)** : Mutual Funds
[83] **un versement minimal (effectuer, faire)** : minimum required deposit
        verser (de l'argent dans un compte)
[84] **travailler (l'argent)** : to put out at interest
[85] **des frais de gestion** : administration costs
[86] **une rémunération** : interest, return

II. RÉSUMÉ

Dans cet article qui s'articule autour de huit questions que le public pose souvent sur le fonctionnement des banques, l'auteure explique en termes clairs le système bancaire de la France.

On nous explique donc comment :
- ouvrir un compte,
- bien choisir l'agence bancaire qui répondra le mieux à ses besoins,
- éviter de se faire fermer son compte,
- donner procuration à son (sa) conjoint(e),
- faire opposition à un chèque,
- ouvrir un compte à ses enfants,
- se protéger contre le vol ou la perte de sa carte de crédit,
- avoir un compte rémunéré.

III. QUESTIONS SUR LA COMPRÉHENSION DU TEXTE

1.   Que veut dire l'auteure quand elle écrit : « La banque n'est pas un service public. » ?

2.   Pensez-vous aussi qu'il vaut mieux choisir une banque près de chez soi, même si elle offre moins de services qu'une autre banque qui serait plus éloignée ?

3. Comparez les conditions de procuration entre le système français et le système canadien ou américain. Lequel vous plaît le plus ? Pourquoi ?

4. En cas de perte d'un chèque, quel est l'avantage et l'inconvénient d'une lettre de désistement ?

5. D'après cet article, les comptes pour moins de 16 ans sont-ils aussi faciles à ouvrir en France qu'au Canada ou aux États-Unis ?

6. Quand on a perdu sa carte de crédit, faut-il faire les mêmes démarches au Canada, aux États-Unis et en France ? En coûte-t-il jusqu'à concurrence de 800 F au (à la) propriétaire de la carte perdue au Canada (ou aux État-Unis) comme cela se fait en France ?

7. Pourquoi, à votre avis, est-il interdit de rémunérer les comptes de dépôt à vue, en France ? En est-il de même au Canada ou aux États-Unis ? Quel système préférez-vous ? Pourquoi ?

IV. REMUE-MÉNINGES

1. Est-ce plus simple ou plus compliqué d'ouvrir un compte dans une banque canadienne ou américaine que dans une banque française ?

2. Comparez le système bancaire de la France et du Canada ou des États-Unis. Les clients nord-américains ont-ils plus ou moins de droits et d'avantages que les clients français ?

3. Pensez-vous que les banques françaises font plus ou moins de profits que les banques nord-américaines ?

4. Êtes-vous satisfait(e) du système bancaire nord-américain ? Quelles critiques (services, taux d'intérêts, frais de services...) voudriez-vous y apporter ?

5. Dans la « société idéale », quelles seraient les différentes façons d'emprunter de l'argent sans devoir payer des taux d'intérêts exagérément élevés ?

6. Comment faut-il se préparer à une entrevue que l'on a avec son (sa) directeur (-trice) de banque dans le but de se voir octroyer un prêt bancaire pour :
   - ouvrir un magasin,
   - acheter une maison,
   - éviter la faillite de son entreprise qui est menacée par des entreprises concurrentes de plus grande taille.

V. EXERCICES DE LANGUE

A. **Complétez les phrases suivantes avec le mot qui convient.**

1. Pour déposer ou retirer de l'argent, il faut avoir un _____ en banque.

2. Pour alimenter son compte en banque, il faut y _____ régulièrement de l'argent.

3. Les gens qui ont des bijoux de grande valeur, de peur de se les faire voler, les déposent dans leur _____, à la banque.

4. Quand on émet un chèque mais que l'on n'a plus d'argent dans son compte en banque, ce chèque est _____.

5. Le carnet de chèques s'appelle aussi un _____.

B. **Trouvez des mots de la même famile.**

1. une caisse   _____   _____

2. un dépôt   _____   _____

3. un emprunt   _____   _____

4. un prêt   _____   _____

5. une gérante   _____   _____

C. **Trouvez le verbe correspondant au substantif.**

1. une gestion :   _____ une banque

2. un distributeur :   _____ de l'argent

3. une plainte :   _____ à quelqu'un

4. un dépôt : _____ une somme d'argent

5. un emprunt : _____ de l'argent

D.   Complétez les phrases suivantes à l'aide des mots appropriés.

baisse	**relevé de compte**	**livret de banque**
succursale	**rembourser**	

1. Chacune des opérations bancaires que nous effectuons sont inscrites dans notre _____ personnel.

2. La/Le _____ des taux d'intérêts encourage, en général, une augmentation de la consommation.

3. Toutes les grandes banques ont un siège social dans la capitale de chaque pays et des _____ dispersées à travers celui-ci.

4. Si on emprunte de l'argent à la banque, on essaye de le _____ le plus vite possible pour ne pas avoir trop d'intérêts à payer.

5. Tout détenteur d'un compte en banque reçoit périodiquement un _____ .

E.   Trouvez l'antonyme des mots suivants.

1. une succursale : _____

2. déposer de l'argent (dans un compte) : _____

3. une sortie d'argent : _____

4. coûteux : _____

5. rapporter de l'argent : _____

6. un prêt : _____

7. une baisse : _____

8. respecter la loi : _____

F.   Accompagnez ces mots du verbe qui leur convient le mieux.

remplir   effectuer   émettre   offrir   porter

1. _____ un service

2. _____ un questionnaire

3. _____ un chèque

4. _____ un dépôt, une opération bancaire

5. _____ plainte contre quelqu'un

* * *

LE BON BERGER DE NOS ÉPARGNES[1]

Le président de la First Mercantile American Bank en donne sa parole[a] à un couple de vieillards : « Cette banque est absolument sûre. » Et la ruée sur la succursale[2] F.M.A. de Tylersville cesse dès que le vieillard et sa femme retournent au guichet[3] pour y déposer[4] à nouveau leurs économies[5], qu'ils allaient emporter dans un vieux sac à provisions.

Cette scène dramatique du roman *Bank* hante peut-être les rêves des banquiers[6] et des directeurs[7] de caisses d'épargne[8] : le héros d'Arthur Hailey, qui sauvera la « Bank », médite un instant sur le sort des géants-aux-pieds-d'argile[b] réputés invulnérables, qui se sont écroulés : les Rollei, Chrysler et autres Massey-Ferguson. Et le krach[9] bancaire de 1929...

Au Québec, les épargnants ont cependant un berger : la Régie de l'assurance-dépôts[10] qui, comme son équivalent canadien, assure chaque épargnant jusqu'à 60 000 dollars par institution financière[11] reconnue.

La somme de 60 000 dollars comprend le capital[12] et les intérêts[13]. Et tous les dépôts[14] ne sont pas admissibles. Sont exclus, notamment, le capital social[15], comme une grande partie des fonds[16] retirés des Caisses d'entraide économique lors de la « semaine noire » de juin 1981, les actions[17], les obligations[18], les dépôts auprès d'institutions non reconnues comme les grands magasins ou les courtiers[19] en valeurs mobilières[20], le contenu d'un coffret de sécurité[21], les dépôts à l'extérieur du Québec et en monnaie étrangère[22].

Les dépôts assurés par la Régie de l'assurance-dépôts du Québec ont un terme qui ne dépasse pas cinq ans. Ce sont des comptes[23] dans une banque ou une caisse populaire[24], des dépôts garantis (jusqu'à cinq ans) ou des fonds placés dans les fiducies[25] et les compagnies de prêts inscrites à la Régie.

Ces dépôts assurés par la Régie s'élevaient à plus de 12 milliards en 1980. Presque neuf milliards se trouvaient dans les 1 575 caisses d'épargne et de crédit[26], 2,5 milliards de dollars dans 33 compagnies de fiducie et 700 000 dollars dans 16 compagnies de prêts[27].

Pourtant ces 1 624 maisons[c] déclaraient plus de 18,5 milliards de dépôts (sans parler du « capital social »). Donc, si un krach bancaire emportait toutes ces institutions, plus de 6,6 milliards de dollars, soit le tiers des dépôts, ne seraient pas assurés. Les épargnants seraient considérés comme des créanciers[28] ordinaires et devraient attendre moult procédures avant de récupérer leurs dépôts supérieurs à 60 000 dollars.

Dans un article intitulé *Votre argent est-il en sécurité ?*, la revue de l'Office de protection du consommateur conclut :

- Avant de confier votre argent à une institution financière, vérifiez si elle affiche un permis de la Régie de l'assurance-dépôts.

- Voyez si les documents qu'elle vous remet portent les mentions obligatoires : « Ceci est un dépôt au sens de la Loi sur l'assurance-dépôts[29] » ou « Ce titre est garanti selon la Loi de l'assurance-dépôts. »

- Renseignez-vous sur sa situation financière au moyen du rapport annuel.

- Enfin et surtout, ne mettez pas tous vos oeufs dans le même panier[d]. Répartissez vos avoirs[30] entre plusieurs maisons (surtout s'ils dépassent 60 000 dollars).

Deux types de difficultés guettent les institutions d'épargne : elles peuvent être déficitaires[31] à cause, notamment, d'un mauvais « appariement » entre les prêts[32] et les dépôts ou de mauvaises créances[33]. Elles peuvent traverser une crise de liquidités[34], en particulier lors d'une crise de confiance.

Avant même d'avoir recours à la Régie de l'assurance-dépôts, elles contrôlent leurs succursales, pour limiter les déficits et éviter les crises de liquidités. Les caisses populaires doivent, par exemple, maintenir 15 p. cent de leurs dépôts en liquidités. Certaines caisses (dans les banlieues résidentielles) prêtent beaucoup d'argent tandis que d'autres, dans des quartiers plus anciens, reçoivent beaucoup de dépôts : leur Fédération sert de « vase communicant »[e] pour éviter à la banlieusarde une crise de liquidités. Si le besoin d'argent se fait plus important, la Fédération, puis la Confédération, enfin la Caisse centrale Desjardins peuvent aller sur le marché financier. Plus une institution est importante, plus elle peut emprunter à taux avantageux[35]. Encore jeune, la Fédération des caisses d'entraide a connu des difficultés lorsque 100 millions de dollars sont sortis brutalement.

En 1980, deux institutions financières sont tombées, l'une au Québec, l'autre en Ontario. Fin janvier 1980, la Régie a suspendu le permis du Prêt Hypothécaire de Québec, et nommé un administrateur car cette fiducie ne semblait plus solvable[36]. La Régie a remboursé[37] 2,6 millions de dollars aux épargnants et s'attend à en perdre 4,3. Les épargnants sont remboursés au fur et à mesure que leurs dépôts arrivent à échéance[38].

La faillite[39] d'Astra Trust, en Ontario, créée en 1977, a été plus retentissante puisqu'elle a amené les épargnants à se retourner contre[f] le gouvernement ontarien, qui avait renouvelé le permis de la fiducie : l'enquête publique a même prouvé des pressions politiques, dès la naissance du projet, semble-t-il. La Société d'assurance-dépôts du Canada[40] a remboursé 21 millions de dollars et les gouvernements 6,6 millions supplémentaires.

Les intérêts des petits épargnants semblent donc protégés, mais on a quand même intérêt à garder les yeux ouverts, en cette période de taux élevés et de créances douteuses.

Marie-Agnès Thellier
L'Actualité

---

a. en donne sa parole : le jure, le promet   **b.** géants-aux-pieds-d'argile : géants qui sont pourtant fragiles   **c.** maisons : établissements   **d.** ne mettez pas tous vos oeufs dans le même panier : ne mettez pas tous vos avoirs, tous vos moyens dans une même entreprise   **e.** vase communicant : lien, lieu d'échange   **f.** se retourner contre : attaquer, lutter contre

I. VOCABULAIRE SPÉCIALISÉ

1   **une épargne** : saving
           épargner (de l'argent)
           un(e) épargnant(e)
2   **une succursale** : branch
3   **un guichet** : cash, counter
4   **déposer** : to make a deposit
5   **des économies** : savings
           économiser (de l'argent)
6   **un(e) banquier (-ière)** : banker
7   **un(e) directeur (-trice)** : manager
8   **une caisse d'épargne** : savings bank
9   **un krach** : crash
10   **la Régie de l'assurance-dépôts** : Quebec Deposits Insurance Board
11   **une institution financière** : financial institution
12   **un capital** : principal
13   **des intérêts** : interests
14   **un dépôt** : deposit
           déposer (de l'argent)
15   **le capital social** : capital stock
16   **des fonds** : funds
17   **une action** : share, stock
18   **une obligation** : bond
19   **un(e) courtier (-tière)** : stock broker
20   **une valeur mobilière** : stocks and shares
21   **un coffret de sécurité** : safety deposit box
22   **une monnaie étrangère** : foreign currency
23   **un compte** : account

24   **une caisse populaire** : Credit Union
25   **une (compagnie de) fiducie** : trust company
26   **une caisse d'épargne et de crédit** : Loans and Savings Bank
27   **une compagnie de prêts** : loan company
        prêter (de l'argent) (ant. emprunter)
        un prêt (ant. un emprunt)
        un(e) prêteur (-teuse) (ant. un(e) emprunteur (-teuse))
28   **un(e) créancier (-ière)** : creditor
29   **une assurance-dépôts** : deposit insurance
30   **un avoir** : capital, asset
31   **être déficitaire** : showing a deficit
        un déficit (ant. un excédent)
32   **un prêt** : loan
33   **une créance** : debt
34   **une crise de liquidités** : shortage of liquid assets
35   **emprunter à taux avantageux** : to borrow at favourable rates
36   **être solvable** : (financially) solvent
37   **rembourser (de l'argent) à quelqu'un** : to repay someone, to refund
38   **arriver à échéance** : to mature, to fall due
39   **une faillite** : bankruptcy
        faire faillite
40   **la Société d'assurance-dépôts** : Deposit Insurance Corporation

II. RÉSUMÉ

Les épargnants sont-ils protégés contre la faillite éventuelle des institutions financières auxquelles ils ont confié leur argent ? Au Québec, la Régie de l'assurance-dépôts assure chaque épargnant jusqu'à une certaine somme qui comprend le capital et les intérêts mais n'inclut cependant pas les actions, les obligations et autres types de dépôts.

La revue de l'Office de protection du consommateur conseille aux épargnants de s'assurer que leur banque a un permis officiel de la Régie de l'assurance-dépôts et que celui-ci apparaît sur les documents qu'elle leur remet, que cette institution n'est pas au bord de la faillite et que leurs avoirs sont répartis entre plusieurs banques ou fiducies.

En effet, les épargnants doivent se rendre compte que les institutions financières ne sont pas éternelles et que leur existence et leur prospérité dépend d'un bon « appariement » des prêts et des dépôts et d'une bonne gestion pour éviter les crises de liquidités. Ainsi, le Prêt Hypothécaire de Québec et Astra Trust en Ontario, sont deux exemples de maisons qui n'étaient plus solvables et qui ont déclaré faillite.

III. QUESTIONS SUR LA COMPRÉHENSION DU TEXTE

1. Pourquoi qualifie-t-on certaines institutions financières de « géants-aux-pieds-d'argile » ?

2. En cas de faillite de leur banque ou de leur fiducie, les épargnants sont-ils assurés ? Par qui ?

3. Quel est le type de dépôts généralement assurés et le type de dépôts généralement non assurés ?

4. De quelles « maisons » parle-t-on au 7e paragraphe ?

5. Que se passerait-il en cas de krach ?

6. Quelles sont les précautions que les épargnants devraient prendre pour assurer leurs dépôts ?

7. Quels sont les principaux dangers qui peuvent menacer toute institution financière ?

8. Comment une banque peut-elle manquer de liquidités ?

9. Que s'est-il passé dans le cas du Prêt Hypothécaire de Québec et dans celui d'Astra Trust, en Ontario ?

IV. REMUE-MÉNINGES

1. Si vous étiez :
   - étudiante
   - un couple récemment marié
   - célibataire ayant une bonne profession
   - juste sur le point de finir l'université et de vous engager dans la vie professionnelle
   - ou une adulte de 65 ans sur le point de prendre sa retraite,
   et que vous ayez la bonne surprise d'hériter de 50 000 dollars. Qu'en feriez-vous ?

2. Vous avez des grands-parents très riches qui possèdent une usine et qui veulent passer la direction de celle-ci à leur petit-enfant le plus doué dans les affaires.
   Ils donnent à chacun de leurs petits-enfants 20 000 dollars qu'ils doivent faire fructifier de leur mieux pendant 5 ans. Celui qui héritera de l'usine sera celui qui aura le mieux géré cette somme d'argent.
   Si vous étiez l'un des ces petits-enfants, que feriez-vous pour faire le mieux fructifier ces 20 000 dollars ?

3. De nos jours, quand on a des économies, quelles sont les différentes façons de les placer pour qu'elles ne perdent pas de leur valeur ? Après avoir fait la liste des différents placements possibles dans les banques, exposez les avantages et les désavantages de chacun et classez-les par ordre d'intérêt.

V. EXERCICES DE LANGUE

A. Trouvez des mots de la même famille.

1. déposer _____ _____

2. économiser _____ _____

3. une épargne _____ _____

4. un capital _____ _____

5. compter _____ _____

6. crédit _____ _____

7. une assurance _____ _____

8. un prêt _____ _____

9. une banque _____ _____

B. Faites correspondre le mot à sa définition.
succursale - créancier - krach - obligation - courtier - liquidité - avoirs - faillite - valeur mobilière - action

1. _____ : Effondrement des cours des actions et des obligations à la Bourse

2. _____ : Titre représentant une part du capital d'une compagnie

3. _____ : Celui à qui il est dû un paiement

4. _____ : Établissement commercial ou financier qui dépend du siège social

5. _____ : Titre de créance qui rapporte un intérêt fixe et qui garantit le remboursement du capital à un moment déterminé

6. _____ :   Intermédiaire entre les acheteurs et les vendeurs de valeurs mobilières

7 _____ :   Titre légal qui donne à son détenteur le droit de créance (obligation) ou le droit d'association (action)

8. _____ :   Capitaux, ressources financières

9. _____ :   Situation où un commerçant ne peut plus payer ses créanciers

10. _____ :   Transformation rapide de son investissement en argent sans diminution de sa valeur initiale

C.   Remplacez les mots en gras par des verbes plus précis.

1.   À la fin de chaque mois, je **mets** de l'argent dans mon compte en banque.

2.   Planifiez votre retraite, **mettez** de l'argent **de côté**.

3.   Si vous hésitez à prendre des risques, ne **mettez** pas votre argent à la Bourse.

4.   Pour pouvoir payer ma voiture à crédit, il faut que je **demande** de l'argent à la banque.

5.   La banque m'a accordé un prêt à condition que je **rende** toute la somme en 12 mensualités.

D.   Trouvez l'antonyme des mots suivants.

1.   épargner   _____

2.   une créancière   _____

3.   déficitaire   _____

4.   emprunter   _____

5.   solvable   _____

E. **Trouvez dans la colonne B les équivalents des mots de la colonne A.**

A	B
1. un capital	___ une caisse
2. une action	___ une garantie
3. une monnaie étrangère	___ un pourcentage
4. une assurance	___ un créditeur
5. un terme	___ une devise
6. une institution	___ un fonds
7. un créancier	___ une valeur mobilière
8. un avoir	___ un établissement
9. un déficit	___ une échéance
10. une créance	___ un bien
11. un guichet	___ une perte
12. un taux	___ une dette

* * *

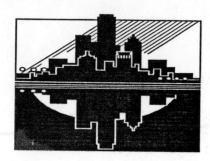

POUR ALLER PLUS LOIN

VOCABULAIRE SUPPLÉMENTAIRE DE LA BANQUE

SERVICES

Autobanque (f) : *drive-in bank*

Chambre forte (f) : *safety deposit vault*
coffre de nuit (m) : *night depository*

Détenteur (-trice) d'une carte : *card holder*
distributeur automatique (m) : *cash
   dispenser*
-- d'argent : *cash dispenser*

Guichet automatique (m) : *cash dispenser*

Heures de fermeture (f) : *closing hours*
-- d'ouverture : *hours of business*

Jour ouvrable (m) : *business day*
-- férié : *legal holiday*

Service (m) : *department*

À LA CAISSE

Argent liquide (m) : *cash*
-- comptant : *cash*

Caisse (f) : *cash, counter*
caissier (-ière) : *teller*
carnet de banque (m) : *passbook*

Dépôt (versement) (m) : *deposit*

Espèces (f) : *cash*

Faux billets (m) : *counterfeit money*

Petites coupures (f) : *small denominations*

Retrait (m) : *withdrawal*

CHÈQUE

Antidater un chèque : *antedate*

Bénéficiaire (m)(f) : *payee*

Carnet de chèques (m) : cheque *book*
chambre de compensation (f) : *clearing house*
chèque (m) : *cheque*
-- certifié : *certified cheque*
-- de voyage : *traveller's cheque*
-- en blanc : *blank cheque*
-- falsifié : *falsified cheque*
-- impayé : *dishonored*
-- mis en recouvrement : *sent for collection*
-- payable au porteur : *payable to bearer*
-- périmé : *out-dated*
-- refusé : *returned cheque*
-- sans provision : *not sufficient funds*
-- visé : *certified*
chéquier (m) : *cheque book*
contresigner : *to countersign*

Encaisser un chèque : *to cash a cheque*

Faire opposition à un chèque : *to stop payment of a cheque*
faux chèque : *forged cheque*
chèque en blanc : *blank cheque*

Libeller un chèque à l'ordre de : *to make out a cheque to*

Payer un chèque : *to honor a cheque*

Signataire (m)(f) : *signer*
souche d'un chèque (f) : *stub*

Toucher un chèque : *to cash*

COMPTE

Compte (m) : *account*
-- à découvert : *overdrawn account*
-- à vue : *checking account*
-- d'épargne avec opération : *checking savings account*
compte chèques d'épargne : *checking savings account*
-- courant : *current account*
-- en commun : *joint account*
-- en devises : *foreign currency account*
-- inactif : *dormant*

Frais bancaires (m) : *service charges*

Intérêts accumulés (courus) (m) : *accrued interest*
-- perçus (réalisés) : *earned interest*

Mise à jour du carnet de banque (f) : *updating of passbook*

Provisions (f) : *funds*

Rectification d'un compte (f) : *adjustment*
relevé de compte (m) : *statement of account*

Solde débiteur (m) : *debit balance*
solde créditeur (m) : *credit balance*

Versé(e) au crédit de : *deposited to the credit of*
virement de fonds (m) : *transfer of funds*

EMPRUNTER

Barème (m) : *table (of charges)*

Chef de service des prêts
  (responsable des prêts) (m)(f) : *credit officer*
consentir un prêt : *to grant a loan*
contracter des dettes : *to incur debts*
cosignataire (m)(f) : *cosigner*
cote de crédit (f) : *credit rating*
crédit rotatif (m) : *revolving credit*

Demande de crédit (f) : *loan (credit) application*

Emprunteur (-teuse) : *borrower*

Mensualité (f) : *monthly instalment*

Ouverture d'une marge de crédit (f) :
  opening of a line of credit

Prêt à demande (m) : *demand loan*
-- à terme (m) : *term loan*
-- au consommateur (m) : *consumer loan*
-- remboursable par versement (m) :
  instalment loan

Tarifs normaux (m) : *normal/regular rate*
-- préférentiels (m) : *prime rate*
taux en vigueur (m) : *effective rate*

INSTITUTIONS FINANCIÈRES

BANQUE

- Clientèle : particuliers, entreprises, gouvernements

- Accepte les dépôts des épargnants et des entreprises (à court et à long terme)

- Prête des fonds

- Accorde un intérêt bas pour les dépôts

- Exige un intérêt élevé pour les prêts

- Loue des coffres de sécurité

- Vend des devises et des chèques de voyage

- Accorde des prêts hypothécaires

- Accepte pour le compte de ses clients des placements dans les valeurs mobilières

CAISSE POPULAIRE

- Organisation basée sur le principe de la coopérative

- Clientèle : membres sociétaires

- Accepte les dépôts personnels

- Octroie des crédits personnels à la consommation

- Consent des prêts hypothécaires

SOCIÉTÉ DE FIDÉICOMMIS OU FIDUCIE (« Trust Company »)

- Reçoit les dépôts des épargnants

- Accorde des prêts personnels et hypothécaires

- Administre les biens des particuliers et des entreprises

- Assure l'exécution des testaments

- Investit dans les hypothèques

COMPAGNIE D'ASSURANCE-VIE

- Gère les fonds provenant des polices d'assurance

- Place les avoirs dans les hypothèques et les obligations

SOCIÉTÉ D'INVESTISSEMENT À CAPITAL VARIABLE (SICAV) OU FONDS MUTUEL

- Groupe les épargnes provenant de plusieurs particuliers

- Gère les portefeuilles

- Investit dans les valeurs mobilières

- Fournit un rendement généralement élevé sur les investissements à long terme

A.   Reconnaissez-vous les différentes institutions financières qui se trouvent dans votre ville ? Identifiez par leurs noms quelques-unes des institutions suivantes.

1.   banques

2.   caisses populaires

3.   compagnies de fidéicommis (ou fiducies)

4.   compagnies d'assurances

5.   sociétés d'investissement

B.   Faites votre enquête.

1.   Existe-t-il des prêts d'épargne-logement ?

2.   Qu'est-ce qu'un crédit à la consommation ?

3.   Peut-on facilement emprunter de l'argent à la banque ?

4.   Les barèmes du loyer de l'argent sont-ils les mêmes pour tout le monde ?

5.   Quels types de prêts existe-t-il ?

6.   Faut-il un dépôt minimal initial pour ouvrir un compte en banque ?

7.   Énumérez les avantages et les dangers de posséder une carte de crédit.

8.   Les cartes en plastique ne se ressemblent pas. Quels sont les différents types de cartes de crédit ?

9.   Savez-vous la différence entre une carte de crédit et une carte de débit ?

10.   Quelles sont les mesures de sécurité que doit suivre tout détenteur de cartes de crédit ?

11.   Tous les dépôts que vous effectuez dans une institution financière sont-ils assurés ?

C. **Vrai ou faux ?**

	vrai	faux
1. Le chèque est le seul moyen de régler ses dépenses.	*	*
2. Un chèque endossable est un chèque imprimé sur les deux côtés.	*	*
3. On utilise l'expression « argent liquide » pour faire la distinction avec les pièces « métalliques ».	*	*
4. Alimenter son compte c'est déposer de l'argent à son compte.	*	*
5. Toucher un chèque c'est le signer.	*	*
6. La mise à jour de votre carnet de banque vous permet de connaître le solde de votre compte.	*	*
7. Le relevé de compte mensuel indique les opérations de débit ou de crédit ainsi que le solde.	*	*
8. Un chèque en blanc indique le bénéficiaire du chèque.	*	*

LES GÉRANTS DE BANQUE INTIMIDANTS

Frémissant de tous ses os, le client attend nerveusement à la porte du bureau de son gérant. Il cherche tous les arguments qu'il lui faudra avancer pour obtenir un prêt. Tout à coup, un homme à l'allure sévère, mais qui essaie d'être chaleureux, l'invite à passer dans son bureau. Le décor sobre et dégagé donne tout de suite l'impression d'un individu qui domine la situation. Tout en gardant un oeil inquisiteur, le gérant écoute attentivement la demande du candidat à l'emprunt. Ce que le client demande, c'est quelque chose entre la faveur, la charité et le privilège. Tout ce dont il rêve, c'est de voir apparaître un montant dans son livret de banque ; il n'osera jamais discuter du taux d'intérêt sur le prêt que lui « consent » son banquier.

Si ce type de rapport rappelle celui qu'entretiennent notaires, médecins et avocats, il faut néanmoins voir froidement la réalité de cette transaction financière.

Qu'est-ce qu'un gérant de banque ou de Caisse populaire, sinon un vendeur de services financiers ? Ce représentant des grandes institutions bancaires ou coopératives gagne sa vie en prêtant de l'argent au plus haut taux possible tout en payant les dépôts au prix le moins élevé. L'art d'être banquier se trouve dans la gestion des marges.

Tout le domaine extrêmement rentable du crédit à la consommation est maintenant dominé par les banques qui occupent 67 % du marché. On a vu le déclin rapide des « compagnies de finance » et des services de crédit des grands magasins. Les sociétés de fiducie ont doublé leurs prêts à la consommation en deux ans, désirant elles aussi avoir une part de ce riche gâteau.

Il faut dire que cette sorte de crédit est particulièrement intéressante pour les institutions financières. Il en coûte présentement environ 10 % pour obtenir de l'argent afin d'acheter une automobile ou un chalet. C'est 5 % de plus que le taux préférentiel. Évidemment, un employé cadre doit suivre quelques centaines de comptes en même temps pour rendre l'opération intéressante ; du côté commercial, il suffit d'avoir quelques gros clients pour obtenir le même volume d'affaires. Il suffit cependant de voir le degré de risque dans chaque cas pour constater que le taux de délinquance s'accroît dangereusement dans le cas des compagnies.

Devant l'intérêt des banques, des caisses populaires et des compagnies de fiducie, et peut-être bientôt des banques étrangères si ces dernières voient le crédit commercial s'effondrer, l'emprunteur doit bien comprendre qu'il est l'acheteur et, qu'en affaires, l'acheteur est roi.

Pourquoi les rôles sont-ils inversés ? D'abord parce que le client attend toujours la dernière minute pour se décider à visiter son gérant. Il est important de prévoir à l'avance, dans la mesure du possible, ses besoins financiers. On peut discuter des conditions de l'ouverture d'une marge de crédit pour une courte période. Il est alors plus facile de marchander.

C'est connu, les banquiers n'aiment prêter qu'aux gens recommandables. D'où l'intérêt de bien connaître le personnel de votre banque. Il est plus facile de s'y retrouver dans une petite succursale où la stabilité de la main-d'oeuvre est habituellement plus grande. Le client évite ainsi de raconter sa vie financière à chaque emprunt.

Les institutions n'aiment pas le risque. Toutes les garanties que le client peut raconter servent à rassurer le prêteur. Ainsi, avant d'aller visiter son banquier, pourquoi ne pas racler les fonds de tiroirs de vieilles obligations qu'il ne serait pas intéressant de vendre, mais qui peuvent apporter une certaine garantie.

Si l'emprunteur prévoit une baisse des taux, il a tout intérêt à chercher à obtenir un billet à demande. Il rembourse le prêt à un rythme déterminé avec une possibilité d'accélérer. Si les taux montent, le coût du prêt montera alors qu'un prêt personnel traditionnel garantit un taux fixe pour toute la durée du prêt. Pour un billet à demande, il faut chercher le plus possible à obtenir le taux préférentiel. Évidemment tout dépend des garanties apportées mais en discutant un peu, on peut s'approcher du « prime ».

Mais la règle la plus importante est de ne pas s'en remettre aux décisions d'un seul banquier. Il faut toujours maintenir « une présence » dans au moins deux banques. Il s'agit d'être « connu et reconnu » par le gérant et de pouvoir être identifié facilement par quelques caissières. Encore une fois, notre système économique est fondé sur la concurrence et l'emprunteur doit lui aussi chercher à jouer ses prêteurs éventuels l'un contre l'autre. Cela permet ainsi une meilleure marge de manoeuvre car, une autre loi du capitalisme veut que celui qui est pressé se retrouve souvent coincé.

Michel Nadeau
Le Magazine Affaires

Faites, ne faites pas

Devenez un « homo-créditus ». Sachez ce qu'il faut faire ou ne pas faire pour séduire votre banquier ou votre établissement financier.

Si l'on vous demande la signature de votre conjoint, n'hésitez jamais. Dites oui. Vous donnez un gage de stabilité de votre ménage à votre prêteur.

Si vous avez des difficultés de remboursement, parlez-en immédiatement. N'attendez pas d'être dans une impasse. En règle générale, commencez votre tournée par votre percepteur : c'est lui le plus compréhensif.

Dans un seul cas, vous pouvez contracter un emprunt pour payer vos précédentes échéances : que cette situation soit apurée avec votre treizième mois. Faites l'impasse sur vos vacances d'hiver. On peut changer de banquier, pas de famille. N'empruntez jamais à vos proches. Sauf si vous êtes jeunes et si vous en avez besoin pour vos études.

Au cours de votre vie active, vous changerez au moins trois fois d'employeur. Pensez-y si vous vous endettez pour vingt ans. Une Rolls à 6 heures du soir ne va pas plus vite qu'une 2 CV. N'achetez pas au-dessus de vos moyens. Même chose pour les vacances. Les Seychelles, c'est très bien. Les Pays de la Loire aussi.

Mettez en concurrence les organismes de crédit. C'est le moment, votre clientèle les intéresse.

Jamais, mais alors jamais, vous ne devez penser que quinze ans de comptes bancaires positifs vous sauveront d'un incident de remboursement de crédit.

Les dossiers du Figaro

CHAPITRE X

LE MARCHÉ BOURSIER

COMMENT APPRIVOISER UN BON COURTIER

Chercheur d'or et courtier[1] en valeurs mobilières[2] ; deux professions très demandées à l'aube de[a] cette énigmatique décennie 80. Car l'or et la Bourse[3] en folie demandent des gladiateurs...

Un chercheur d'or version contemporaine ressemble à un ingénieur sportif utilisant des techniques ultra-sophistiquées pour détecter des filons inconnus. Mais le vendeur d'actions[4] et d'obligations[5], à quoi ressemble-t-il ? Est-il dangereux ?

Dans l'immense bureau de la rue Saint-Jacques où s'agitent une cinquantaine de personnes, l'oreille rivée au téléphone, le courtier transmet au parquet[6] de la Bourse l'ordre d'acheter 100 actions Banque nationale et de vendre 50 Domtar, contacte ses clients pour leur proposer les obligations municipales de Sainte-Marie-des-Anges et conseille un futur retraité... tout en suivant distraitement les transactions boursières[7] transmises instantanément sur écran géant et en interrogeant un ordinateur [8].

En pleine ébullition fin janvier, les Bourses de Toronto et de Montréal ont dû raccourcir leurs séances pour permettre aux maisons de courtage[9] d'expédier la paperasserie quotidienne. « Si ça continue, on va manquer de courtiers ! » entendait-on alors. « Le problème ne sera plus de trouver un bon courtier mais de rencontrer un courtier disponible », se lamentait un client qui essayait vainement de contacter « son » courtier.

Stimulés par l'arrivée au Canada d'investisseurs[10] étrangers, les Québécois retrouvent le chemin de la Bourse. Fait significatif : les publications en français de l'Institut canadien des valeurs mobilières s'enlèvent comme des pains chauds[b] : la demande a progressé de 133 p. cent depuis l'automne 1978. L'institut a formé 59 courtiers en 1979.

Pour se « déniaiser »[c] en finance, le Québécois dispose d'une dizaine de maisons de courtage francophones (sur la soixantaine opérant au Québec) et de plusieurs centaines de courtiers. Traditionnellement spécialiste en obligations, le courtier francophone s'intéresse maintenant, outre aux actions, aux régimes autogérés de retraite[11], à l'épargne-actions[12], aux options[13], au marché des denrées[14], aux placements[15] internationaux et même à l'or et l'argent ! On en trouve dans plusieurs villes, en dehors de Montréal et Québec.

Lorsqu'on a quelque épargne[16] abandonnée dans un bas de laine[d], on peut imaginer d'autres placements que l'obligation d'épargne du Canada[17] et le compte bancaire[18]...

Dans chaque maison de courtage, les jeunes courtiers sont chargés de rencontrer les futurs clients. À moins de solliciter le courtier de votre beau-frère, il vaut mieux prospecter plusieurs maisons de courtage pour rencontrer « le » courtier sérieux, ouvert et sympathique, en qui vous aurez confiance.

Assurez-vous que la maison de courtage dispose d'un service d'analystes financiers[19] spécialisés. Comme le placement est un art de plus en plus complexe, le courtier doit solliciter des conseils pour son client, et il ne peut lui-même tout connaître.

Gardez toujours à l'esprit que le courtier vit de vos transactions, de vos commissions[20]. Le tarif[21] de courtage canadien est fixé par la Bourse. Selon le prix de l'action, la commission varie entre 1 et 3 p. cent de la transaction, avec une réduction intéressante si le client revend son stock dans les 45 premiers jours. Le courtier empoche environ le tiers de la commission versée à la maison de courtage. Il n'y a pas de commission sur les obligations revendues par le courtier.

De son côté, le courtier doit garder la tête froide même en pleine euphorie boursière, lorsque les cours[22] dégringolent, il connaît des années de vaches maigres[e] comme au début des années 70, alors que sa ligne téléphonique prenait des allures de Tel-Aide[f].

Le courtier doit vous expliquer la « cuisine »[g] du placement : comment passer un ordre[23], l'avis d'exécution[24], le relevé de compte[25] mensuel, la marge de crédit[26], la vente à découvert[27], l'endossement des titres[28]... Prévoyez quelques frais[29] supplémentaires comme la location d'un coffret de sûreté[30] ou l'expédition des titres par lettre recommandée[31]. Donnez à votre courtier la liste de vos titres[32]. Discutez avec lui des déductions fiscales[33] et de la taxation des intérêts et dividendes[34].

Le plus grand défi consiste à vous connaître vous-même, à mesurer le degré de risque que vous pouvez supporter, à bâtir votre propre philosophie du placement, à équilibrer sécurité, spéculation[35] et appréciation du capital[36]. « Il y a deux risques : vivre trop longtemps ou pas assez longtemps », dit un courtier. « Il y a deux risques : gagner trop d'argent trop vite ou en perdre trop, trop vite », pense un autre...

Avant de consulter un courtier et de miser[37] vous-même en Bourse, observez d'abord le jeu... La page financière[38] des quotidiens publie le rapport des Bourses[39] canadiennes et new-yorkaise. Suivez quotidiennement quelques valeurs-tests : pétrole, services publics, mines, banques... Imperial Oil, Bell, Falconbridge Nickel, Banque nationale par exemple. La Bourse offrira à l'automne sa quatrième session d'initiation au placement (11 semaines), tandis que l'Institut canadien des valeurs mobilières fournit, pour 15 dollars, le cours *Comment placer son argent en actions et obligations.*

Il est amusant de s'associer pour les premières mises. Un club d'investissement permet à quelques amis d'apprendre beaucoup sans trop de risques. À chaque réunion mensuelle, le club décide de sa stratégie. Voilà au fond[h] le moyen le plus sûr d'apprivoiser la fortune...

Marie-Agnès Thellier
L'Actualité

---

a. à l'aube de : au commencement de   **b.** s'enlèvent comme des pains chauds : sont très populaires   **c.** se « déniaiser » : se familiariser   **d.** un bas de laine : cachette où l'on met l'argent économisé, petite épargne   **e.** des années de vaches maigres : des années difficiles   **f.** Tel-Aide : poste de secours   **g.** la « cuisine » : le fonctionnement   **h.** au fond : en réalité, en fait

NOTES

action

Titre de propriété. Son détenteur devient copropriétaire de la société émettrice. Il existe deux types d'actions : les **actions ordinaires** et les **actions privilégiées**. (Pour les caractéristiques de ces actions, voir la section « Pour aller plus loin » de ce chapitre.)

Bourse

Du nom de la famille Van der Burse. C'est à Bruges, au XVIe siècle, devant l'hôtel de la famille Van der Burse que les négociants échangeaient des marchandises et des « titres » de commerce. De nos jours, la Bourse est le lieu où se rencontrent les acheteurs et les vendeurs de valeurs mobilières. La Bourse de Montréal remonte à 1830. Les premiers titres de valeurs mobilières s'échangent alors dans une auberge « The Exchange Coffee House ». En 1874, la Bourse de Montréal a sa propre charte. La Bourse de Toronto débute en 1861 dans le bureau du financier et industriel Sir Henry Pellatt.

La Bourse de New York fait ses débuts officiels en 1903 à Wall Street. Mais c'est en 1792 que 24 investisseurs signent un accord (« ButtonWood agreement ») qui fixe déjà les taux de commissions sur l'échange de valeurs mobilières. La première Bourse en France se trouve à Lyon en 1540. Celle de Paris s'installe sur le Pont-au-Change en 1572. Son domicile permanent depuis 1826 se trouve au Palais Brongniart (du nom de son architecte)

dividende

Partie des bénéfices qu'une entreprise distribue à chacun de ses actionnaires. Le revenu d'une action ordinaire augmente en rapport avec les progrès financiers de l'entreprise. Celui de l'action privilégiée est fixe.

endossement

Pour permettre au courtier de vendre des actions immatriculées au nom de l'investisseur, celui-ci doit les signer au verso du document.

épargne-actions

Régime d'épargne-actions du Québec : RÉA ou RÉAQ. Afin de stimuler le développement des Petites et Moyennes Entreprises (PME) de sa province, le gouvernement du Québec a créé ce régime qui fournit aux compagnies admissibles au RÉA les fonds utiles à leur croissance, et aux particuliers, un abri fiscal selon des conditions stipulées.

marché des denrées

Comme il y a un marché des capitaux, il y a également un marché agricole (blé, maïs, etc.).

marge de crédit

Lorsque vous choisissez un courtier en valeurs mobilières, vous pouvez acheter des titres soit au comptant soit sur marge. Ce dernier type de compte vous permet de faire des transactions boursières grâce aux fonds empruntés à votre courtier. Le taux d'intérêt pour le loyer de cet argent est déterminé par votre courtier.

obligation

Titre de créance émis par une société ou un gouvernement. L'émetteur promet de rembourser à une date fixe le capital emprunté et offre un intérêt pour le loyer de l'argent. Placement sécuritaire.

obligation d'épargne du Canada

Émise par le gouvernement fédéral une fois par an en automne. Elle rapporte un intérêt fixe et intéresse surtout le petit épargnant. Elle peut être encaissée à n'importe quel moment et dans n'importe quelle institution financière.

option (sur les actions, sur l'or et les devises)

Elle octroie, à son titulaire, le droit d'acheter ou de vendre des titres à un prix déterminé avant une date donnée.

parquet (France = la corbeille)

Salle où les membres de la Bourse négocient les valeurs mobilières. Certaines Bourses (Amsterdam, Paris, Toronto) ne se servent plus du « parquet » pour la transaction des valeurs et préfèrent l'emploi d'un système électronique automatisé. Depuis avril 1997, la Bourse de Toronto a adopté le système de transaction informatisé Torex, de la Bourse de Paris.

régime autogéré de retraite (REÉR)
> Tout particulier peut ouvrir un compte de retraite autogéré dans une institution financière canadienne et contribuer annuellement à un Régime enregistré d'épargne-retraite (RRSP : Registered Retirement Savings Plan).

valeur mobilière
> Titre légal qui stipule que son propriétaire a prêté de l'argent à sa société émettrice (**titre de créance** : obligation, débenture, etc.) ou que son détenteur a le droit d'association dans la société (**titre de propriété** : action).

vente à découvert
> C'est une opération spéculative qui consiste à vendre des titres qu'on ne possède pas. L'investisseur emprunte chez son courtier des actions pour les vendre sur le marché boursier. Il s'agit pour l'investisseur de faire un profit en rachetant plus tard ces mêmes actions en espérant que leur prix sera plus bas que celui de la vente. L'investisseur doit être en mesure de rendre à brève échéance les titres empruntés à son courtier.

I. VOCABULAIRE SPÉCIALISÉ

1   **un(e) courtier (-tière)** : dealer, broker
2   **une valeur mobilière** : security
3   **la Bourse** : Stock Exchange
4   **une action** : share, stock
5   **une obligation** : bond
6   **le parquet (de la Bourse), (France = la corbeille)** : (dealing) floor
7   **une transaction boursière** : stock transaction
8   **un ordinateur** : computer
9   **une maison de courtage** : brokerage house
10   **un(e) investisseur (-euse)** : investor
        investir
        un investissement
11   **un régime autogéré de retraite** : Registered Retirement Savings Plan (RRSP)
12   **l'épargne-actions** : (Quebec) Stock Savings Plan
13   **une option** : option
14   **le marché des denrées** : commodities market
15   **un placement (bancaire, boursier, immobilier...)** : investment
        placer (de l'argent)
16   **une épargne** : saving
        épargner (de l'argent)
        un(e) épargnant(e)
17   **une obligation d'épargne du Canada** : Canada Savings Bond
18   **un compte bancaire** : bank account
19   **un(e) analyste financier (-ière)** : financial analyst

20 **une commission** : commission
          toucher (une commission)
21 **un tarif** : rate
22 **les cours (de la Bourse)** : market prices, quotations
23 **passer un ordre** : to place an order
24 **un avis d'exécution** : confirmation
25 **un relevé de compte** : customer's ledger
26 **une marge de crédit** : credit margin
27 **une vente à découvert** : short sale
28 **l'endossement d'un titre** : to endorse a security
29 **des frais** : charges
30 **un coffret de sûreté** : safety deposit box
31 **une lettre recommandée** : registered mail
32 **un titre** : security
33 **une déduction fiscale** : tax shelter (or deduction)
34 **un dividende** : dividend
35 **la spéculation** : speculation
          spéculer
          un(e) spéculateur (-trice)
36 **un capital** : capital
37 **miser (en Bourse)** : to invest in the stock market
38 **une page financière** : financial section
39 **un rapport de Bourse** : Stock Exchange report

II. RÉSUMÉ

Cet article décrit ce que font les courtiers en valeurs mobilières (actions et obligations) et ce que les épargnants peuvent leur demander. Surtout depuis que la Bourse est en ébullition, les courtiers sont très demandés par une clientèle de plus en plus importante. Ils n'ont pas le temps de chômer ; ils achètent et vendent des actions et des obligations pour des clients, conseillent des retraités, s'occupent des différents régimes de retraite, du marché des denrées, des placements internationaux...

Pour trouver un bon courtier, mieux vaut le chercher dans une maison de courtage qui a un bon service d'analystes financiers auprès desquels on peut trouver conseil en vue de placements judicieux.

Quant au tarif de courtage, il est fixé par la Bourse.

Un bon courtier doit initier son client aux différentes façons de bien placer son argent, il doit connaître les différents titres en sa possession et doit discuter avec lui des déductions fiscales et de toute taxation qui résultera de ses placements.

Mais avant de s'adresser à un courtier, il est bon que le futur investisseur sache exactement combien il peut investir et jusqu'à quel point il est prêt à prendre des risques. Il est également bon qu'il lise régulièrement la page financière des journaux afin de s'initier au fonctionnement de la Bourse et d'y suivre l'évolution de certaines valeurs-tests. Devenir membre d'un club d'investissement semble actuellement être la meilleure façon d'apprendre à faire le mieux fructifier ses économies.

III. QUESTIONS SUR LA COMPRÉHENSION DU TEXTE

1. Est-ce que le métier de courtier en valeurs mobilières est un métier tranquille ? Pourquoi ?

2. Quels sont les différents types de clients qui s'adressent à un courtier ? Quelles sont les différentes tâches qu'il peut accomplir pour eux ?

3. Que signifie le fait que « les publications en français de l'Institut canadien des valeurs mobilières s'enlèvent comme des petits pains chauds » ?

4. Le courtier francophone est-il aussi spécialisé qu'avant ?

5. Comment faut-il procéder pour arriver à trouver un courtier « sérieux, ouvert et sympathique » et digne de confiance ?

6. Le tarif de courtage canadien dépend-il de chaque courtier ? Comment est-il calculé ?

7. Quelles sont les différentes façons de s'initier au placement et à la Bourse ?

8. Est-ce une bonne idée de faire cela avant d'aller chercher les conseils d'un courtier ? Pourquoi ?

IV. REMUE-MÉNINGES

1. Quelles sont les qualités que devraient avoir les courtiers ?

2. Si vous aviez des économies, dans quels types de placement les mettriez-vous pour mieux les faire fructifier ?

3. Est-ce que le milieu de la Bourse est le milieu dans lequel vous aimeriez travailler ? Pourquoi ?

4. Essayez d'expliquer brièvement et en termes simples comment fonctionne la Bourse.

V. EXERCICES DE LANGUE

A.   **Trouvez des mots de la même famille.**

1.   épargner   _____   _____

2.   une banque   _____   _____

3.   les finances   _____   _____

4.   un capital   _____   _____

5.   investir   _____   _____

6.   spéculer   _____   _____

B.   **Remplacez les mots en gras par le mot juste.**

1.   Pour qu'il ait plus de contacts avec ses clients c'est son secrétaire qui s'occupe de toutes **les écritures administratives**.

2.   La banque envoie chaque mois à ses clients **le détail écrit des transactions qu'ils ont effectuées**.

3.   Quand une entreprise réalise des bénéfices, ses actionnaires en reçoivent **leur quote-part**.

4.   McLeod, Merril Lynch et Mckenzie sont **des compagnies** dont la réputation est basée sur la valeur des courtiers qu'elles emploient.

C.   Vrai ou faux ?

	vrai	faux
1. Les investisseurs doivent se méfier car chaque courtier est libre d'appliquer les tarifs qu'il veut.	*	*
2. Une fois qu'un investisseur a choisi un courtier, il n'a plus rien à dire quant à la meilleure façon de faire fructifier son capital.	*	*
3. Les bonnes maisons de courtage ont de bons services d'analystes financiers.	*	*
4. Il est impossible de s'initier seul à l'art de bien investir.	*	*
5. Un particulier peut échanger ses propres titres à la Bourse.	*	*

D.   Trouvez un verbe plus précis.

1.   J'**ai** plusieurs titres de créances dans mon portefeuille de placement.

2.   Avec mes économies de cette année, je pourrai **faire** quelques placements en valeurs mobilières.

3.   Grâce aux conseils judicieux de mon nouveau courtier, j'**ai eu** un meilleur rendement de mes actions.

4.   Le prix de l'action sur le marché boursier est **fait** selon le principe de la loi de l'offre et de la demande.

5.   Les titres émis par IBM **ont** un rendement élevé.

6.   Les transactions de valeurs mobilières **se font** à la Bourse.

7.   Les obligations **font** moins d'intérêt que les actions.

LES ACTIONS ORDINAIRES :
VOTRE PART DES PROFITS D'UNE ENTREPRISE

Que sont les actions ordinaires[1] ? Tout simplement des valeurs mobilières[2] qui représentent un droit de propriété[3] et donnent à la personne qui les détient un vote dans la sélection des directeurs d'une compagnie, ainsi qu'une part proportionnelle mais non spécifique des profits. Ceux-ci peuvent être distribués aux détenteurs d'actions[4] ordinaires sous forme de dividendes[5] déclarés par les directeurs[6] de la compagnie, généralement tous les trimestres.

Ces dividendes sont payés à même les profits. Puisque ces derniers fluctuent[7] d'une année à l'autre, selon la conjoncture économique[8], les dividendes varient également : ils peuvent augmenter, diminuer ou même ne pas être payés du tout, contrairement à d'autres formes de valeurs mobilières dites fixes, telles les bons[9]. Les actions ordinaires représentent enfin le capital permanent souscrit.

Que reçoit-on lorsqu'on investit[10] dans des actions ordinaires ? Comme on l'a dit plus haut, les actions ordinaires permettent parfois de recevoir des revenus[11] trimestriels, semi-annuels ou annuels qu'on appelle dividendes. Parfois un dividende supplémentaire est payé si les directeurs de la compagnie jugent que les profits le permettent ou pour toute autre raison.

Parfois, un dividende peut être payé sous forme d'actions ordinaires supplémentaires. Cela se passe habituellement quand une compagnie traverse une période de croissance[12] et que tous les profits sont requis pour lui permettre de prendre de l'expansion[13].

Un dividende d'action est distribué proportionnellement au nombre d'actions détenues par chaque actionnaire[14]. Par exemple, il peut être décidé que chaque personne détenant 25 actions recevra une action supplémentaire. Une personne détenant 100 actions ordinaires recevra donc 104 actions.

Le droit de souscription

Les actionnaires peuvent voter aux assemblées annuelles et élire les directeurs pour représenter leurs intérêts[15]. Ils peuvent également acheter des bons et des droits de souscription[16] à des actions ordinaires.

Un droit de souscription est un privilège accordé par une compagnie à des actionnaires dans le but d'acquérir des actions ordinaires supplémentaires. Afin d'augmenter son capital, une compagnie offre donc aux actionnaires le droit ou le privilège d'acheter des actions supplémentaires proportionnellement au nombre d'actions détenues par chaque actionnaire. Par exemple, lors d'une nouvelle émission[17] d'actions avec droits de souscription, chaque actionnaire de 10 actions ordinaires aura le droit d'acheter une action supplémentaire à un prix fixé à l'avance, généralement moins élevé que le prix du marché[18], ce qui peut évidemment s'avérer [(a)] intéressant.

Une fois que la nouvelle émission d'actions ordinaires avec droits de souscription est complétée, un marché secondaire, généralement plus ou moins actif selon l'attrait des actions ordinaires de cette compagnie, se développe pour les droits de souscription. Cela permet aux détenteurs de les vendre et à d'autres de les acheter au gré[(b)] du marché. L'intervalle entre l'émission de droits et leur date de convertibilité[19] -- c'est-à-dire le moment où les droits sont convertis en actions ordinaires -- est habituellement court, quelques semaines tout ou plus[(c)]. S'ils n'ont pas alors été convertis en actions ordinaires au prix fixé, ils perdent alors toute valeur.

Il y a aussi les bons de souscription[20], similaires aux droits de souscription parce qu'ils offrent la possibilité d'acheter des actions à une date ultérieure, à un prix fixé et parce qu'ils sont immédiatement détachables, créant ainsi un marché parallèle à celui de l'action. Les bons de souscription peuvent être ajoutés à des bons, des débentures[21] ou des actions privilégiées pour faciliter leur émission. Ce qui les différencie des droits de souscription, c'est qu'ils peuvent s'étendre sur plusieurs mois ou plusieurs années. Un bon exemple est la récente émission d'actions de la compagnie Bell Canada Development Enterprises, dont les bons de souscription auront une période de convertibilité d'environ cinq ans.

Le droit de vote

Nous avons mentionné brièvement que les actionnaires ont le droit de vote[22] dans les assemblées annuelles. En tant que copropriétaires[23], ils ont donc leur mot à dire[(d)] dans la gérance de l'entreprise[24]. Comme il serait peu pratique qu'ils s'immiscent dans les affaires courantes, ils élisent donc un groupe de directeurs pour les représenter.

Si les actionnaires sont insatisfaits de ces derniers et que les affaires de la compagnie[25] ne vont pas bien, ils ont le pouvoir de les remplacer. Ce pouvoir est proportionnel au nombre d'actions détenues. En général, une action ordinaire donne droit à un vote. Une personne détenant 1 000 actions aura donc un poids plus lourd[(e)] dans un vote qu'une personne détenant seulement 100 actions. Si un actionnaire ne peut assister à une assemblée annuelle, il peut déléguer son vote à n'importe qui, en remplissant un document à cet effet.

Il y a cependant des exceptions au principe « une action, un vote ». Les actions ordinaires peuvent être divisées en plusieurs classes, par exemple A et B, les classes B pouvant être votantes alors que les classes A sont non votantes (en échange de bénéfices ou d'autres privilèges).

Depuis quelques années, on connaît aussi des actions à caractère restreint. Elles peuvent être non votantes sauf exception rare. Leur droit de vote peut être diminué, par exemple en accordant un vote pour chaque groupe de cinq ou dix actions détenues. Enfin, leur pourcentage de vote peut être carrément[f] restreint à un nombre précis d'actions, en disant par exemple que seulement 25 % de tant[g] d'actions sont votantes.

Les responsabilités des actionnaires sont limitées à la valeur ou au prix des actions achetées. Aucun recours ne peut être intenté contre les actionnaires en cas de faillite[26] de la compagnie. Un actionnaire peut donc perdre tout son capital investi, mais on ne peut pas lui en réclamer davantage.

Avantages des actions ordinaires

Les actionnaires basent leur décision d'acheter des actions ordinaires sur plusieurs facteurs :

1. La réputation de la compagnie, c'est-à-dire sa capacité de payer des dividendes et même de les augmenter au fil des ans[h].

2. La perception des investisseurs concernant la capacité de la compagnie d'augmenter ses ventes[27] et ses revenus nets[28], dans l'espoir de revendre les actions à un prix supérieur et donc d'empocher un profit.

C'est véritablement ce deuxième facteur qui détermine en fin de compte[i] l'attrait de telle ou telle action ordinaire.

Jean-Claude Lessnick
L'Express de Toronto

---

a. s'avérer : apparaître, se révéler être **b.** au gré : selon l'évolution, selon les fluctuations **c.** tout au plus : au maximum **d.** ils ont leur mot à dire : ils ont le droit d'exprimer leur opinion **e.** un poids plus lourd : plus d'importance **f.** carrément : catégoriquement, fermement **g.** de tant : d'un nombre précis **h.** au fil des ans : année après année **i.** en fin de compte : en fait, finalement

NOTES

action privilégiée
  Titre de propriété.

bon de souscription
  N'est pas un titre de propriété. Le « bon de souscription » octroie à l'investisseur le droit de souscrire à un nombre d'actions durant une longue période (1-3 ans) et à un prix déterminé à l'avance. Ce droit est

accordé au public d'investisseurs. Les bons de souscription sont généralement rattachés à des valeurs mobilières (obligation, débenture, action) dans le but d'encourager la vente, et peuvent être négociés séparément en Bourse.

conjoncture économique

Activités, conditions, facteurs, contribuant à la situation économique d'un pays.

débenture

Titre de créance.

dividende

Rendement d'une action.

droit de souscription

N'est pas un titre de propriété. Le « droit de souscription » octroie à l'investisseur le droit d'obtenir un nombre d'actions d'une compagnie à un prix inférieur au cours du marché durant une courte période (4-6 semaines). Ce droit est accordé uniquement aux actionnaires de la compagnie sans que ces derniers aient besoin d'utiliser les services d'un courtier. L'attribution des droits de souscription permet à la compagnie d'obtenir des fonds additionnels. Titre négociable en Bourse.

marché secondaire

Ce terme comprend le marché hors bourse et le marché boursier. Lorsqu'une compagnie, en quête de capitaux, émet de nouvelles actions, elle fait appel aux services d'un courtier en valeurs mobilières. Celui-ci agit alors comme conseiller auprès de la compagnie, l'aide à préparer les prospectus et se charge de trouver sur le marché primaire les acheteurs d'actions nouvellement émises. Contrairement au marché secondaire, les actions du **marché primaire** n'ont pas été possédées par d'autres investisseurs.

valeur mobilière

Titre légal : obligation, débenture, action.

I. VOCABULAIRE SPÉCIALISÉ

1. **une action ordinaire** : common stock
2. **une valeur mobilière** : security
3. **un droit de propriété** : ownership right
4. **un(e) détenteur (-trice) d'actions** : securities holder
5. **un dividende** : dividend
6. **un(e) directeur (-trice)** : administrator
7. **fluctuer** : to fluctuate
   les fluctuations

8 **la conjoncture économique** : economic situation
9 **un bon** : bill
10 **investir** : to invest
> **un investissement**
> **un(e) investisseur (-euse)**
11 **un revenu** : income (from shares)
12 **une période de croissance** : growth period
13 **prendre de l'expansion** : to expand
14 **un(e) actionnaire** : share holder
15 **un intérêt** : interest
16 **un droit de souscription** : right
17 **une émission (d'actions)** : issuing of shares
> **émettre (des actions)**
18 **le prix du marché** : market price
19 **la convertibilité** : convertibility
20 **un bon de souscription** : warrant
21 **une débenture** : debenture
22 **un droit de vote** : voting right
23 **un(e) copropriétaire** : joint owner
24 **une gérance d'entreprise** : company management
> **un(e) gérant(e)**
> **gérer quelque chose**
25 **les affaires d'une compagnie** : company's business
26 **une faillite** : bankruptcy
> **faire faillite**
> **être en faillite**
27 **les ventes (d'une compagnie)** : sales
28 **les revenus nets (d'une compagnie)** : net profits

II. RÉSUMÉ

Dans ce texte, l'auteur explique que les actions ordinaires sont des valeurs mobilières qui permettent aux actionnaires de voter pour choisir le directeur d'une compagnie et de recevoir des dividendes si celle-ci fait des profits. Les dividendes sont proportionnels au nombre d'actions que l'actionnaire détient et sont distribués plusieurs fois par an.

Les actionnaires peuvent acheter des droits de souscription qui leur permettent d'acquérir, à un prix plus intéressant que celui du marché, des actions ordinaires supplémentaires.

Les actionnaires peuvent aussi acheter des bons de souscription qui « peuvent s'étendre sur plusieurs mois ou plusieurs années » alors que les droits de souscription ne s'étendent que sur quelques semaines.

Les actionnaires ont le droit de voter aux assemblées annuelles ; en général, ils sont représentés par un groupe de directeurs et le nombre de votes auquel ils ont droit est proportionnel au nombre et au type d'actions qu'ils détiennent.

Tout actionnaire achète des actions dans le but de faire un profit ; il choisit donc les actions des compagnies qui ont une bonne réputation et qui sont bien vues par les investisseurs.

III. QUESTIONS SUR LA COMPRÉHENSION DU TEXTE

1. Quels sont les privilèges dont les actionnaires jouissent quand ils détiennent des actions ordinaires ?

2. Qu'est-ce que les dividendes ? Quand sont-ils payés aux actionnaires ?

3. Les petits et les gros actionnaires ont-ils le même pouvoir dans la gestion d'une compagnie ?

4. Pourquoi les dividendes ne sont-ils parfois pas payés en liquide mais sont plutôt payés sous forme d'actions ordinaires ?

5. Qu'est-ce qu'un droit de souscription ? Pourquoi cela intéresse-t-il les actionnaires ? Comment se compare-t-il à un bon de souscription ?

6. Les actionnaires sont-ils directement impliqués dans la gérance d'une entreprise ? Alors comment exercent-ils leur pouvoir et qui sont leurs intermédiaires ? Les actions ordinaires qu'ils détiennent ont-elles toutes la même importance quand il y a des votes ?

7. Quels sont les facteurs qui encouragent les actionnaires à acheter les actions d'une certaine compagnie plutôt que d'une autre ?

IV. REMUE-MÉNINGES

1. Possédez-vous des actions (ou des obligations) ? Si oui, dans quelle(s) compagnie(s) ? Quelles sont les raisons pour lesquelles vous avez opté pour cette (ces) compagnie(s) ? Êtes-vous satisfait de votre décision et vos actions vous rapportent-elles autant que vous aviez espéré ?

2. À votre avis les actions ordinaires sont-elles un bon placement ? Quels en sont les avantages et les inconvénients ? Y a-t-il un autre mode de placement que vous préférez ? Lequel ?

V. MISE EN SITUATION

Exercice à faire en classe. Les étudiants apportent les pages financières de leur quotidien favori. Diviser les étudiants en groupes de deux.

Si vous aviez des économies et que vous désiriez acheter des actions, dans quelle(s) compagnie(s) nationale(s) et étrangère(s) voudriez-vous investir ? Expliquez le pourquoi de votre réponse en prenant en considération la situation actuelle du monde des affaires sur la scène nationale et internationale.

V. EXERCICES DE LANGUE

A.   Trouvez des mots de la même famille.

1.   investir   _____   _____

2.   gérer   _____   _____

3.   une action   _____   _____

4.   diriger   _____   _____

5.   une conversion   _____   _____

6.   vendre   _____   _____

7.   souscrire   _____   _____

B.   Remplacez les mots en gras par le mot juste.

1.   Quand un épargnant a des économies, cela vaut la peine qu'**il place son argent** dans les compagnies qui ont une bonne réputation.

2.   Les actionnaires suivent assidûment **les hauts et les bas** du marché boursier.

3.   Cette compagnie **a fait banqueroute** à cause d'erreurs graves de gestion.

4.   C'est grâce à l'argent des actionnaires que les compagnies peuvent **se développer et devenir plus importantes**.

5.   Pour attirer des capitaux supplémentaires, les propriétaires de compagnies doivent **mettre en circulation** des actions.

C.   Où est l'intrus ?

1.   croissance - émission d'actions - faillite - expansion

2.   actionnaire - gérant - P.-d.g. - directeur

3.   action - droit de souscription - dividende - **bon de souscription**

4.   gérant - actionnaire - débenture - directeur

5.   détenir des actions - investir - faire fructifier - fluctuer

D.   **Trouvez l'antonyme des mots en gras.**

1.   un **profit**   _____

2.   des revenus **nets**   _____

3.   une **vente** d'actions   _____

4.   une période de **croissance**   _____

5.   (valeurs) **mobilières**   _____

E.   **Trouvez le mot juste.**

Mon compte en banque me rapporte un intérêt...

(tous les jours)   _____

(toutes les semaines)   _____

(tous les mois)   _____

(tous les trois mois)   _____

(deux fois par an)   _____

(tous les ans)   _____

* * *

POUR ALLER PLUS LOIN

FAITES ATTENTION
À VOTRE BOURSE

La Bourse

- Lieu où les courtiers négocient les valeurs mobilières

- Pour que les actions d'une compagnie soient cotées en Bourse, il faut que cette compagnie soit membre de la Bourse : c'est-à-dire qu'elle

  - s'inscrive et paye des frais d'inscription

  - présente la charte de sa compagnie ainsi que ses états financiers

  - dépose un prospectus à l'émission de ses titres

  - paye une cotisation, etc.

- Une compagnie membre de la Bourse entraîne des avantages

  - la compagnie retient l'attention et l'intérêt des investisseurs

  - la compagnie détient un prestige dans les milieux financiers

  - les investisseurs peuvent aisément suivre l'évolution de la situation de la compagnie

- ... et des désavantages

  - frais annuels à verser

  - en cas de difficultés économiques, l'investisseur et le public sont au courant de la situation de la compagnie

- Que peut-on y négocier?

  - des actions ordinaires et privilégiées

  - des bons de souscription

  - des options

  - des contrats à terme

———

Un marché hors bourse (marché au comptoir)

- Se fait entre les bureaux de courtage ou entre les institutions financières

- On y retrouve les actions et les obligations non cotées à la Bourse

- Le nombre d'actions distribuées dans le public n'est pas très élevé

—

UNE PERSONNE INDISPENSABLE...

LE COURTIER

Le courtier en valeurs mobilières

- est un intermédiaire

- propose ses services en contrepartie de frais de courtage

- peut jouer le rôle de conseiller financier

- exécute au nom de son client les transactions sur le parquet ou hors bourse

- gère les portefeuilles de placement de ses clients

- prête de l'argent avec intérêt à son client pour que celui-ci se procure des valeurs mobilières

Le client et son courtier s'entendent sur un même code

Pour obtenir des valeurs le client peut transmettre à son courtier différents ordres.

- **au marché** ou **au mieux** (Market Order) : achat au cours vendeur et vente au cours acheteur

- **à cours limité** (Limit Order) : vente ou achat à un cours fixé par l'intéressé (ou au meilleur cours)

- **de vente "stop"** (Stop Loss Order) : lorsqu'une action baisse, le courtier a l'ordre de la vendre si elle atteint un prix fixé par le client

- **à temps limité** (Day Order) : valable une journée

- **ouvert** (Open Order) : valable tant que l'ordre n'a pas été exécuté ou que le client n'y a pas mis fin

- **tout ou rien** (All or None) : concerne l'achat ou la vente d'un lot complet d'actions

---

RISQUE ET RENDEMENT VONT DE PAIR

TITRES DE CRÉANCES

Obligation (Secured Bond)

- Créance garantie par une hypothèque sur les immobilisations

- Offre un taux fixe d'intérêt annuel

- Ne donne à son détenteur aucun droit de contrôle sur l'administration de l'entreprise

- En cas de défaut de paiement, le détenteur de l'obligation (**l'obligataire**) peut mettre en vente les biens immobiliers donnés en nantissement

- En cas de faillite ou de liquidation des actifs de l'entreprise, l'obligataire est remboursé avant les actionnaires

Débenture (Debenture)

- Créance non garantie par des immobilisations

- Offre un taux fixe d'intérêt annuel

- Ne donne à son détenteur aucun droit de contrôle sur l'administration de l'entreprise

- En cas de faillite ou de liquidation des actifs de l'entreprise, son détenteur est remboursé après l'obligataire mais avant les actionnaires

TITRES DE PROPRIÉTÉ

Action ordinaire (Common Stock)

- Donne à son détenteur (l'actionnaire) le droit

    - d'assister aux assemblées des actionnaires

    - de participer aux décisions de l'entreprise par le biais d'un conseil d'administration

    - de voter et d'élire les administrateurs de l'entreprise

    - de disposer de ses actions à son gré

    - de consulter les états financiers de l'entreprise

- Titre plus risqué que l'action privilégiée mais son gain en capital, par contre, est supérieur

- Dividende variable selon les bénéfices réalisés par l'entreprise

- L'entreprise émettrice peut

    - ne pas verser de dividende annuel à son détenteur soit pour réinvestir les profits soit pour se constituer des réserves

    - offrir à son détenteur des actions supplémentaires au lieu de dividende

- En cas de faillite ou de liquidation des actifs de l'entreprise, le détenteur de l'action ordinaire est remboursé après celui de l'action privilégiée

Action privilégiée (Preferred Stock)

- Donne à son détenteur le droit

    - de disposer de ses actions à son gré

    - de consulter les états financiers de l'entreprise

    - de recevoir un dividende fixe

    - de se faire payer avant le détenteur de l'action ordinaire, en cas de faillite ou de liquidation des biens de l'entreprise

- Offre

    - une meilleure sécurité de placement que l'action ordinaire

    - un rendement moins élevé que l'action ordinaire

- Ne donne aucun droit de vote lors des réunions des actionnaires

POUR VOUS AIDER À MIEUX DÉCHIFFRER LE MARCHÉ BOURSIER

Abri fiscal (m) : *tax shelter*
action (f) à dividende fixe : *non-participating share*
-- à la valeur nominale : *at par*
-- au-dessous de la valeur nominale : *below par*
-- bloquée : *escrowed share*
-- cotée : *listed stock*
-- donnée en prime : *bonus share*
-- nouvelle : *new share*
-- sans droit de vote : *non-voting stock*
actionnaire (m)(f) : *shareholder*
appel de fonds (m) : *call*
-- public à l'épargne : *public issue*
assemblée générale des actionnaires (f) : *general meeting of share-holders*
assemblée générale extraordinaire des actionnaires : *special general meeting of shareholders*
avis d'exécution (m) : *confirmation slip*
avoir des actionnaires (m) : *equity*

Baisse des cours (f) : *fall in prices*
bas sans précédent (m) : *all time low*
bénéfice net (m) : *net earnings*
billet (m) : *note*
bloc d'actions (m) : *block of shares*
bon du Trésor (m) : *treasury bill*
bourse de marchandises (f) : *commodity market*

Capital de risque (m) : *venture capital*
clôture du marché (f) : *close of the market*
compte à découvert (m) : *short account*
conclure une opération : *to conclude a transaction*
conseil d'administration (m) : *board of directors*
conseiller (-ère) en valeur : *adviser*
contrat à terme (m) : *future contract*
cotation (f) : *cotation*
cours acheteur (m) : *bid price*

-- de clôture : *closing price*
-- d'ouverture : *opening price*
-- du jour : *market price*
-- en fléchissement : *declining prices*
-- montant en flèche : *soaring prices*
-- vendeur : *asked price*

Décote (f) : *discount*
détenteur (-trice) : *holder*
dividendes accumulés (m) : *accrued dividends*

Écart de cours (m) : *price difference*
échéance (f) : *maturity*
effet de levier (m) : *leverage*
effondrement du marché (m) : *collapse of the market*
émetteur (-trice) : *issuer*
émission d'obligations (f) : *bond issue*
emprunter des titres : *to borrow stock*
états financiers (m) : *financial statements*
exécuter un ordre : *to fill an order*

Fléchissement des cours (m) : *decline in prices*
frais de courtage (m) : *brokerage fees*
fusion (f) : *merger*

Gain en capital (m) : *capital gain*
gestion de portefeuille (f) : *portfolio management*

Hors-cote : *over the counter*

Indice Dow Jones (m) : *Dow Jones industrial index*
inscription (f) : *registration*

Jouer à la Bourse : *to play the stock market*

Maison de courtage (f) : *brokerage firm*
mandataire (m)(f) : *agent*
marché actif (m) : *brisk market*
-- à la baisse : *bearish market*
-- à la hausse : *bullish market*
-- calme : *flat market*
-- d'acheteurs : *buyer's market*
-- de denrées : *commodities market*
-- ferme : *buoyant market*
-- terne : *dull market*
-- primaire : *primary market*
-- secondaire : *secondary market*

Nantissement (m) : *collateral*
négocier : *to trade*
niveau record (m) : *all time high*

Obligation municipale (f) : *municipal bond*
-- non garantie : *debenture*
-- remboursable à vue : *redeemable bond*
offre publique d'achat (OPA) (f) : *take over bid*
opération (f) : *transaction, trade*
option d'achat (f) : *call*
-- de vente : *put*
ordre à cours limité (m) : *limit order*
-- au mieux : *order at best*
-- d'achat : *buying order*
-- de vente « stop » : *stop loss order*
-- ouvert : *open order*
-- tout ou rien : *all or none*
-- valable un jour : *day order*

Passer un ordre : *to order*
pénurie de capitaux (f) : *scarcity of capital*
placement (m) : *investment*
portefeuille de placement (m) : *portfolio investment*
preneur (-euse) ferme : *firm underwriter*
prise ferme (f) : *firm underwriting*
prix d'exercice (m) : *exercise price*
prospectus abrégé (m) : *abridged prospectus*
prospectus provisoire (m) : *preliminary prospectus*

Regroupement d'actions (m) : *consolidation of shares*
relevé de compte (m) : *customer's ledger*
rendement net (m) : *net return*
-- réel : *actual yield*
repli (m) : *downturn*
reprise (f) : *rally*
resserrement de crédit (m) : *credit stringency*
revirement du marché (m) : *turn of the market*

Séance de bourse (f) : *trading session*
société d'investissement à capital variable (SICAV) : *incorporated mutual fund*
souscripteur (-trice) : *subscriber*
souscription (f) : *subscription*
souscrire des titres : *to subscribe for securities*
spéculation à la baisse (f) : *bear operation*
surenchère (f) : *counter offer*

Téléscripteur (m) : *ticker*
tendance du marché (f) : *market trend*
titre au porteur (m) : *bearer security*
titre nominatif (m) : *registered security*
titulaire du compte (m)(f) : *account holder*

Valeur marchande (f) : *market value*
-- intrinsèque : *intrinsic value*
valeurs à quelques sous : *penny stocks*
-- d'avenir : *growth stock*
-- refuges : *tax shelter securities*
-- vedettes : *blue chips*
versement de dividendes (m) : *dividend payment*
volume de transactions (m) : *turnover*

A. **Complétez les phrases suivantes avec les mots qui conviennent.**

1. Lorsque vous achetez des obligations d'épargne, le gouvernement vous donne _____ sur l'argent que vous lui prêtez.

   a. un dividende   b. un intérêt   c. un coupon   d. une commission

2. En achetant une action, l'investisseur devient _____ de l'entreprise.

   a. propriétaire   b. copropriétaire   c. créancier   d. obligataire

3. C'est au nom de leurs clients que les _____ échangent les valeurs mobilières sur le parquet de la Bourse.

   a. investisseurs   b. commissionnaires   c. courtiers   d. actionnaires

4. J'ai confié la _____ de mon portefeuille à un excellent courtier.

   a. direction   b. organisation   c. gestion   d. garde

5. On est membre de la Bourse quand on achète _____ .

   a. des actions   b. un portefeuille   c. des titres   d. un siège

6. Vous mettez de l'argent dans votre compte en banque : vous êtes un _____ .

   a. investisseur   b. débiteur   c. épargnant   d. obligataire

7. Pour se procurer des fonds, certaines entreprises _____ des actions.

   a. sollicitent   b. impriment   c. émettent   d. achètent

B. **Lesquels de ces choix ne représentent pas une forme de placement?**

1. une obligation d'épargne   ——

2. une assurance-habitation   ——

3. une lithographie de Picasso   ——

4. une action privilégiée   ——

5. une débenture   ——

6.   un bon du Trésor   ____

7.   un certificat de dépôt   ____

8.   une voiture   ____

9.   une action ordinaire   ____

10.   150 grammes d'or   ____

C.   Classez les titres suivants selon les risques pris par leurs détenteurs.

1.   une action ordinaire   ____

2.   une obligation   ____

3.   une débenture   ____

4.   un certificat de placement   ____

5.   un fonds mutuel   ____

D.   Quelle est la bonne source?

Pour suivre l'évolution de mes actions, je consulte :

· les pages financières de mon journal
· les publications spécialisées
· mon directeur de banque
· mon comptable
· mon avocat
· mon courtier en valeurs mobilières

E.   Faites correspondre le mot à sa définition.
intérêt - cours - actionnaire - passif - hors bourse - courtier - action
privilégiée - commission - débenture - dividende

1.   _____ :   Titre d'association dans une entreprise qui n'accorde
                               généralement pas de droit de vote

2.   _____ :   Rémunération du courtier en valeurs mobilières

3. _____ : Revenu payé pour une somme d'argent prêtée à une institution financière

4. _____ : Titre de créance non garanti

5. _____ : Détenteur d'un titre de propriété dans une entreprise

6. _____ : Revenu versé aux actionnaires

7. _____ : Intermédiaire entre les vendeurs et acheteurs de titres de propriété

8. _____ : Prix auquel se négocie une action

9. _____ : Ce qui fait partie d'une dette de la compagnie

10. _____ : Actions non inscrites à la Bourse

CHAPITRE XI

LES ASSURANCES

POUR S'ASSURER DU BON PIED

Les non-fumeurs bénéficieront bientôt de réductions de 10 à 15 p. cent sur leurs primes d'assurance-vie[1] dans quelques compagnies. Plus que jamais, le consommateur doit « magasiner » avant de souscrire[2] à une assurance-vie : les différences entre contrats[3] sont énormes.

Le magasinage est fastidieux parce que les compagnies inventent sans cesse de nouveaux habillages pour leurs régimes[4], compliquent, simplifient, assouplissent... mais elles fournissent peu de comparaisons entre les centaines de produits proposés par les 150 compagnies opérant au Québec.

Les seules comparaisons jusqu'ici disponibles le sont en anglais : le *Consumer Reports* américain a consacré deux numéros (février et mars 1980) à l'assurance-vie entière et temporaire tandis que deux « guides de l'acheteur » controversés ont été publiés en Ontario. Heureusement, l'Office de la protection du consommateur devrait se pencher bientôt sur cette question[a] dans sa revue *Protégez-nous* et les brochures de vulgarisation publiées par l'Association canadienne des compagnies d'assurance-vie informent un peu le futur assuré[5].

Somme toute, c'est encore le courtier[6], l'agent[7] d'assurances et surtout l'assureur-vie agréé[8] qui peuvent le mieux éclairer nos lanternes[b]. Mais il faut solliciter plusieurs avis car ils ont chacun leur « dada »[c] et leurs conseils seront différents. Le client doit poser des questions indiscrètes sur le rendement de la portion « épargne », sur les différentes clauses[9] proposées, sur les résultats passés et projetés, les placements[10], sur le coût des primes[11], le montant des rentes[12]...

Finis les couplets sur « l'épargne systématique grâce à l'assurance-vie »... L'assurance-vie protège son conjoint, ses jeunes enfants, parfois ses parents, en cas de décès prématuré, fournit des liquidités[13] pour régler les derniers frais et les impôts[14], permet à des associés de racheter les parts d'une affaire[15], mais ce n'est ni un investissement ni une véritable épargne[16] malgré la « valeur de rachat »[17] associée à l'assurance permanente[18]. Voilà pourquoi les unions de consommateurs conseillent plutôt de louer de l'assurance temporaire[19], la moins chère possible, mais suffisamment pour protéger réellement sa famille.

La première précaution est de calculer avec réalisme les besoins en argent si le mari ou la femme mourait demain. Outre les dépenses finales (frais funéraires, juridiques[20], impôts...), il faut prévoir une somme[21] suffisante pour que la famille garde un niveau de vie décent et que les enfants continuent leurs études. Cela comprend les dépenses courantes[22], le remboursement des dettes (auto, hypothèque[23], carte de crédit...), le fonds d'éducation[24] jusqu'à 18 ans, parfois une dotation[25] à 21 ans ou une caisse de retraite[26] pour la femme au foyer[d]. Le *Consumer Reports* conseillait d'y ajouter un fonds d'urgence[27] de 10 000 dollars (ou six mois de revenu) et d'ajuster les prévisions à l'inflation.

Ces besoins financiers ne sont pas toujours comblés par la valeur des biens (pension, épargnes, immobilier [28], actions[29], obligations[30]) et des rentes de la Régie du Québec (veuve, orphelin). Le « trou » entre besoins et revenus, c'est le minimum d'assurance-vie que vous devez détenir.

Attention ! Tout le monde n'a pas besoin d'assurances. Un célibataire ou un couple sans enfants peut choisir de ne pas s'assurer et prévoir ailleurs une somme pour ses dernières dépenses. Évidemment, les courtiers conseillent de prendre dès la première paye une petite assurance-vie entière : la prime est bon marché et le restera toute la vie alors qu'elle augmente avec l'âge d'adhésion[31]. Cependant, sans charge familiale, il est plus intéressant de réduire les impôts grâce aux REÉR[32] et REÉL[33].

Dès qu'il y a des enfants dans le tableau[(e)], il vaut mieux s'assurer pour quelques années. Les 51 700 dollars d'assurance-vie souscrits par ménage québécois prouvent que tout le monde ne s'exclame pas : « À son tour de travailler » ou « je leur laisse la maison (hypothéquée) », comme les gens sans assurance.

Surtout, ne pas s'assurer les yeux fermés car les contrats ne sont pas tous avantageux et 11 Québécois sur 100 les résilient[34] la première année. Attention :

- La moins chère est l'assurance temporaire, mais il vaut mieux prévoir des clauses de renouvellement[35] jusqu'à 65 ans et de conversion jusqu'à 60 ans. L'« assurabilité » est moins importante puisque 98 p. cent des Canadiens sont assurés sans problème et que les surprimes[36] diminuent.

- Choisissez une prime annuelle ou calculez le coût réel des primes mensuelles.

- Dans les dernières décennies, les contrats avec participation[37] se sont révélés beaucoup plus rentables[38] que ceux sans participation.

- Lorsqu'on ne peut pas payer la prime, les compagnies offrent plusieurs solutions autres que le retrait définitif. Elles prêtent[39] même à taux avantageux[40].

- L'assurance-vie se complète par un testament[41] : il précise l'affectation des fonds[42] et comment ils doivent servir. Dans le cas d'enfants nés hors mariage, un testament est indispensable car jusqu'à présent, les enfants « illégitimes » n'héritent[43] pas de leurs père et mère. Il est prudent de les nommer bénéficiaires[44] de l'assurance.

- Avant de changer d'assurance, demandez un état comparatif des deux régimes sur 30 ans et n'oubliez pas que les commissions[45] sur les « assurances-vie entière » sont plus alléchantes que sur les polices[46] temporaires !

Marie-Agnès Thellier
L'Actualité

---

a. se pencher sur cette question : traiter de ce sujet **b.** éclairer nos lanternes : nous expliquer la situation **c.** dada : sujet favori **d.** femme au foyer : femme à la maison **e.** dans le tableau : qu'il faut prendre en considération

NOTES

agent d'assurances
Représente l'assureur et donc les intérêts de la compagnie qui l'engage.

assurances
(Pour les différents types d'assurances, voir la section « Pour aller plus loin » de ce chapitre.)
On utilise le sigle IARD pour désigner les assurances Incendies, Accidents, Risques divers.

assureur-vie agréé
Est reçu à des examens supérieurs à ceux de « courtier d'assurances associé ».

contrats avec participation
Certaines polices réservent une participation aux bénéfices réalisés par la compagnie grâce, entre autres, à l'investissement de la portion épargne.

courtier
Conseiller indépendant représentant les intérêts de l'assuré. Il peut travailler avec une ou plusieurs compagnies d'assurances qui l'autorisent à percevoir en leur nom les primes. Comme rémunération, il retient une commission. Il passe l'examen de « courtier d'assurances associé. »

valeur de rachat
Un pourcentage des primes versées pendant les premières années de souscription à une police **d'assurance-vie entière**, représente un excédent qui est investi par la compagnie d'assurances et qui constitue une portion épargne. En cas de résiliation du contrat, cette épargne peut être rendue au souscripteur.

I. VOCABULAIRE SPÉCIALISÉ

1   **une prime d'assurance-vie** : life insurance premium
2   **souscrire (à une assurance)** : to buy an insurance
3   **un contrat (d'assurance)** : insurance policy
4   **un régime d'assurance** : insurance plan
5   **un(e) assuré(e)** : insured person
6   **un(e) courtier (-tière)** : broker
7   **un(e) agent(e)** : agent
8   **un(e) assureur (-euse) agréé(e)** : insurer, underwriter
        une assurance
        s'assurer
9   **une clause (de contrat)** : clause
10   **un placement** : investment
        placer de l'argent
11   **une prime (d'assurance)** : insurance premium
12   **une rente** : annuity
13   **les liquidités** : cash
14   **un impôt** : tax
15   **une part (d'une affaire)** : (partnership) share
16   **une épargne** : saving
17   **une valeur de rachat** : cash surrender value
18   **une assurance permanente** : whole life insurance
19   **une assurance temporaire** : term insurance
20   **des frais funéraires et juridiques** : burial and legal expenses
21   **une somme** : amount of money
22   **les dépenses courantes** : general expenses
23   **une hypothèque** : mortgage
24   **un fonds d'éducation** : education funds
25   **une dotation** : endowment
26   **une caisse de retraite** : pension fund
27   **un fonds d'urgence** : emergency funds
28   **l'immobilier** : real estate
29   **une action** : stock, share
30   **une obligation** : bond
31   **une adhésion** : membership
        adhérer à quelque chose
32   **REÉR : Régime enregistré d'épargne retraite** : Registered Retirement Savings
        Plan (RRSP)
33   **REÉL : Régime enregistré d'épargne logement** : Registered Home Savings
        Plan (RHSP)
34   **résilier (un contrat)** : to cancel
35   **un renouvellement (de contrat)** : (contract) renewal
        renouveler quelque chose
36   **une surprime** : extra premium
37   **un contrat avec participation** : (profit) sharing policy

38 **être rentable** : profitable
    la rentabilité
39 **prêter (de l'argent à quelqu'un)** : to loan
40 **un taux avantageux (ant. désavantageux)** : favourable rate
41 **un testament** : will
42 **une affectation de fonds** : appropriation of funds
43 **hériter de quelqu'un** : to inherit from someone
44 **être bénéficiaire** : to be a beneficiary
45 **une commission** : commission
46 **une police (d'assurance)** : insurance policy

II. RÉSUMÉ

Avant de souscrire à une police d'assurance il faut prendre le temps de comparer les différents régimes d'assurance entre eux car certains sont beaucoup plus avantageux que d'autres. Pour ce faire, le client devra solliciter l'aide de plusieurs courtiers auxquels il devra poser des questions avisées. En effet, faut-il souscrire à une assurance-vie ou à une assurance temporaire ? Les avis sont partagés.

Mais selon que l'on est marié ou pas, les besoins diffèrent. Après avoir montré comment calculer le minimum d'assurance-vie que tout couple avec enfant devrait détenir pour se protéger au cas où l'un des conjoints mourrait, l'auteure de l'article montre que les célibataires ou les couples sans enfants n'ont pas les mêmes besoins. Elle donne aussi quelques conseils pratiques aux futurs assurés afin de les aider à mieux comparer différents types de contrats.

III. QUESTIONS SUR LA COMPRÉHENSION DU TEXTE

1. Pourquoi le consommateur doit-il « magasiner » avant de souscrire à une assurance-vie ?

2. Est-il facile de comparer les différents types de contrats d'assurance ? Pourquoi ?

3. Le consommateur peut-il se considérer comme étant bien informé ?

4. Le client peut-il faire complètement confiance aux courtiers en assurance ou que doit-il faire pour être le mieux informé possible ?

5. L'assurance-vie est-elle toujours le meilleur type d'assurance en cas de décès du conjoint ?

6. Comment calculer le minimum d'assurance-vie que l'on doit posséder ?

7. Les assurances sont-elles pour tout le monde la seule façon de se protéger contre les « coups durs » ?

8. De tous les conseils que l'auteure propose, lesquels vous semblent les plus judicieux ?

IV. REMUE-MÉNINGES

1. Il a été démontré que les Nord-Américains s'assurent pour tout. Est-ce une qualité ou un défaut ? Quelles en sont les conséquences dans la vie de tous les jours ?

2. Si vous aviez une maison et que vous vouliez la faire assurer, auriez-vous recours aux services d'une petite ou d'une grande compagnie d'assurances ? Pourquoi ?

V. MISES EN SITUATION

1. Vous venez d'assurer votre maison et votre courtier essaye de vous convaincre de souscrire à une assurance-vie car vous venez d'avoir un enfant. Imaginez la discussion qui s'ensuit entre vous, votre conjoint et votre courtier.

2. Débat entre celles qui pensent qu'il faut s'assurer pour la vie et celles qui pensent que c'est inutile car il faut parfois prendre des risques pour mieux profiter de la vie.

VI. EXERCICES DE LANGUE

A. **Trouvez des mots de la même famille.**

1. une assurance _____ _____

2. hériter _____ _____

3. prêter _____ _____

4. adhérer _____ _____

5. bénéficier _____ _____

6. une action _____ _____

7. une hypothèque _____ _____

8. épargner _____ _____

9. consommer _____ _____

10. coût _____ _____

B. **Vrai ou faux ?**

	vrai	faux
1. L'assurance-vie est une protection contre la mort.	*	*
2. Les liquidités sont les sommes immédiatement disponibles.	*	*
3. Un agent immobilier s'occupe uniquement de la vente et de l'achat d'immeubles.	*	*

4. Une police d'assurance se compose de policiers qui vérifient que les assurés ne trichent pas dans leurs déclarations de vol ou d'incendie.

5. Placer son argent veut dire investir.

C.   Remplacez les mots en gras par des équivalents plus précis.

1. Avant de **s'engager à payer pour** une assurance, il faut magasiner pour trouver celle qui convient le mieux.

2. Avant de s'assurer, il faut vérifier que les **sommes d'argent** que l'on doit payer régulièrement à l'assureur sont raisonnables.

3. Quand on veut faire des placements à la Bourse, mieux vaut s'adresser à **une personne spécialisée dans ce domaine.**

4. Quand vous avez un contrat d'assurance qui ne vous satisfait pas, il est important de **l'annuler.**

5. En cas de décès, la répartition des biens du disparu est facilitée par l'existence d'**un document légal rédigé à cet effet devant notaire.**

D.   Reconnaissez l'erreur orthographique.

1. Un fond d'assurance est le capital affecté à une assurance.

2. Avant de souscrire à une assurance, il faut bien étudier les différentes clauses du contract qu'elle propose.

3. Les unions des consomateurs conseillent d'être très prudents avant d'adhérer à une assurance.

4. Pour s'assurer que l'on a un contrat avantageux qui répond bien à ses besoins, mieux vaut magaziner et comparer ce qu'offrent les différentes compagnies d'assurances.

5. Avant de renouveller son contrat d'assurance, il faut relire attentivement les différentes clauses qui le composent.

E.   **Trouvez dans la colonne B l'équivalent du mot de la colonne A.**

	A			B
1.	un plan	___	un décès
2.	un placement	___	un conjoint
3.	une pension	___	un taux
4.	un mari	___	un remboursement
5.	une mort	___	une épargne
6.	une économie	___	un régime
7.	un paiement	___	un investissement
8.	un tarif	___	une rente

✱ ✱ ✱

L'ART DIFFICILE DE L'ASSURANCE TOUS RISQUES

L'assurance-habitation[1] nous protège en cas de dommages[2] rarissimes causés par les aéronefs, les émeutes ou la grêle, mais nous ignorons souvent quel remboursement[3] espérer lors d'un malheur trop ordinaire, comme le vol ou l'incendie.

Si demain un voleur vide votre salon ou si le feu dévaste votre cuisine, serez-vous suffisamment remboursé ? Je parie que vous auriez de mauvaises surprises : vous êtes sans doute moins bien assuré que vous le croyez, de bonne foi car les polices d'assurance[4] sont rédigées en jargon légal, avec des paragraphes écrits en petites lettres qui réduisent considérablement la portée des garanties[5].

Premier cas : vous rentrez chez vous et le salon est vide : téléviseur, stéréo, équipements audio et phono... tout a été volé. Si vous êtes un maniaque du son[a] ou un photographe suréquipé, l'assureur[6] pourra tiquer[b] devant la facture[7]. Il vaut mieux posséder un inventaire[8] précis, mis à l'abri avec des photos et des factures qui serviront de preuves pour ce hobby si dispendieux.

Convaincu de votre bonne foi, l'assureur est prêt à vous rembourser mais vous n'aviez pas souscrit à[9] la nouvelle clause « coût de remplacement » et vous serez remboursé seulement de la valeur dépréciée par les années d'usage. Avec votre vieille télé couleur, le voleur suivra les meilleures émissions tandis que vous vous contenterez du Ciné-club en noir et blanc ! Si le voleur a aussi pris votre manteau de fourrure, quasiment neuf après dix ans, il n'aura pas froid pendant que vous grelotterez, incapable de vous racheter même une peau de mouton[c] !

Plus chère d'environ 20 dollars pour une police de 10 000 dollars, la clause[10] « coût de remplacement » a quelques revers. En cas de sinistre[11] partiel, la compagnie d'assurances choisit elle-même la moins coûteuse des deux solutions : remplacer ou réparer (en réclamant le bien endommagé si elle choisit de le remplacer). L'assuré doit ensuite agir rapidement : il ne reçoit un remboursement complet que sur présentation des factures et il ne peut convertir en « vacances au soleil » le remboursement d'un de ses biens. En effet, la compagnie exige le remplacement ou la réparation, sinon elle rembourse à la valeur actuelle... mais dépréciée par les années d'usage.

Deuxième cas : d'audacieux voleurs s'emparent de vos fourrures, bijoux, lingots[12], collections de timbres, titres[13] et valeurs mobilières[14]... Or, des maximums sont toujours imposés sur ces biens : par exemple, 1 000 ou 2 000 dollars pour les fourrures, 100 pour la numismatique[d], 500 pour la philatélie, 1 000 pour les bijoux tandis que sont exclus l'or et l'argent en lingots, les espèces[15] et les valeurs.

Si vous avez investi dans l'un ou l'autre domaine, il vaut mieux acheter une assurance « flottante »[16]. Le coût de cette protection supplémentaire varie selon le genre de biens, leur valeur, le lieu de résidence : on paie un, deux, cinq dollars, ou davantage, par 100 dollars de couverture[17]. Ces assurances « flottantes » sont beaucoup plus complètes que les assurances standard : elles remboursent en cas de perte (et pas seulement de vol) et elles assurent complètement les biens à l'extérieur de la maison, alors que l'assurance-incendie ordinaire les couvre[18] jusqu'à concurrence de 10 p. cent du contrat souscrit et même sous réserve d'un minimum de 1 500 dollars pour la plupart des polices multiples de propriétaires-occupants[19] et des locataires[20].

Troisième cas : votre cuisine est détruite par un incendie. Le sinistre « partiel » vous sera remboursé (moins la franchise[21] habituelle de 100 dollars) si vous êtes suffisamment assuré, c'est-à-dire à plus de 80 p. cent de la valeur de remplacement de la maison. Attention : cette « valeur de remplacement » est plus élevée que l'évaluation municipale et que la valeur marchande car elle se base sur le prix actuel du mètre carré dans les maisons neuves voisines.

Votre maison coûterait 50 000 dollars à reconstruire : elle demande une police de 40 000. Si vous n'êtes assuré que pour 30 000 dollars, vous ne serez remboursé qu'aux trois quarts pour les sinistres partiels. Si l'incendie de la cuisine a occasionné 10 000 dollars de dégâts[22], vous ne serez remboursé que de 7 500 dollars, même si vous croyez être assuré pour 30 000 dollars.

Répétons-le : dans toutes les assurances, il faut magasiner car les prix sont très différents d'une compagnie à l'autre (et 160 compagnies peuvent vendre de l'assurance-habitation au Québec, ce qui leur a rapporté[23] au total 243 millions en 1979). Pour une maison achetée en copropriété[24] à Outremont en octobre 1980, avec une police de 175 000 dollars, les primes[25] s'étalaient entre 721 et 1 284 dollars.

Détail à ne pas oublier : en saison froide, il faut prendre des précautions pour que rien ne gèle pendant une absence, surtout si elle dure plus de quatre jours : chauffage, coupure d'eau et même inspection régulière sont de rigueur [(e)] pour rester assuré.

Seul votre propre contrat[26] vous éclairera sur vos garanties réelles. Dès que l'on entreprend des rénovations, que l'on déménage, que l'on achète un chalet ou un bateau, que l'on entrepose des biens, on devrait questionner son agent[27] d'assurances, qui renseigne aussi sur l'assurance-responsabilité civile comprise dans les polices des propriétaires occupants et dans les polices « multiples » des locataires. Le Bureau d'assurances du Canada édite aussi une brochure sur l'assurance-habitation.

Marie-Agnès Thellier
L'Actualité

a. vous êtes un maniaque du son : vous possédez un excellent équipement stéréophonique   **b.** tiquer : se plaindre, ne pas être d'accord   **c.** une peau de mouton : un manteau de fourrure bon marché   **d.** la numismatique : une collection de médailles et de monnaies   **e.** sont de rigueur : sont exigés, obligatoires

I. VOCABULAIRE SPÉCIALISÉ

1   **une assurance-habitation :** house insurance
2   **des dommages :** damage
            endommager quelque chose
3   **un remboursement :** payment, refund
            rembourser quelqu'un
4   **une police d'assurance :** insurance policy
5   **la portée (d'une garantie) :** importance, weight
6   **un(e) assureur (-euse) :** insurer, underwriter
7   **une facture :** invoice
            facturer quelque chose
8   **un inventaire :** inventory
9   **souscrire à (une assurance) :** to buy an insurance
10 **une clause (dans un contrat) :** clause
11 **un sinistre :** accident, casualty
12 **un lingot :** old bar
13 **un titre :** certificate
14 **une valeur mobilière :** stock, security
15 **des espèces :** cash
16 **une assurance flottante :** « floater »
17 **une couverture :** coverage
18 **couvrir :** to cover, to insure
19 **un(e) propriétaire-occupant(e) :** homeowner
20 **un(e) locataire :** tenant
            louer
            une location
21 **une franchise :** deductible
22 **des dégâts :** damages
23 **rapporter :** to bring in, to produce
24 **en copropriété :** co-ownership
25 **une prime (d'assurance) :** premium
26 **un contrat :** insurance policy
27 **un(e) agent(e) d'assurance :** agent

II. RÉSUMÉ

Les assurances-habitations réservent souvent de mauvaises surprises aux assurés car c'est en cas de vol ou d'incendie qu'ils se rendent compte qu'ils étaient beaucoup moins couverts qu'ils ne le pensaient.

L'auteure parle des avantages et des inconvénients de la clause « coût de remplacement » à laquelle tout client peut souscrire afin de mieux être remboursé en cas de vol. Si l'assuré possède des fourrures, bijoux, timbres, valeurs immobilières..., il vaut mieux qu'il achète une assurance « flottante » qui le couvrira mieux en cas de vol ou de perte. Pour être bien remboursé en cas d'incendie, il faut être assuré à plus de 80 p.cent de la valeur de remplacement de la maison dont le calcul doit se baser sur le prix actuel du mètre carré du quartier où elle se trouve.

Autrement dit, avant de s'assurer il faut magasiner car les prix varient énormément d'une compagnie à l'autre et il faut lire très attentivement chacune des clauses des polices d'assurance si l'on veut être sûr d'être bien couvert en cas de sinistre.

III. QUESTIONS SUR LA COMPRÉHENSION DU TEXTE

1. Pourquoi les polices d'assurance sont-elles difficiles à lire ?

2. En cas de vol ou d'incendie, les assurés sont-ils en général satisfaits de la façon dont ils sont remboursés ? Pourquoi ?

3. Quels sont les avantages et les inconvénients de la clause « coût de remplacement » dans un contrat d'assurance ?

4. Si l'on possède des fourrures, des bijoux ou autres biens de ce genre, comment peut-on se protéger de façon satisfaisante en cas de perte ou de vol ?

5. Que faut-il faire pour bien être remboursé en cas d'incendie ?

6. En conclusion, quelles sont les précautions de base que doit prendre tout propriétaire avant de s'assurer contre le vol, l'incendie ou le gel ?

IV. MISES EN SITUATION

1. Vous travaillez pour l'Office de la Protection du Consommateur et vous êtes responsable de la rédaction de la brochure qui s'intitule : « L'assurance-habitation : meilleure et moins chère. » Quels sont les conseils que vous y donnez ?

2. Téléphonez à plusieurs compagnies d'assurances de votre ville et demandez-leur de vous envoyer leurs contrats « assurance-habitation » (en français, si possible). Une fois reçus, dressez une liste des avantages et des inconvénients de chacun d'entre eux puis faites une étude comparative qui vous aidera à déterminer celui qui serait susceptible d'intéresser les futurs propriétaires de maisons.

V. EXERCICES DE LANGUE

A. **Trouvez des mots de la même famille.**

1. facturer _____ _____

2. une assurance _____ _____

3. louer _____ _____

4. rembourser _____ _____

5. voler _____ _____

6. souscrire _____ _____

B. **Quel est l'antonyme ou le synonyme des mots suivants ?**

1. déménager ant. _____

2. des dégâts syn. _____

3. rembourser ant. _____

4. la copropriété syn. _____

5. dispendieux ant. _____

6. de bonne foi syn. _____

7. un locataire ant. _____

8. endommager syn. _____

C.   Où est l'intrus ?

1.   une assurance - le gel - un sinistre - des dommages - des dégâts

2.   une assurance - un contrat - une clause - une facture - une police

3.   un locataire - un voleur - un propriétaire - un assureur - un copropriétaire

4.   une police d'assurance - une valeur mobilière - une couverture - un remboursement - une franchise

D.   Remplacez les mots en gras par le mot qui convient.
prime - inventaire - franchise - sinistre - espèces

1.   Il est utile de fournir à l'assureur **un état descriptif** de ses biens lorsqu'on souscrit à une assurance-habitation.

2.   Quand on est assuré en cas de dommage, il y a toujours **une partie des dommages que l'assuré conserve à sa charge.**

3.   Quand on possède une maison, il est recommandé de bien s'assurer contre toute **catastrophe naturelle** (incendie, inondation...).

4.   En cas de sinistres, l'assureur n'est pas tenu d'indemniser l'assuré en **argent**.

5.   **Les sommes** que les conducteurs doivent payer à leurs assureurs pour faire assurer leurs voitures ont exagérément augmenté ces cinq dernières années.

E.   Complétez les phrases suivantes avec le mot qui convient.

1.   Moyennant une _____ , l'assureur garantit l'assuré contre les dommages directs pouvant atteindre ses biens.

    a. somme   b. compensation   c. prime   d. police

2.   Une assurance garantit à l'assuré une indemnité pour les pertes qu'il aura _____ .

    a. assumées   b. subies   c. souscrites   d. occasionnées

3. L'assureur est lié à l'assuré par un document qui s'appelle _____ .

    a. une déclaration   b. un constat   c. une police   d. un affidavit

4. Étant donné le nombre grandissant des poursuites contre les médecins, les assureurs ont été contraints d'augmenter massivement les primes d'assurance _____ .

    a. -responsabilité civile   b. médicale   c. -hospitalisation
    d. -responsabilité professionnelle

5. Lorsqu'on possède des biens de très grande valeur, il est bon de contracter une assurance _____ .

    a. -habitation   b. flottante   c. tous risques   d. -incendie

★ ★ ★

POUR ALLER PLUS LOIN

Vous n'avez que l'embarras du choix

L'assurance...	garantit...
aérienne (Air, airflight)	contre les dommages matériels ou corporels occasionnés lors d'un transport aérien
-automobile (Car)	contre les dommages occasionnés lors d'un accident ou contre la perte, le vol d'une voiture
-chômage (Unemployment)	contre le non-emploi
-décès (en cas de...) (Whole-life)	une somme ou un revenu au(x) bénéficiaire(s) lorsque l'assuré est décédé
-habitation (Home)	contre les dommages occasionnés à une demeure et aux biens qui s'y trouvent
flottante (Floater policy)	la protection (perte, bris...) à l'intérieur et à l'extérieur de l'habitation de certains objets spécifiquement désignés dans la police d'assurance
-hospitalisation (Hospital)	le paiement des frais d'hospitalisation
hypothécaire (Mortgage)	le paiement d'un bien immobilier hypothéqué en cas de décès ou d'invalidité de l'assuré
-incendie (Fire)	contre les dommages occasionnés à une demeure à la suite d'un incendie
-invalidité (Injury, disability)	la protection d'une personne (son salaire...) qui ne peut plus travailler pour des raisons de santé, de blessures ou d'infirmité

-maladie (Health)	le remboursement des frais médicaux en cas de maladie
maritime (Marine)	contre les avaries occasionnées lors d'un transport maritime
-maternité (Maternity benefit)	le remboursement des frais d'accouchement et parfois un congé payé de maternité (allocation de maternité)
rente viagère (Life annuity)	le paiement d'une somme périodique tant que le prestataire est vivant
-responsabilité civile (Personal liability)	contre les dommages corporels ou matériels occasionnés à des tiers (third party)
sociale (Social)	au travailleur et à sa famille un certain nombre de prestations sociales (maladie, invalidité, maternité)
tous risques (Comprehensive)	contre un grand nombre de risques subis par une personne ou contre les dommages occasionnés à ses biens
valeur à neuf (Replacement cost)	le remplacement des biens endommagés sans déduction pour la dépréciation
-vie (en cas de...) (Endowment)	le paiement d'une somme ou d'un revenu si l'assuré est vivant après une période déterminée
-vie dotation (Endowment)	(1) au(x) bénéficiaire(s) le paiement d'une somme à la suite du décès de l'assuré ; (2) le paiement du capital si l'assuré est vivant à la fin du contrat d'assurance
-vie entière (Whole life)	au(x) bénéficiaire(s) le paiement d'une somme advenant le décès de l'assuré ; protection permanente ; cette assurance fournit une clause valeur de rachat
-vie temporaire (ou **à terme**)	au(x) bénéficiaire(s) le paiement d'une somme advenant le décès de l'assuré ; protection (Term) temporaire

-vieillesse
(Old age)

une pension pour les personnes du troisème âge (« l'âge d'or »)

-vol
(Theft)

contre le vol

VOCABULAIRE SUPPLÉMENTAIRE DE L'ASSURANCE

Actuaire (m)(f) : *actuary*
année d'assurance (f) : *policy year*
avenant (m) : *additional clause*

Blessure (f) : *injury*

Catastrophe naturelle (f) : *natural disaster*
collision (f) : *collision*
conditions générales (f) : *general provisions*
-- particulières : *particulars*
couverture (f) : *coverage*
constat (m) : *report*

Déchéance (f) : *lapse*
déclaration de sinistre (f) : *notice of claim*
-- erronée : *misstatement*
-- inexacte : *misrepresentation*
dégât (m) : *damage*
devis (m) : *estimate*
délai de grâce (m) : *grace period*
demande de règlement (f) : *claim*
dommage corporel (m) : *bodily harm / injury*

Effraction (f) : *forcible entry*
échéance (f) : *due date*
entrée en puissance (f) : *commencement date*

Forfait (m) : *lump sum*
formulaire (m) formule (f) : *form*
franchise (f) : *deductible*

Indemniser : *to pay an indemnity*
indemnité (f) : *compensation*
inondation (f) : *flood*

Majoration (f) : *rating up*

Prestations (f) : *payments, benefits*
preuve (de sinistre) (f) : *proof of claim*
prime fixe (f) : *fixed premium*
-- fractionnée : *instalment premium*
-- nivelée : *level premium*

Quittance de prime (f) : *premium receipt*

Réclamation (f) : *claim*
risque (m) : *risk*

Sinistre (m) : *casualty*
supplément de prime (m) : *additional premium*
surprime (f) : *extra premium*

Tarif (m) : *rate*

Vol qualifié (m) : *aggravated theft*
-- simple : *petty larceny*

RÉFLEXIONS

Prudence est mère de sûreté

A. Testez vos connaissances.

1. Lorsqu'une maison est détruite dans un incendie, une assurance-habitation garantit
   a. son coût de remplacement
   b. son remplacement à sa valeur marchande

2. Toute modification à une assurance doit être faite par le biais
   a. d'une lettre adressée à l'assureur
   b. d'un avenant

3. Les biens de grande valeur (obligations, bijoux, collection de pièces rares) se trouvant dans un domicile
   a. sont systématiquement couverts par une assurance-habitation
   b. devraient être couverts par une assurance flottante

4. En cas de sinistre, le remboursement des biens se fait généralement
   a. sur la bonne foi de l'assuré
   b. sur présentation des factures d'origine

5. L'inventaire des biens doit se faire
   a. au moment de la souscription à une assurance
   b. à la suite d'un sinistre

6. Si une maison n'est pas hypothéquée, une assurance-habitation
   a. est inutile
   b. est nécessaire

7. Tout contrat d'assurance
   a. peut être résilié soit par l'assuré soit par l'assureur
   b. ne peut être résilié que par les deux parties consentantes

8. Pour déterminer le montant de garantie à souscrire
   a. vous seul êtes en mesure de le faire
   b. votre agent ou votre courtier peut vous aider à le faire

9. Les dommages occasionnés par la contamination radioactive
   a. sont couverts
   b. sont exclus sauf s'ils font l'objet d'une couverture spéciale

B. **Les termes suivants appartiennent soit au lexique des assurances, soit au lexique des valeurs mobilières, soit aux deux. Vous les classerez selon le groupe auquel ils appartiennent en justifiant votre réponse.**

a.   assurances   b.   valeurs mobilières   c.   assurances et valeurs mobilières

1.   une courtière   ____

2.   une clause   ____

3.   un investissement   ____

4.   une rente   ____

5.   une dotation   ____

6.   une pension   ____

7.   une action   ____

8.   une obligation   ____

9.   un REÉR   ____

10. une surprime   ____

11. une souscription   ____

12. une bénéficiaire   ____

C. **Retrouvez les types d'assurances auxquels les mots ou groupes de mots suivants font allusion.**

1.   feu :   _____

2.   mort :   _____

3.   maison :   _____

4.   appropriation frauduleuse :   _____

5.   obligation sociale :   _____

6.   incapacité de travailler :   _____

CHAPITRE XII

LA FISCALITÉ

AUX ARMES, CONTRIBUABLES ! [a]

En France (comme au Québec), tout est taxé[1]. « Au fond, explique Jean-Claude Martinez, pour ne pas payer d'impôt[2], il faut être sourd, aveugle, anorexique, impuissant, fainéant et inintelligent. En somme, social-démocrate à la deuxième génération. »

Elle est remarquable, flamboyante et subversive, cette *Lettre ouverte aux contribuables*[3] où le professeur de droit fiscal[4] devenu pamphlétaire entreprend de montrer le fardeau et l'illégitimité de la fiscalité[5] actuelle : « Citoyen contribuable, [...] en 89, parce que tu travaillais 18 jours par an pour payer tes impôts, tu as fait une révolution. Aujourd'hui, tu travailles plus de 80 jours par an pour payer tous tes prélèvements[6], directs et indirects, fiscaux, néofiscaux et parafiscaux. Dix fois plus. Et que fais-tu ? Des élections ! Et au mieux, quelques protestations. »

Les problèmes de la fiscalité sont partout les mêmes. Des impôts outrageants et spoliateurs[b], adoptés à l'aveuglette par des parlementaires[7] qui votent n'importe quoi, des textes pléthoriques où les spécialistes perdent leur latin[c], des bureaucrates qui règnent et répriment, le tout sanctionné par des juges ignorants des droits de l'homme[8]. Pour financer[9] quoi ? L'imposture de la Sécurité sociale[10], les nationalisations, la SNCF[d] (qui emploie pour l'entretien de ses voies un cheminot[e] par kilomètre, d'où Martinez calcule qu'un cheminot parcourt 50 centimètres à l'heure), le « national-fiscalisme » de l'État-providence. En deux mots, pour financer l'exploitation du peuple.

La révolte gronde. Le contribuable en a marre des déclarations à remplir, de la spoliation de l'impôt, de l'inquisition fiscale. « Il faut imaginer Sisyphe payant ses impôts. »

Mais « la fiscalité, ça se soigne. » Par l'évasion et la résistance fiscale[11], à laquelle Martinez appelle les contribuables : la fraude[12], qui « assure la défense du bien commun, comme des biens individuels »[13], est « le seul modeste moyen d'expression direct de son consentement qui est ouvert au contribuable. » Par la révolte et la grève des contribuables et, éventuellement, par le référendum fiscal.

Au 16e siècle en France, le peuple payait les deux tiers de ses revenus[14] en impôts. « L'impôt est trop étranger à la liberté pour ne pas être contesté. » Au 19e siècle, l'impôt sur le revenu[15] fut aboli deux fois en Angleterre.

Martinez a bien vu que l'impôt sur le revenu des particuliers[16] est le plus arbitraire, le plus injuste (y compris par sa progressivité), le plus tyrannique et le plus réactionnaire de tous les impôts. Inventé par Louis XIV, il est embrassé[f] par toutes les républiques de bananes[g] du monde et du tiers monde : la République démocratique allemande impose des taux marginaux de 98 %, la Tanzanie de 75 %.

À l'instar des[h] théoriciens du *Public Choice* (voir Geoffrey Brennan et James Buchanan, *The Power to Tax*, Cambridge, Cambridge University Press, 1980), Martinez a bien compris qu'il est illusoire de demander à l'État[17] de réduire ses dépenses[18] avant d'alléger les impôts. « L'erreur est trop grossière pour être de bonne foi » ; c'est par l'autre bout qu'il faut prendre le problème[i] : il faut couper les vivres[j] à l'État pour le forcer à réduire ses interventions.

De plus, l'impôt sur le revenu est une méthode bien trop commode et trop élastique pour lever des impôts[19]. Institué en France en 1914, l'impôt sur le revenu sous sa forme moderne devait se limiter à un taux de 2 %.

Le professeur de droit fiscal reprend donc à son compte[k] une grande idée libérale qui sent l'avenir et la liberté : abolir l'impôt sur le revenu, qui correspond au quart des recettes de l'État[20] français (le tiers au Québec).

Peu connu dans les cercles néo-libéraux, Jean-Claude Martinez ne tire pas tous les avantages qu'il pourrait des théories libérales sur l'État et le fisc[21]. Il fait trop confiance à des solutions comme le référendum fiscal et la consultation des contribuables, et pas assez à des dispositions constitutionnelles pour limiter l'État. Il ignore les distorsions que l'impôt entraîne forcément dans les comportements individuels. Mais passons[l].

Car il faut lire ce beau pamphlet, y compris au Québec où il nous va comme un gant[m]. Les impôts sont aussi élevés ici qu'en France et encore plus spoliateurs pour le contribuable moyen. Le ministère du Revenu[22] a mis en marche[n] le projet « César », qui vise à informatiser la tyrannie fiscale et à interconnecter les fichiers[23] gouvernementaux. La puissante DGO (direction générale des opérations) se construit un puissant empire dont le ministre lui-même est plus ou moins exclu. Et je tiens[o] d'un haut fonctionnaire[24] du ministère que les bureaucrates[25] exercent régulièrement des représailles fiscales contre ceux qui les critiquent.

Et que fais-tu, contribuable québécois ? Pas même des élections, puisque tous les partis politiques sont d'accord ; et, à quelques exceptions près[p] (dont le fabuleux film que Jean-Pierre Morin a réalisé à Radio-Québec, *Le Jeu du taxeur et du taxé*, ou le petit pamphlet antifiscal de Claude Jasmin), pas même des protestations.

Pierre Lemieux
Le Devoir

---

a. aux armes, contribuables ! : fait référence à la phrase célèbre (« aux armes, citoyens ! ») de l'hymne national français, la Marseillaise   **b.** spoliateurs : qui dépouillent, qui dépossèdent par abus du pouvoir   **c.** perdent leur latin : n'y comprennent rien   **d.** la SNCF : la Société Nationale des Chemins de fer Français   **e.** un cheminot : un employé de chemin de fer   **f.** embrassé : adopté   **g.** les républiques de bananes : les pays pauvres qui changent souvent de régimes politiques   **h.** à l'instar des : comme, à la manière des   **i.** c'est par l'autre bout qu'il faut prendre le problème : il faut faire le contraire pour s'attaquer au problème   **j.** couper les vivres : refuser de donner de l'argent   **k.** reprend à son compte : adopte   **l.** mais passons : mais nous n'insisterons pas là-dessus   **m.** où il nous va comme un gant : où il répond à nos besoins   **n.** a mis en marche : a lancé   **o.** je tiens : j'ai entendu dire   **p.** à quelques exceptions près : mis à part quelques exceptions

I. VOCABULAIRE SPÉCIALISÉ

1   **taxer** : to tax, to impose a tax on
        une taxe
2   **un impôt** : tax, duty
        imposer quelqu'un
3   **un(e) contribuable** : tax payer
4   **le droit fiscal** : taxation law
5   **la fiscalité** : taxation system
        le fisc
        fiscal
6   **un prélèvement (faire)** : eduction
7   **un(e) parlementaire** : member of Parliament
        le parlement
8   **les droits de l'homme** : human rights
9   **financer quelque chose** : to finance
        le financement
        un(e) financier (-ière)
10   **la Sécurité sociale** : Social Security
11   **l'évasion fiscale** : tax avoidance
12   **la fraude (fiscale)** : tax dodging, tax evasion
        frauder
        un(e) fraudeur (-euse)
13   **les biens (individuels)** : goods
14   **un revenu** : income
15   **un impôt sur le revenu** : income tax
        imposer quelqu'un
16   **les particuliers** : individuals
17   **l'État** : the State
18   **réduire ses dépenses** : to reduce public expenditure
19   **lever des impôts** : to levy taxes
20   **les recettes de l'État** : public revenue

21   **le fisc :** Taxation department (Revenue Canada, USA - Internal Revenue Service)
        fiscal
           la fiscalité
22   **le ministère du Revenu :** Department of Revenue
23   **un fichier (fiscal) :** file
24   **un(e) haut(e) fonctionnaire :** high ranking civil servant
25   **un(e) bureaucrate :** bureaucrat

II. RÉSUMÉ

Dans cet article, l'auteur parle du livre qu'un professeur de droit fiscal a écrit en France pour montrer aux contribuables combien la politique fiscale de l'État est abusive et illégitime et pour les inciter à la révolte contre le fisc. Il montre que les impôts sont souvent exagérés, sont votés par des parlementaires qui ne connaissent rien à la question et servent trop souvent à financer les abus financiers de l'État.

L'auteur de ce pamphlet encourage donc les citoyens à faire la grève des impôts et à exiger un référendum fiscal. Il pense aussi que la seule façon de réduire les impôts c'est de donner moins d'argent à l'État pour qu'il fasse des dépenses moins abusives. Quant à l'impôt sur le revenu, il considère qu'il devrait être aboli.

Pour finir cet article, P. Lemieux parle de la « tyrannie fiscale » qui règne au Québec et qui n'est donc pas mieux que celle qui règne en France.

III. QUESTIONS SUR LA COMPRÉHENSION DU TEXTE

1. D'après J.C. Martinez la situation de 1789 et celle d'aujourd'hui sont-elles similaires ?
    Pourquoi les compare-t-il ?

2. Pourquoi parle-t-il d'imposture quand il s'agit de la Sécurité sociale, de la SNCF ?

3. D'après lui les impôts sont-ils votés par des spécialistes de droit fiscal ?

4. Quelles sont les solutions que propose J.C. Martinez pour s'opposer à cette situation abusive ?

5. Que signifie : « Il faut couper les vivres à l'État pour le forcer à réduire ses interventions » ? Quelles seraient les conséquences de telles mesures ?

6. J.C. Martinez est-il en faveur de l'impôt sur le revenu ? Pourquoi ?

7. D'après l'auteur de cet article les contribuables québécois sont-ils plus chanceux que les contribuables français ?

IV. REMUE-MÉNINGES

1. Croyez-vous qu'il y ait une « tyrannie fiscale » de la part de votre gouvernement ?

2. Les contribuables du monde entier ne sont jamais contents de payer des impôts. Mis à part l'évasion fiscale, quels sont les autres types de pression que les citoyens pourraient exercer sur l'État pour l'obliger à diminuer ses impôts ?

3. À votre avis, dans quels domaines votre gouvernement fait-il des dépenses abusives ? Serait-il possible de les réduire ? Si « oui », comment ?

4. L'impôt sur le revenu est-il la forme d'impôt la plus juste ? Suggérez d'autres façons plus équitables et moins « douloureuses » grâce auxquelles l'État pourrait ramasser l'argent dont il a besoin.

V. EXERCICES DE LANGUE

A.   Trouvez des mots de la même famille.

1.   le fisc   _____   _____

2.   imposer   _____   _____

3.   une taxe   _____   _____

4.   financer   _____   _____

5.   informatiser   _____   _____

6.   le parlement   _____   _____

B.   Quel est l'antonyme ou le synonyme des mots suivants ?

1.   un fraudeur   syn. _____

2.   un revenu   ant. _____

3.   le tiers-monde   syn. _____

4.   faire confiance   ant. _____
     à quelqu'un

5.   une recette   syn. _____

C.   Complétez les phrases suivantes avec le mot qui convient.

1.   Un _____ est une personne qui occupe un emploi dans la fonction publique.

2.   Pour éviter que les contribuables ne dissimulent une partie de leurs revenus imposables, il y a des inspecteurs des impôts qui se battent contre _____ .

3.   L'État a pour responsabilité de répartir de façon équitable l'impôt entre les _____ .

4. Les comptables qui aident les citoyens à faire leurs déclarations d'impôts sont des spécialistes de _____ .

5. Pour s'assurer d'un minimum de recettes, l'État _____ des impôts auprès de tout citoyen qui exerce un emploi rémunéré.

D. Faites correspondre le mot à sa définition.
fonctionnaire - revenus - contribuable - particulier - impôts - évasion fiscale - fisc - déclaration d'impôts - taux marginal - biens

1. _____ : Personne payant des impôts ou des taxes.

2. _____ : Ce qui constitue le salaire ou les bénéfices d'un particulier.

3. _____ : Employé du gouvernement.

4. _____ : Taux (moyen) d'imposition.

5. _____ : Action de dissimuler une partie de ses revenus imposables.

6. _____ : Contribution, redevance faite par un particulier ou une société.

7. _____ : Administration chargée de percevoir des impôts.

8. _____ : État par écrit de ses revenus imposables.

9. _____ : Capital, fortune.

10. _____ : Personne privée.

E. Où est l'intrus ?

1. taux marginal - taxe - dépenses - impôts - prélèvement

2. contribuable - citoyen - individu - fonctionnaire - particulier

★ ★ ★

L'OR EST PERÇU COMME UN REMÈDE ANTI-INFLATION

L'or[1] est un véhicule[a] d'investissement[2] possédant un relent d'exotisme.   Au cours des dernières années, le métal précieux est devenu de plus en plus apprécié par les gens ordinaires désireux de se protéger de l'inflation.

Il est en effet surprenant de constater à quel point[b] il est facile d'acquérir de l'or. Il y a d'ailleurs plusieurs façons d'en acheter.

Les lingots d'or[3] sont disponibles sous plusieurs formes, allant de la minuscule gaufre[4] d'un gramme au lingot standard de 400 onces. Ces achats ne sont toutefois pas nécessairement recommandables pour le petit investisseur, en raison des frais[5] qui s'associent à l'achat du métal et à son entreposage[6].

Tout achat[7] d'or inférieur à un lingot standard implique un coût de fabrication[8] calculé à l'once. Plus le lingot est petit, plus les frais réclamés sont élevés par rapport à la valeur réelle du métal.

Il faut également tenir compte des frais d'entreposage. Les courtiers et les banques sont prêts à conserver cet or en sécurité pour vous, mais non sans vous en faire payer la facture[9]. Il faut également songer aux frais d'assurance[10].

Titrage et revente

Détenir de l'or est important en ce qu'il[c] permet d'avoir une source de financement facile à transposer en numéraire[11], cela en tout temps. Par ailleurs[d], le petit investisseur doit tenir compte de ce que son petit trésor en lingots devra peut-être être titré[12] -- analyse de la pureté du métal -- avant d'être revendu[13]. Cela se traduit par[e] de nouveaux frais. On ne peut, non plus, revendre une partie d'un lingot. Il n'est pas possible de couper un lingot de 100 onces en deux pour en vendre une moitié. Les lingots sont inaltérables.

Il est possible, toutefois, d'éviter les coûts pertinents à[f] la fabrication, au titrage[14] et à l'expédition du précieux métal, en achetant plutôt des titres aurifères[15] (certificats).

Vous devrez probablement verser une commission[16], dans ce dernier cas, ainsi que des frais d'entreposage et d'assurance, mais vous pourrez revendre votre avoir en or[17] seulement en logeant[g] un appel téléphonique à votre courtier. Il est évident que ce type d'investissement est moins coûteux pour le petit investisseur.

Pour des raisons de sécurité, la majorité des courtiers conservent les titres aurifères que vous achetez et qui vous donnent droit à une quantité précise d'or. Ces certificats sont conservés dans des dépôts frappés d'une police d'assurance[18], si bien que votre investissement est en sécurité même si le courtier fait faillite[19].

Les pièces d'or[20]

Il existe également une autre façon d'investir dans l'or : ce sont les pièces de monnaie en or frappées par plusieurs pays du monde. Ces pièces n'ont jamais à être[h] titrées à la revente parce que leur pureté est internationalement reconnue. Elles peuvent donc être très facilement encaissées, revendues ou même fondues en lingots.

Ces pièces, toutefois, peuvent être relativement coûteuses[21]. Pour l'achat de chaque pièce, le vendeur impose une surcharge[22] représentant le coût[23] de la frappe[24] qui s'ajoute à la valeur réelle, sur le marché, de l'or que contient la pièce. Ainsi, la feuille d'érable d'une once du Canada ou le krugerrand de l'Afrique du Sud sont frappés d'une surcharge[25] de quatre pour cent. En plus, la majorité des provinces canadiennes imposent une taxe de vente[26] sur ces pièces.

Tout comme pour les lingots, les pièces d'or sont frappées d'une surcharge proportionnelle à la valeur de la pièce. Ainsi, une feuille d'érable d'un dizième d'once du Canada s'appauvrit d'une surcharge de 14 pour cent.

Investir dans l'or peut également se faire par le biais du[i] marché des options[27] ou par l'achat de bijoux. Dans les deux cas, l'investissement est risqué : il requiert des connaissances approfondies du marché, ce qui ne s'acquiert que par de nombreuses années d'expérience.

Les investisseurs doivent toujours se rappeler que l'or n'est généralement pas considéré comme une valeur spéculative[28] susceptible de les rendre riches rapidement. C'est plutôt une valeur sûre[29] vous permettant de vous protéger contre les fluctuations[30] des marchés financiers.

Ainsi, en 1968, une somme de 10 100 $ permettait d'acheter 287 onces d'or. Vous étiez ainsi protégé contre l'inflation, car cette quantité de métal précieux vaut aujourd'hui quelque 113 000 $. Or, rappelons que la somme de 10 000 $, aujourd'hui, ne possède que la moitié du pouvoir d'achat[31] qu'elle possédait en 1968.

Gord McIntosh
Le Devoir

---

a. un véhicule : un moyen   b. à quel point : combien   c. en ce qu'il : car   d. par ailleurs : d'un autre côté   e. se traduit par : entraîne   f. pertinents à : occasionnés par, dûs à   g. en logeant : en faisant   h. n'ont jamais à être : n'ont jamais besoin de   i. par le biais du : par l'intermédiaire du, grâce au

NOTES

inflation

Hausse continue du niveau général des prix des biens et services. Le taux d'inflation est calculé grâce à une mesure : **l'indice des prix à la consommation (IPC).** L'IPC est la valeur indicielle correspondant à l'achat de 300 produits appartenant à sept catégories : l'habitation, les aliments, l'habillement, le transport, les loisirs, les tabacs et les boissons alcoolisées, la santé et les soins personnels. Les variantes de l'indice de ces mêmes produits dans le temps permettent de savoir s'il y a augmentation du taux d'inflation. La **désinflation** est la baisse du taux d'augmentation du niveau général des prix. Pour combattre l'inflation, un gouvernement peut adopter une politique de **déflation** en limitant le crédit à la consommation ou en augmentant les impôts par exemple.

numéraire

Monnaie divisionnaire métallique (pièce...) ou **fiduciaire** (billet de banque) ayant cours légal.

option

Le marché des options sur l'or ainsi que celui des options sur les actions, sur les obligations, sur les devises et sur les métaux précieux sont très spéculatifs. Une option d'achat d'or donne à son titulaire le droit d'acheter ce métal précieux à un prix déterminé et dans un délai fixe.

I. VOCABULAIRE SPÉCIALISÉ

1   **l'or** : gold
2   **un investissement** : investment
         investir
         un(e) investisseur (-euse)
3   **un lingot d'or** : gold bar/ingot
4   **une gaufre** : wafer
5   **des frais** : fees
6   **un entreposage** : storage
         entreposer
         un entrepôt
7   **un achat** : purchase
         acheter
         un(e) acheteur (-teuse)
8   **une fabrication** : manufacturing
         fabriquer
9   **un(e) courtier (-tière)** : broker
10   **être frappé d'une charge de** : to be taxed

11 **facturer** : to invoice
         une facture
12 **une facture** : invoice, bill
13 **des frais d'assurance** : insurance fees
14 **transposer (de l'or) en numéraire** : to exchange for cash
15 **titrer (de l'or)** : to assay
         le titrage
16 **revendre quelque chose** : to resell
17 **le titrage (d'un métal)** : assaying
18 **un titre aurifère** : gold certificate/title
19 **verser une commission** : to pay a commission
20 **un avoir en or** : gold asset
21 **un dépôt frappé d'une police d'assurance** : guaranteed deposit
         déposer
         un(e) dépositaire
22 **faire faillite** : to go bankrupt
23 **une pièce d'or** : gold coin
24 **coûteux** : costly
25 **une surcharge** : additional charge
26 **un coût** : cost
27 **la frappe (d'une pièce de monnaie)** : minting
         frapper (une pièce)
         un(e) frappeur (-euse)
28 **être frappé d'une surcharge** : to be overcharged
29 **imposer une taxe de vente** : to impose a sales tax on
30 **le marché des options** : options market
31 **une valeur spéculative** : speculative stock
32 **une valeur sûre** : safe security
33 **les fluctuations (du marché financier)** : fluctuations, price movements
         fluctuer
34 **un pouvoir d'achat** : purchasing power

II. RÉSUMÉ

L'or, qui est facile à acheter, semble avoir beaucoup de succès auprès des individus désireux de se protéger contre l'inflation. On peut acheter des lingots d'or de poids différents mais plus ils sont légers plus leurs frais de fabrication, d'entreposage et d'assurance sont proportionnellement élevés. Et quand on veut les revendre, il faut payer des frais de titrage et d'expédition. C'est pourquoi le petit investisseur a tout intérêt à acheter des titres aurifères qui sont moins coûteux. Les pièces d'or sont, elles aussi, intéressantes car elles sont faciles à acheter ou à revendre mais elles sont frappées de plusieurs surcharges qui les rendent relativement chères.

En achetant de l'or, le petit investisseur ne doit pas espérer devenir riche rapidement mais il trouvera dans ce type d'investissement une bonne protection contre l'inflation.

III. QUESTIONS SUR LA COMPRÉHENSION DU TEXTE

1. Sous quelles formes différentes peut-on acquérir de l'or ?

2. Pourquoi les lingots d'or sont-ils coûteux à acheter pour les petits investisseurs ?

3. Pourquoi les titres aurifères sont-ils plus avantageux que les lingots d'or, pour les petits investisseurs ?

4. Quels sont les avantages des pièces d'or ?

5. Quand l'auteur écrit que l'or n'est pas une valeur spéculative, que veut-il dire ?

6. Selon l'auteur, cela vaut-il la peine d'acheter de l'or de nos jours ?

IV. MISES EN SITUATION

1. Possédez-vous de l'or ? Si « oui », pourquoi et si « non » pourquoi ?

2. Vous êtes courtière en métal précieux et vous essayez de convaincre un client, qui est un petit investisseur, que les pièces d'or sont ce qu'il y a de plus intéressant. Celui-ci préfère acheter des lingots d'or et vous avez donc du mal à le faire changer d'avis.

3. Vous êtes spécialiste des finances et vous organisez un séminaire sur les différentes façons d'éviter d'être victime de l'inflation.

V. EXERCICES DE LANGUE

A. **Trouvez des mots de la même famille.**

1. fabriquer _____ _____

2. investir _____ _____

3. entreposer _____ _____

4. coûter _____ _____

5. fluctuer _____ _____

6. facturer _____ _____

7. déposer _____ _____

8. acheter _____ _____

9. spéculer _____ _____

10. acquérir _____ _____

B. **Vrai ou faux ?**

		vrai	faux
1.	Le pouvoir d'achat d'un individu est ce qu'il peut acheter avec une certaine unité monétaire.	*	*
2.	Transposer un titre en numéraire c'est échanger ce titre contre sa valeur en nature.	*	*

3.   Frapper une pièce de monnaie signifie   *   *
que le gouvernement décide de sa valeur.

4.   On parle de fluctuations du marché des   *   *
devises quand la valeur du cours des
changes varie.

5.   Une valeur spéculative permet de faire   *   *
des profits quand les fluctuations du
marché le permettent.

C.   Reconnaissez l'erreur orthographique.

1.   Quand on est un petit épargnant, il est moins dispendieux d'acheter des titres orifères
que des lingots d'or.

2.   Plus on achète une petite quantité d'or et plus son coût de fabriquation est
proportionnellement élevé.

3.   Il arrive que les gouvernements retirent certaines pièces de monaie de la circulation
quand elles sont trop vieilles.

4.   L'or est un bon type d'investisement pour lutter contre l'inflation.

5.   Quand on achète des lingots d'or, il faut penser qu'aux frais d'achat s'ajoutent les frais
d'entrepossage et les frais d'assurance.

D.   À l'aide du dictionnaire, trouvez les différents sens de « monnaie ».

1.   monnaie marchandise :

2.   monnaie métallique :

3.   monnaie divisionnaire :

4.   monnaie fiduciaire :

5.   monnaie scripturale :

6. monnaie électronique :

7. monnaie étrangère :

E. Complétez les phrases suivantes avec le verbe qui convient.
négocier - détenir - offrir - titrer - entreposer - offrir - frapper

1. Crésus, roi de Grèce en l'an 550 avant J.-C., aurait _____ la première pièce d'or.

2. L'or _____ une excellente protection contre l'augmentation du niveau de vie.

3. Le courtier _____ au nom de ses clients l'achat et la vente de valeurs mobilières.

4. En Amérique du Nord, tout citoyen peut légalement vendre ou _____ de l'or.

5. Le lingot d'or ne peut être revendu sans être _____ auparavant.

6. Il est plus facile de _____ en espèces un titre aurifère qu'un lingot d'or.

7. Pour des raisons de sécurité, les banquiers exigent des frais d'assurance lorsqu'on _____ de l'or chez eux.

✱ ✱ ✱

POUR ALLER PLUS LOIN

Tout ce qui brille...

Le palmarès des producteurs d'or

L'Afrique du Sud	50 %
L'U.R.S.S.	30 %
Le Canada	4 %
Les États-Unis	2 %

Protégez-vous contre l'inflation : à défaut de lingot...

L'investisseur peut se procurer sur le marché de l'or des pièces connues telles que la feuille d'érable (Canada) et le Krugerrand (Afrique du Sud) mais aussi le Panda (Chine), le Napoléon (France), la pièce de 20 dollars (États-Unis) et la pièce de 50 pesos (Mexique).

Tout ce qui brille n'est pas or (ou pas tout à fait !)

Attention à la qualité de votre métal précieux.
Si votre collier est de 24 carats, il est sans alliage et donc pur.
Si votre bague est de 18 carats, elle est à 75% pure.
Les bijoux vendus en Amérique du Nord sont généralement de 14 carats.
Vous pouvez également vous procurer des bijoux de 9 et 10 carats.

VOCABULAIRE SUPPLÉMENTAIRE DE L'IMPOSITION ET DES ABRIS FISCAUX

Abri fiscal (m) : *tax shelter*
admissibilité (f) : *elligibility*
année financière (f) : *fiscal year*
appui financier (m) : *financial support*

Capital de risque (m) : *venture capital*
capital et intérêts (m) : *principal and interest*
coentreprise (f) : *joint venture*
conseiller financier (f) : *financial adviser*
contribuable (m)(f) : *taxpayer*
cotisant(e) : *contributor*
cotisation (f) : *contribution*
coût de la vie (m) : *cost of living*

Échappatoire (m) : *loophole*
encouragement (m) : *incentive*
évasion fiscale (f) : *tax avoidance*
exempt d'impôt (être) : *free of tax*
exercice (m) : *fiscal year*

Fiscalité (f) : *taxation*
fonds de retraite (m) : *pension fund*
Fonds enregistré de revenu de retraite (FERR) (m) : *Registered Retirement Income Fund (RRIF)*
frais financiers (m) : *carrying charges*
fraude fiscale (f) : *tax evasion*

Gains (m) : *earnings*
gain en capital (m) : *capital gain*

Impôts différés (m) : *deferred taxes*
impôt sur le revenu (m) : *income tax*
impôt sur les gains en capital (m) : *capital tax gain*
indice de pension (m) : *pension index*

Marché des capitaux (m) : *financial market*

Pension de retraite à jouissance différée (f) : *deferred annuity*
plafond de gains (m) : *earnings ceiling*
pouvoir d'achat (m) : *purchasing power*
prestataire (m)(f) : *beneficiary*
prestation (f) : *benefits*
quote-part de l'employeur (m) : *employer's share*

Recettes de l'État (f) : *public revenue*
régime de pension avec participation aux bénéfices (m) : *profit sharing*
Régime de pension du Canada (m) : *Canada Pension Plan*
Régime enregistré d'épargne-retraite (m) : *Registered Retirement Savings Plan (RRSP)*
Régime de rentes du Québec (m) : *Quebec Pension Plan*
régime de retraite (m) : *pension plan*
rente (f) : *annuity*
retenues mensuelles (f) : *monthly deductions*
retraite (f) : *retirement*
revenu imposable (m) : *taxable income*
revenu net (m) : *net income*

Situation financière (f) : *financial position*
stimulant financier (m) : *financial incentive*

Taux (m) : *rate*

RÉFLEXIONS

1. L'imposition sur le revenu des contribuables : un mal nécessaire dans notre société moderne. À quoi sert tout l'argent perçu par votre gouvernement ?

2. Faites la liste des différentes taxes supplémentaires auxquelles le contribuable est assujetti.

3. Ayant déjà rempli plus d'une fois votre déclaration d'impôts, pouvez-vous énumérer les différentes exemptions auxquelles vous avez droit ?

4. Pourquoi l'or a-t-il toujours joué le rôle de monnaie d'échange ?

5. Quels sont les facteurs qui peuvent influencer le prix de l'or ?

6. Pour les personnes prudentes qui ne veulent pas trop risquer leur capital, quels placements sûrs leur recommandez-vous ? (Consultez également les chapitres sur les institutions financières et la Bourse.)

Complétez les phrases suivantes avec le verbe qui convient.

permettre - soumettre - coter - gérer - réaliser - prêter - rapporter - se constituer - jouir - assumer - coûter - imposer - épargner - conserver - garder

1. Étant donné le taux d'inflation, il est difficile de _____ une bonne retraite basée sur les rentes du gouvernement.

2. Après impôts, le contribuable moyen ne _____ que deux tiers de son salaire.

3. Un placement dans un fonds d'investissement peut à long terme _____ un revenu substantiel.

4. Les revenus provenant d'investissements dans les entreprises _____ d'un traitement fiscal avantageux.

5. Lorsque vous ouvrez un compte d'épargne à la banque, vous _____ de l'argent contre un loyer.

6. En contribuant à un REÉR vous _____ une économie d'impôt assez importante.

7. Dans un club d'investissement, les membres _____ ensemble le portefeuille des valeurs détenues.

8. La location d'un coffre à la banque _____ une trentaine de dollars.

9. L'or métal est _____ chaque jour d'ouverture à la Bourse.

10. Le fisc _____ de moins en moins d'échappatoires aux contribuables.

11. Le REÉR est _____ à des plafonds de contribution.

12. Tout véhicule de placement devrait être choisi non seulement en fonction de ses besoins et de ses objectifs, mais aussi en fonction du degré de risque que l'on est prêt à _____ .

13. Si vous possédez des lingots d'or, il est prudent de les _____ dans un coffre-fort.

14. Le fisc _____ tous les gains en capital.

15. Plusieurs régimes de retraite sont offerts aux contribuables pour leur _____ de l'argent.

La TVA, cette grande inconnue...

I l y a quelques années, plusieurs pays européens instituaient un système de retour de taxe, pouvant représenter un remboursement de plusieurs dollars sur les achats faits à destination.

Ce retour de « Taxe sur la Valeur Ajoutée » — TVA — est encore méconnu de plusieurs, quoiqu'elle s'avère fort avantageuse lorsqu'on en connaît les rouages.

La TVA consiste à déduire du montant des achats effectués dans de nombreux pays d'Europe de l'ouest, toutes les taxes qui sont ajoutées au cours des différentes étapes de production et qui sont comprises dans le prix de vente des marchandises. L'intérêt est grand pour les visiteurs qui — peu importe le pourcentage de taxe ayant été ajouté aux biens — se verront rembourser la totalité des taxes ajoutées. Afin de bénéficier de ce remboursement de TVA, il faut suivre quelques étapes.

Ainsi, lors du passage à la caisse du magasin, il faut demander au vendeur la formule officielle de remboursement de la TVA. Cette formule sera remise sous présentation d'une pièce d'identité attestant la résidence à l'extérieur du pays. La formule de TVA est également accompagnée d'une enveloppe à l'adresse du magasin. Plusieurs magasins n'ont pas cette formule, mais offrent un livret ou une fiche pour y inscrire et totaliser tous les achats, ce qui permet de réclamer le montant global de taxe sur la totalité des achats.

Au moment de quitter le pays, le touriste doit se rendre aux douanes, section hors taxe et faire valider son formulaire dûment complété, avec une étampe des douanes. Bien qu'elle paraisse simple de prime abord, cette étape se révèle délicate car sur demande de l'officier des douanes, le voyageur doit être en mesure de présenter tous les biens achetés. Ceci implique que les achats sur lesquels on désire un remboursement de TVA, doivent être facilement accessibles et portés dans les bagages à main. Une fois le formulaire étampé par les douanes, la procédure courante est de poster les formulaires aux magasins concernés.

Puis, c'est la sage attente du remboursement. Il faut attendre parfois plus de six mois avant que le chèque de remboursement ne parvienne aux mains de l'acheteur.

Une fois en possession du chèque, celui-ci doit l'encaisser dans une banque étrangère ou encore dans une maison de changes telle Deak Perera, où le taux de change est souvent plus avantageux. Pour éviter d'avoir à vous présenter à l'une ou l'autre de ces institutions, il est suggéré de faire ces achats avec des cartes de crédit, ainsi le remboursement de la taxe sera ajouté directement à même votre compte.

Voici le taux de la taxe sur la valeur ajoutée et le montant minimum des achats selon les différents pays européens.

• ALLEMAGNE : La TVA est de 14 % sur le prix net de l'achat. Il n'y a pas de montant minimum de l'achat.

• AUTRICHE : La TVA est de 20 % sur les articles courants, alors que sur les articles de luxe tels l'équipement électronique, les fourrures, les bijoux et autres, la « taxe de luxe » est de 32 %. Le remboursement de la TVA s'applique sur des achats totalisant plus de 1 000 schillings. Fait à noter, ce retour de taxes est effectué uniquement sur les biens n'ayant jamais été utilisés. Ainsi, il est impossible de s'acheter un nouvel équipement de ski sur place et de l'utiliser lors du séjour, pour exiger un remboursement par la suite.

• BELGIQUE : La TVA varie de 18 à 25 %, et le montant minimal d'achats est de 7 000 FB.

• FRANCE : La TVA est de 6 % à 20,6 % selon les articles achetés. Pour bénéficier d'un retour de taxe le montant minimal des achats est de 1 200 francs français non-applicables sur les biens suivants : produits alimentaires, tabacs, or et pierres précieuses non montées, oeuvres d'art de collection, antiquités, pièces détachées et autre biens d'équipement pour moyens de transport à usage privé (auto, bateau, avion).

• ITALIE : Certains disent qu'il existe une détaxe, d'autres nient, toutefois, selon le Bureau de Tourisme Italien, la TVA n'existe pas.

• IRLANDE : La TVA n'existe pas comme telle, mais un système semblable à celui en vigueur dans la plupart des pays d'Europe est appliqué. Le taux de remboursement de taxe varie de 18 à 35 %.

• NORVÈGE : Un remboursement de taxe de 20 % est applicable aux achats de 1 000 kroners ou plus.

• SUÈDE : Il faut plutôt demander un « reçu d'exportation » ou encore un « chèque d'achat » accompagnant les achats, et il viendra automatiquement avec un chèque de remboursement attaché. Il s'agit de le faire estampiller au moment du départ, et le remboursement « comptant » est aussitôt fait — même pour les achats faits avec une carte de crédit. Bien que la taxe de Suède soit de 19 %, le remboursement de la TVA sera de 14 % puisque des frais de services de 5 % sont déduits.

• SUISSE : Les plus grands magasins de Genève et de Zurich remettent 9,3 % de remboursement sur les achats dont la valeur minimale est de 500 Francs suisses. Quelques magasins déduisent automatiquement la taxe du montant de l'achat, alors que d'autres suivent les procèdures régulières.

Pascale Wilhelmy
Le Devoir

DEUXIÈME PARTIE

Correspondance
commerciale

I. LA LETTRE

i. Dispositions

Disposition ordinaire de la lettre.

| EN-TÊTE |

Vedette

Références

Mode d'acheminement

Date

À l'attention de...

Objet :

Appel

Paragraphe (a)

Paragraphe (b)

Paragraphe (c)

Salutations

Signature

Initiales d'identification

Pièces jointes

Copie conforme

Disposition de la lettre à l'américaine ou lettre-bloc.

| EN-TÊTE |

Références

Mode d'acheminement

Date

Vedette

À l'attention de...

Objet :

Appel

Paragraphe (a)

Paragraphe (b)

Paragraphe (c)

Salutations

Signature

Initiales d'identification

Pièces jointes

Copie conforme

ii. Protocole épistolaire

En-tête   raison sociale - adresse - téléphone - télécopieur - courriel

==

- L'en-tête peut signaler plusieurs adresses : celle du **siège social** (« head office ») et celles des **succursales** (« branch »).

Références

==

V/Référence... V/Réf... V/R
N/Référence... N/Réf... N/R
V/Lettre du...

- Utiles au classement et à la consultation de la correspondance au sein de l'entreprise.
- Tout courrier ne contient pas nécessairement ces indications.

Caractère
Mode d'acheminement

==

Par exprès   PAR EXPRÈS
Recommandé   RECOMMANDÉ
Confidentiel   CONFIDENTIEL
Personnel   PERSONNEL

- Ces mentions, soulignées, s'écrivent en majuscules ou en minuscules.

Date

==

Le 2 avril 19..
Québec, le 1er mai 19..
Lyon, le 16 juin 2001

- Aucune abréviation.
- Virgule après le nom de la ville.
- La première lettre du mois est minuscule.
- Il n'y a pas de point final.
- Si l'en-tête contient plusieurs adresses, il est important de mentionner la ville.

Vedette   nom - qualité - adresse du destinataire

==

Monsieur le Directeur
Centre Informatique Plus
161, rue de Castelmau Est
Montréal (Québec)
M2R 1P3

- Pas de ponctuation à la fin des lignes.
- Une virgule sépare le numéro de l'établissement et le nom de la rue.
- Il est recommandé de ne pas abréger le nom de la province.

Madame Natalie Branca
Chargée de recherche
Centre National de
la recherche scientifique
52, boulevard de Magenta
75010 Paris
FRANCE

- **Madame, Monsieur, Messieurs,** etc. ne s'abrègent pas.
- Le prénom peut être abrégé : **Madame N. Branca**
- L'équivalent de l'anglais « Ms » est **Madelle** : ce titre de civilité n'est pas encore courant.
- **avenue (av.), boulevard (boul.), route (rte)** peuvent être abrégés.

Monsieur J.-Jacques Samson
Éditeur adjoint
Le Soleil
390, rue Saint-Vallier Est
C.P. 1547
Québec (Québec)
G1K 7J6

- **Saint** peut s'écrire **St-**
- **Case postale (C.P.)** ou **Boîte postale** peuvent être abrégés.
- **succursale** (« station ») peut suivre **case postale :**
  C.P. 620, succursale B
  Ces deux indications peuvent occuper deux lignes :
  C.P. 620
  Succursale B

Le Magazine Affaires +
465, rue St-Jean, 9e étage
Montréal (Québec)
H2Y 3S4

- L'indication de l'étage se place après le nom de la rue en la faisant précéder d'une virgule.
- On peut avoir à la même place un numéro d'appartement :
225, rue St-Jean, app. 10
225, rue St-Jean, appt 10

Le Groupe PEMP
Place du Canada
101, rue de la Gauchetière
Bureau 250
Montréal (Québec)
H3B 2N2

- Ne pas utiliser « chambre » « suite ».
- **Bureau** peut également suivre le nom de la rue en le faisant précéder d'une virgule.

Le Figaro
37, rue du Louvre
75018 Paris
FRANCE

- Pour le courrier adressé en France : le code postal précède le nom de la ville (soulignement facultatif)

OCDE
2, rue André-Pascal
75775 Paris Cedex 16
FRANCE

- **Cedex** est l'acronyme de : **Courrier d'Entreprise à Distribution Exceptionnelle**

À l'attention de...

===

<u>À l'attention de Madame M. Louis</u>

· Ne pas utiliser les abréviations : « attn », « att. »
· Mention soulignée.

Objet

===

<u>Objet : demande d'emploi</u>

· Mention soulignée.
· **Objet** suivi de deux points.
· Ne pas utiliser « Sujet », « Concerne », « Re ».

Appel

===

Madame,
Monsieur,
Messieurs,
Mademoiselle,
Mesdames,
Madame, Monsieur,
Messieurs, Mesdames,
Monsieur le Directeur,
Madame la Présidente,

· L'appel est suivi d'une virgule.
· Il est possible d'écrire **Cher Monsieur** lorsque les relations avec le client sont de longue date.
· Pour un avocat il faut utiliser **Maître**.

Salutations

===

· Nous vous proposons les formules les plus simples et les plus courantes :

Je vous prie d'agréer, Madame,   mes salutations distinguées.
Je vous prie de recevoir, Monsieur,   mes meilleures salutations.
Je vous prie d'accepter, Messieurs,   mes sincères salutations.
Veuillez agréer, Mesdames,   les meilleurs.
Veuillez recevoir, Monsieur,   > l'expression de mes sentiments <   dévoués.
Veuillez accepter, Madame,   distingués.
Agréez, Messieurs,   les meilleurs.
Recevez, Monsieur,   l'assurance de mes sentiments <   dévoués.
Acceptez, Mesdames,   distingués.

· Les expressions suivantes ne font pas partie de la correspondance commerciale et ne sont donc pas recommandées :

Bien à vous.
Bien sincèrement.
Cordialement vôtre.
Toutes mes amitiés.

· Les courtiers en valeurs mobilières utilisent les formules brèves suivantes :

Votre dévoué.
Votre tout dévoué.
Vos dévoués.

· L'utilisation de ces trois formules calquées sur l'anglais est de plus en plus acceptée :

Sincèrement vôtre.
Respectueusement vôtre.
Avec nos salutations.

Signature
===

Centre de documentation
Le Directeur,   · Virgule après le nom de la fonction.
(signature)
George Trembley

Pour le Directeur,
   (signature)
Étienne Parent

                                           · Personne autorisée à signer au nom du
                                             directeur

Pour le Directeur, G. Trembley
   (signature)
Étienne Parent

Signature (suite)

Le Directeur,
p.p.   (signature)
Claude Pascal

·   Personne ayant la procuration
(par procuration)

Le Directeur, G. Trembley
p.p. (signature)
Claude Pascal

Initiales d'identification

==

AB/cd

·   Les lettres majuscules sont les initiales du
signataire.
·   Les lettres minuscules sont les initiales de
la personne qui a tapé la lettre.

Pièces jointes

==

p.j. Relevé de compte
P.j. Rapport annuel
Pièce jointe : facture
Pièces jointes : 2
P.J. (2)

Copie conforme

==

c.c.   M. George Trembley
Copie conforme : Monsieur G. Trembley
c.c.   Mme Lucette Potvin
       M. George Trembley

iii. Conclusions et salutations combinées

- Avec mes remerciements anticipés, agréez...

  Je vous remercie de votre collaboration et vous prie d'agréer...

  Je vous remercie vivement pour l'intérêt que vous portez à ma demande et vous prie de croire à l'expression de mes sentiments...

  Nous vous remercions d'avance de votre réponse et vous prions d'agréer...

  Nous vous remercions de la promptitude avec laquelle vous avez exécuté notre ordre et vous prions de recevoir...

  Nous vous remercions de votre amabilité et vous prions de croire à l'expression de nos sentiments...

  Nous vous remercions de votre coopération et vous prions de croire à l'expression de nos sentiments...

- Nous espérons une réponse favorable et nous vous prions d'agréer...

  Nous espérons vous avoir donné entière satisfaction et vous prions d'accepter...

  Nous espérons que vous nous favoriserez de vos ordres et vous prions de...

  Nous espérons que ces articles vous donneront toute satisfaction et vous prions de...

  Dans l'espoir d'une réponse immédiate, je vous prie de...

- Dans l'attente du plaisir de vous lire, je vous prie de...

  Dans l'attente d'une prompte réponse de votre part, nous vous prions de...

  En attendant votre réponse, nous vous prions de...

  Dans l'attente d'une prompte réponse, je vous prie de...

- Nous regrettons de ne pouvoir vous donner une réponse favorable et vous prions de...

  Nous demeurons à votre entière disposition pour tout renseignement complémentaire et vous prions de...

  Vous pouvez compter sur mon entier dévouement et je vous prie de...

II. DEMANDE D'EMPLOI

i. Plan de rédaction de la lettre

1.   Introduction :

Rappel de l'annonce.

2.   Développement :

Bref aperçu de vos études générales et professionnelles.
Si nécessaire, mentionner un emploi précédent (durée, qualification).
Votre aptitude à remplir la (les) fonction(s) requise(s).
Vos qualités intellectuelles et professionnelles.

3.   Conclusion :

Espoir d'obtenir une entrevue.

4.   Salutations

ii. Phrases et expressions utiles

- Me référant à votre annonce parue dans <u>Le Monde</u> du...
  Suite à l'annonce parue dans...
  En référence à votre annonce parue dans...
  Selon les références de votre annonce parue dans...
  Faisant suite à votre annonce du... courant, parue dans <u>Le Figaro</u>, je me permets de
  vous présenter mes services en tant que représentante.

- Je me permets de poser ma candidature au poste de...
  J'ai l'honneur de postuler l'emploi de...
  J'ai l'honneur de solliciter la place de.../ l'emploi de...

- obtenir un diplôme
  suivre des études
  suivre des cours de... à...
  parler, écrire couramment une langue
  avoir une parfaite connaissance de...

- posséder des connaissances approfondies dans le domaine de...
  faire des stages de formation pratique dans...
  occuper la fonction de...
  être employé en qualité de...
  remplir des fonctions administratives
  bien connaître un domaine
  coordonner des activités
  diriger une équipe
  former du personnel
  assurer la direction de...
  participer à la mise en oeuvre de...
  avoir plusieurs années d'expérience

- posséder les qualités de...
  être dynamique et enthousiaste
  avoir le sens de l'organisation
  être capable d'animer un (service de)
  pouvoir s'adapter à toute nouvelle situation
  être capable de travailler en équipe

- Je joins à ma lettre mon curriculum vitae qui vous donnera les détails de ma carrière
  Veuillez trouver ci-joint mon curriculum vitae
  Comme vous le constaterez en examinant le curriculum vitae ci-joint, je...

- J'ose espérer que vous prendrez ma demande en considération
  Je vous remercie de l'attention que vous voudrez bien apporter à ma demande

- Je me tiens à votre disposition pour une entrevue
  Je me tiens à votre disposition pour tout renseignement complémentaire
  Je me tiens à votre disposition pour tous autres renseignements
  Si vous le souhaitez, je serai heureux de pouvoir vous présenter de vive voix les détails de mon expérience

- Salutations (voir formules de politesse déjà proposées)

iii. Pour étoffer votre lettre de demande d'emploi ou votre curriculum vitae

SENS
    (avoir le sens)
    de l'organisation
    du compromis
    de l'économie
    de l'humour
    de l'observation
    des responsabilités

APTITUDE
    (avoir une grande aptitude à faire quelque chose)
    à négocier
    à décider
    à écouter
    à prévoir
    à conclure des affaires
    à rédiger des contrats
    à motiver les gens
    à résoudre des conflits

ÊTRE

motivé	fidèle
honnête	soigné
sérieux	ordonné
prudent	dynamique
discipliné	bon vendeur
ouvert à autrui	

AVOIR

du tact	un bon jugement
un esprit d'analyse	un esprit ouvert
un esprit d'initiative	un esprit de synthèse
de l'imagination	beaucoup de volonté

iv. Curriculum vitae

Nom :

Adresse :

Numéro de téléphone :

Date et lieu de naissance :   (renseignements facultatifs)

Situation de famille :   (renseignements facultatifs)

Langue maternelle :

Autre(s) langue(s) :   français (lu, parlé, écrit)

espagnol (lu, parlé, écrit)

Études et diplômes

Études secondaires :

Études supérieures :

Expérience professionnelle

Stages :

Emplois temporaires :
   (ou permanents)

Divers

Formation en cours : séminaires, stages, cours

Sports, loisirs, voyages de formation, etc.

Séjours à l'étranger

Références

Noms et numéros de téléphone des répondants

v. N'avez-vous rien oublié ?

Avant d'expédier votre demande d'emploi, assurez-vous que vous avez fait attention aux points suivants :

LETTRE : DEMANDE D'EMPLOI

Netteté :

Cadrage :

Interlignes :

En-tête :

Référence :

Date :

Vedette :

Appel :

Corps :   - Rappel de l'annonce

- Rappel des études générales

- Rappel des études professionnelles ou de votre expérience

- Mention du c.v.

Conclusion : - Demande d'entrevue

- Espoir d'une réponse favorable

- Salutations

Signature :

Mention des pièces jointes :

III. DEMANDE DE RENSEIGNEMENTS

i. Mots et expressions utiles

Pour demander
- un catalogue
- une documentation
- des échantillons
- des conditions de vente
- des prix
- etc.

Nous aimerions
Nous souhaiterions

> obtenir le dernier catalogue...
> connaître vos prix...
> recevoir votre documentation...

Voulez-vous
Veuillez

> avoir l'obligeance de nous...
>
> avoir l'amabilité de nous...

Nous vous

> saurions gré de bien vouloir nous...
> serions obligés de bien vouloir nous...
> serions reconnaissants de nous...
> prions de nous...

...adresser	...le plus rapidement possible	...catalogue
envoyer	aussi rapidement que possible	documentation
indiquer	dès que possible	tarifs
communiquer	dans les meilleurs délais	conditions de vente
fournir		offre
soumettre		échantillons
faire parvenir		prix
faire connaître		modes de paiement
signaler		exemplaires
		délais de livraison

ii. Modèle de lettre

Messieurs,

Je relève dans le magazine <u>Décoration</u> de février, votre publicité sur la collection d'articles de bureau PROFIL-DESIGN.

Voulez-vous avoir l'obligeance de m'envoyer dès que possible votre catalogue et me faire connaître vos meilleures conditions de vente ainsi que les délais de livraison. Accordez-vous des remises sur de grosses quantités ?

Veuillez agréer, Messieurs, mes salutations distinguées.

IV. ACCUSER RÉCEPTION

i. Formules

- Nous avons bien reçu votre lettre du...
  En réponse à votre lettre du... nous demandant de..., nous avons le plaisir de...
  Nous vous remercions de votre lettre du... au sujet de...
  Nous nous empressons de répondre à votre lettre du...
  Nous avons bien reçu votre lettre par laquelle vous nous demandez...
  Nous sommes heureux de vous communiquer les renseignements demandés...
  En réponse à votre demande de renseignements que vous nous avez adressée au
  sujet de...

- Nous avons bien reçu votre demande relative à... et regrettons de...
  Selon votre demande...

- Nous avons bien reçu votre commande du... et sommes disposés à...
  Nous accusons réception de votre commande...

- Nous vous remercions de l'intérêt que vous portez à...

- Nous espérons que ces renseignements vous donneront satisfaction...
  Dans l'espoir que ces renseignements vous seront utiles, nous vous...
  Nous restons à votre service et...

ii. Modèles de lettres

**Société
Radio-Canada**
Case postale 500
Succursale A
Toronto, Ont.
M5W 1E6

Nous avons bien reçu votre demande de renseignements.
Nous avons transmis votre lettre à nos bureaux de Montréal qui pourront plus facilement y répondre.
Nous vous remercions de votre intérêt.

Les Relations publiques

**Société Nationale des
Chemins de fer Français**

**PROVINCES DE L'EST
ET DU CENTRE**
1500, rue Stanley
Montréal (Québec)
H3A 1R3
Tél.: (514) 288-8255

PROVINCES DE L'OUEST
409, rue Granville
Vancouver, C.-B.
V6C 1T2
Tél.: (604) 688-6707

Madame, Mademoiselle, Monsieur,

Nous avons bien reçu votre demande et vous en remercions. Nous vous prions de trouver ci-joint, les documents qui répondront à vos questions, y compris, si vous les avez sollicités, les horaires et tarifs relatifs à votre itinéraire en chemin de fer.

Pour vous faciliter l'organisation de votre voyage, nous vous avons préparé une liste de recommandations importantes destinées à vous éviter toute perte de temps, et à vous procurer une information plus complète sur nos services. Si toutefois, nous n'avons pas répondu complètement à vos questions, n'hésitez pas à nous recontacter.

Nous vous remercions de l'intérêt que vous nous manifestez et vous souhaitons un très agréable voyage.

Service de l'information.

P.J.

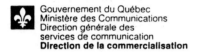

Gouvernement du Québec
Ministère des Communications
Direction générale des
services de communication
Direction de la commercialisation

Québec, le 5 mai 1995

OBJET :   L'ouverture de votre compte client

Monsieur,

Il nous fait plaisir de vous informer que votre demande
d'ouverture de compte client pour vos achats à crédit
chez les Publications du Québec a été acceptée.

Nous vous prions de noter que le numéro de votre compte
est --- et votre marge de crédit est de 5 000$.

Nous vous demandons de toujours inscrire le numéro de
votre compte sur toutes les transactions commerciales que
vous effectuerez auprès de notre comptoir postal.

Conformément à nos politiques commerciales, nous attirons
votre attention à l'effet que tout compte doit être payé
dans les 60 jours de la date de facturation.

Nous vous demandons de fournir votre numéro d'exemption
de taxe ou votre certificat d'exemption si vous êtes
exempt du paiement de la taxe de vente du Québec et, s'il
y a lieu, de la taxe sur les produits et services.

Nous espérons le tout à votre satisfaction et vous
assurons de notre entière collaboration.

Le directeur de la Distribution

1500-D, boul. Charest Ouest, 1er étage
Sainte-Foy (Québec)
G1N 2E5

LA POSTE ➤

Centre Financier de la Poste

CCP NANCY   MOD 3   28 Août 1996

Affaire suivie par :

Réf :

Mademoiselle,

Vous avez souhaité la clôture de votre compte n° ---. Le solde, inférieur au coût d'une opération de remboursement, est acquis à la Poste.

Sans doute êtes-vous encore en possession de moyens de paiement liés à ce compte : chéquiers, cartes de la Poste, postchèques. Pour votre sécurité, je vous invite à les détruire. En effet, votre responsabilité serait engagée en cas d'utilisation abusive suite à une perte ou un vol.

Restant à votre disposition, je vous prie d'agréer, Mademoiselle, l'assurance de ma considération distinguée.

P. le Responsable du Service

V. COMMANDE

i. Formules et expressions utiles

Les éléments suivants peuvent figurer dans la lettre de commande :

- référence à un catalogue, un dossier, une offre, etc.
- description de l'article
- tarifs
- modalités de transport
- délais de livraison
- mode de paiement
- réductions consenties
- matériel publicitaire requis
- conclusion
- salutations

Phrases utiles :

- Nous référant à votre catalogue du printemps, nous vous passons la commande suivante : ...
  Certains articles de votre dernier catalogue ayant retenu mon attention, je vous prie de bien vouloir m'expédier...
  Nous référant à l'annonce que vous avez fait paraître dans Le Devoir du..., nous vous prions de bien vouloir nous faire parvenir...
  Veuillez m'expédier les articles ci-dessous de votre catalogue no...
  Conformément à votre offre du..., nous vous prions de nous envoyer...
  Veuillez noter notre commande : ...

- Nous vous prions de nous faire parvenir au plus tôt...
  Ces marchandises devront nous parvenir le... au plus tard.
  Nous aimerions être en possession de ces articles le... au plus tard.

- Nous avons besoin de ces marchandises d'urgence et nous comptons sur vous pour
  nous les expédier par transport aérien.
  Nous vous prions de bien vouloir nous expédier à nos conditions habituelles de
  livraison les articles ci-dessous.
  Veuillez faire le nécessaire pour expédier la marchandise par colis postal à la date
  prévue.

- Conformément à nos conditions habituelles, le paiement s'effectuera à la réception de
  la marchandise.
  Selon nos habitudes commerciales nous vous réglerons à la réception de la
  marchandise.
  Les articles seront réglés par chèque à 30 jours de la date de réception.
  Paiement : net 30 jours.

- 24 articles
  à 25 $ l'unité
  au prix unitaire de 25 $
  à 25 $ chacun(e)
  la paire
  la douzaine

ii. Modèles de lettres

Messieurs,

À la lecture du magazine <u>chez soi</u> d'octobre, votre publicité sur les valises en polypropylène a retenu mon attention.

Par conséquent, je vous saurais gré de bien vouloir m'expédier, dans les plus brefs délais, les cinq formats de la collection Escapade au prix global de 469,95 $.

Je vous réglerai par chèque à la réception de la marchandise.

Dans l'attente de votre livraison, je vous prie d'agréer, Messieurs, mes salutations distinguées.

Madame,

Nous référant à votre dernier catalogue, nous vous prions de bien vouloir nous expédier avant le 28 mai, 72 tasses en faïence à motifs géométriques :
    - Réf. Tonique : 242B à 2,75 $ la pièce

Comme à l'habitude, le paiement sera effectué par chèque, net/30 jours.

Nous attachons une importance particulière au respect de la date fixée pour la livraison.

Nous vous en remercions et, dans l'attente de votre prompte livraison, nous vous prions d'agréer, Madame, nos sincères salutations.

iii. Modèle de Réponse à une commande

Bienvenue!

Cher abonné,

Nous avons bien reçu votre commande et votre paiement et nous vous en remercions sincèrement.

Au cours des prochains mois vous vous féliciterez d'avoir choisi L'Actualité, le magazine le plus lu au Québec.

Au fil des mois, nous consacrons chaque année des douzaines de reportages, d'enquêtes, d'interviews, de portraits aux sujets qui intéressent les Québécois. La politique, les voyages, les arts et le spectacle, les affaires et l'économie, notre avenir ... sont traités en profondeur par les journalistes les plus sérieux.

Je vous souhaite donc bonne lecture et vous prie d'agréer l'expression de mes sentiments les meilleurs.

Roger Dupuis

Roger Dupuis
pour L'Actualité

P.S. Pourquoi ne pas profiter de cette occasion pour prolonger votre abonnement au même bas prix par numéro? Plus de détails sur l'avis ci-inclus.

L'actualité   4059 RUE HOCHELAGA • MONTRÉAL, QUÉBEC • H7W 3W4

VI. FACTURATION - RÈGLEMENT

i. Modèles de lettres

Messieurs,

Les marchandises que vous nous avez commandées en date du... vous ont été expédiées ce jour par les transports Rapidroute.

Nous vous adressons ci-joint la facture pour la totalité de la livraison.

Nous vous souhaitons bonne réception de la marchandise et vous prions d'agréer, Messieurs, l'assurance de nos sentiments dévoués.

Mesdames,

Nous vous prions de nous faire parvenir votre versement en règlement de votre compte dont vous trouverez le relevé ci-annexé.

Avec nos remerciements anticipés, nous vous présentons, Mesdames, nos sincères salutations.

Messieurs,

Nous vous remettons ci-inclus notre chèque de _____ F pour solde de notre compte.

Salutations distinguées.

Madame,

Veuillez trouver ci-joint un chèque de 250,85 F correspondant au montant de votre facture no 115.

Nous vous en souhaitons bonne réception et vous prions d'agréer, Madame, nos salutations distinguées.

VII. DÉLAI DE PAIEMENT

i. Formules et expressions utiles

· Nous vous saurions gré de reporter l'échéance de notre facture du 2 juillet au 2 septembre.

Nous sollicitons votre bienveillance pour nous accorder un nouveau délai pour le règlement de notre compte.

Vous nous obligeriez en nous accordant
- un délai de deux mois.
- une nouvelle échéance pour notre paiement.

· Le chiffre d'affaires n'a pas été réalisé comme prévu...

Un ralentissement temporaire des affaires...

Des difficultés financières passagères...

Des difficultés de trésorerie...

Une baisse sensible des affaires...

ii. Modèle de lettre

Messieurs,

Nous vous serions très obligés de bien vouloir nous accorder un délai de 2 mois pour le règlement de notre compte.

Le marasme dans lequel se sont trouvées les affaires ces derniers mois a sensiblement réduit nos ventes et, en conséquence, nous a empêchés de couvrir tous nos besoins de trésorerie.

Nous avons tout lieu de penser que la nouvelle saison s'annonce bonne et que, bientôt, nous serons en mesure d'acquitter notre dette.

Dans l'espoir que vous pourrez donner une suite favorable à notre demande, nous vous prions de croire, Messieurs, à l'expression de nos sentiments les meilleurs.

VIII. LETTRE DE RECOUVREMENT

i. Formules et expressions utiles

- En vérifiant nos écritures, nous constatons que notre facture no... est restée impayée.
  À l'occasion d'un contrôle des postes clients, nous remarquons que votre compte est débiteur.
  Le contrôle des dossiers clients nous révèle que votre compte est débiteur.
  Nous nous permettons de vous signaler que notre facture no... reste impayée.
  En date du... nous vous avons transmis votre relevé de compte. Nous constatons que, jusqu'à ce jour, votre compte n'a pas encore été régularisé.

- Nous avons lieu de croire qu'il s'agit d'un oubli.
  Nous sommes surpris de ce retard et vous saurions gré d'acquitter le solde inscrit à votre compte.

- Nous vous serions obligés d'acquitter votre facture au plus tôt.
  Nous vous saurions gré de faire immédiatement le nécessaire pour régulariser votre compte.
  Nous sommes au regret de vous demander un règlement rapide.
  Un prompt règlement de votre part serait fort apprécié.

ii. Modèles de lettres

Monsieur,

Nous nous permettons de vous signaler que malgré nos lettres de rappel du 15 janvier et du 28 février votre compte est toujours débiteur.

À ce jour, nous n'avons reçu aucune réponse de votre part.

Nous nous voyons donc obligés de vous informer qu'à moins de recevoir votre paiement avant le 15 mai, nous serons contraints de confier votre compte à une agence de recouvrement.

Agréez, Monsieur, nos salutations.

Cabinet d'Anatomie et Cytologie Pathologiques

CITÉ MION - 20, Rue des Paquerettes - B.P. 1195 - 34010 Montpellier Cedex 1
Tél. : 67 64 12 18 - Fax : 67 64 20 43

Docteur M. MARTY
CES d'Anatomie Pathologique
Compétence en cancérologie
Ancien chef de laboratoire des Universités
Ancien Assistant des Hopitaux
Ancien Externe des Hopitaux

Docteur J.Y. MONTHIEU
CES d'Anatomie Pathologique
CES de Dermatologie - Vénérologie
Compétence en Cancérologie
Ancien Assistant des Universités
Ancien Externe des Hopitaux

MONTPELLIER le 28.08.95

Mr

Madame, Monsieur,

Oubli ?
Simple négligence ?
Problèmes actuels ?
Vous ne nous avez pas à ce jour adressé le réglement de votre examen,
enregistré le 28.07.95.
Cet examen était prescrit par
Il a été enregistré sous le numéro 95.08548 et répondu le 29.07.95.
Nous vous rappelons que son montant est de 224,40 francs.

Nous vous prions de bien vouloir nous faire parvenir votre règlement
ACCOMPAGNE DE CETTE LETTRE. Veuillez joindre une enveloppe timbrée
à votre adresse, afin que nous puissions vous retourner une feuille
de sécurité sociale pour votre remboursement.

S'agissant d'un deuxième rappel, à défaut de règlement dans les
10 jours, nous serions au regret de communiquer votre dossier à
notre service contentieux.

Nous vous prions de croire, Madame, Monsieur, en nos sentiments dévoués.

SERVICE COMPTABILITE

L'EXPRESS

SERVICE ABONNEMENTS
31, cours des Juilliottes
94713 Maisons-Allort Cedex
FRANCE

☎ (1) 43.76.59.68

Cher abonné,

Notre directeur de la comptabilité vient de me faire part des soucis que lui cause le non-paiement de votre abonnement.

D'un côté, il ne veut pas vous tenir grief de ce qu'il considère comme un simple oubli de votre part mais, d'un autre côté, les exigences de son service vont l'obliger à demander la **coupure de votre abonnement**.

J'ai obtenu qu'il retarde encore sa décision de quelques jours, afin de vous laisser le temps nécessaire, compte tenu des délais postaux.

Vous trouverez ci-joints :

. La facture correspondant à votre abonnement dont la partie détachable est à retourner à L'EXPRESS, dans l'enveloppe ci-jointe, à l'adresse suivante :

  L'EXPRESS
  31 cours des Juilliottes
  94713 MAISONS-ALFORT CEDEX

. Un avis de virement à adresser à votre banque dûment complété par vos soins (il est indispensable que votre banque rappelle votre **numéro d'abonné**, pour que nous puissions imputer ce virement). Merci d'insister sur ce point.

Au-delà de ce délai de quelques jours, il me deviendrait impossible d'éviter la coupure de votre abonnement.

En toute hâte et sincèrement,

P.F. Colleu

Pierre-François COLLEU
Directeur des abonnements

P.-S. Si vous ne disposez pas de compte bancaire, veuillez nous adresser votre règlement par virement postal international en indiquant votre **code abonné**.(C.C.P. PARIS 73.78.19).

GROUPE EXPRESS. S A AU CAPITAL DE F 21 127 800 · SIÈGE SOCIAL 61, AVENUE HOCHE 75411 PARIS CEDEX 08 · RCS PARIS B 552 018 681 · SIRET 552 018 681 00108

IX. RÉCLAMATION

i. Formules et expressions utiles

· À ce jour, nous n'avons pas reçu les articles faisant l'objet de notre commande du...

Auriez-vous l'obligeance de nous faire savoir dans les plus brefs délais...

Nous vous serions reconnaissants de faire les démarches nécessaires pour accélérer...

Nous vous serions obligés de prendre les mesures qui s'imposent pour...

Nous vous prions d'apporter une solution au problème de...

Nous serions désireux d'obtenir une prompte réponse...

Nous nous permettons de vous signaler qu'une légère erreur s'est glissée dans votre facturation et vous prions de...

· Nous regrettons de vous informer que les marchandises que vous nous avez expédiées le... nous sont parvenues en mauvais état.

Les marchandises que vous nous avez expédiées le... ont été endommagées en cours de route.

Votre livraison n'étant pas conforme à notre commande, nous vous prions de...

Les caractéristiques des articles reçus ne sont pas conformes à notre commande.

Nous avons constaté que les articles reçus ne correspondent pas aux échantillons.

ii. Modèle de lettre

Messieurs,

Nous accusons réception aujourd'hui de votre colis conformément à notre commande du 3 courant.

Nous avons constaté au déballage que de nombreux articles étaient abîmés et qu'ils présentaient des défauts de fabrication.

Nous nous voyons donc obligés de vous les renvoyer à vos frais et vous prions de nous les remplacer par des produits de première qualité.

Recevez, Messieurs, nos salutations distinguées.

X. RÉPONSE À UNE RÉCLAMATION

i. Formules et expressions utiles

- Nous vous prions de bien vouloir excuser notre retard...
  Veuillez nous excuser au sujet de...
  Nous vous prions d'accepter toutes nos excuses pour ce fâcheux incident.
  Nous regrettons infiniment que notre emballage ait été défectueux...
  Nous avons appris avec regret l'état de notre livraison à la réception et nous vous prions de nous en excuser.

- Nous regrettons de ne pouvoir donner suite à votre réclamation.
  Nous regrettons de ne pouvoir donner satisfaction à votre demande.
  Nous regrettons de n'avoir pu exécuter votre ordre pour la date prévue. Des circonstances indépendantes de notre volonté nous ont forcés à réduire toutes nos livraisons.

- Nous allons procéder à une rectification immédiate.
  Nous veillerons à ce que pareille erreur ne se reproduise pas.
  Nous nous efforcerons de répondre à vos désirs.
  Pour vous dédommager, nous vous consentons...

ii. Modèles de lettres

Monsieur,

Nous nous empressons de répondre à votre lettre du 18 juin et vous prions d'accepter toutes nos excuses. Nous avons immédiatement procédé à une enquête pour déterminer la raison de ce regrettable incident.

Soyez assuré que pareille erreur ne se reproduira plus et que nous veillerons tout particulièrement à l'exécution de vos prochaines commandes.

Nous espérons que vous continuerez à nous honorer de votre confiance et vous prions d'agréer, Monsieur, l'expression de nos sentiments dévoués.

Adresse Postale :
HERTZ FRANCE S.A.
Siege Social :
1, RUE EUGENE HENAFF
78198 TRAPPES CEDEX
Telecopie : 39.38.34.61

Trappes le   12/08/96

Cher Client,

Vous avez eu l'amabilité de nous contacter suite à votre location,
ce dont nous vous remercions.

Après étude de votre dossier, nous avons le plaisir de vous adresser
votre facture dûment rectifiée, ainsi qu'un chèque de remboursement
correspondant au trop-perçu.

Nous vous en souhaitons bonne réception, et vous prions d'agréer,
Cher Client, l'expression de nos salutations distinguées.

N° de dossier :
Suivi par   :
téléphone   :

HERTZ FRANCE · SOCIETE ANONYME AU CAPITAL DE F. 40.895.600 · R.C. B 679 803 700 · SIRET 679 803 700 01.391 · APE 711Z
SIEGE SOCIAL : 1, RUE EUGENE HENAFF · 78190 TRAPPES

XI. REFUS-RETARD DE LIVRAISON

i. Mots et expressions utiles

· Nous avons le regret de vous signaler...
Nous ne sommes pas en mesure de...
Nous regrettons de ne pouvoir   exécuter votre ordre
                                  répondre favorablement à votre demande
                                  donner suite à votre commande
                                  accepter votre commande
                                  vous fournir...
                                  vous livrer...
                                  vous faire parvenir...
                                  vous réapprovisionner

· stock épuisé
article souhaité n'est plus disponible
réapprovisionnement difficile
article de remplacement

ii. Modèle de lettre

Messieurs,

Nous avons bien reçu votre commande citée en référence et regrettons de ne pouvoir l'exécuter pour la date indiquée.

Une pénurie de matières premières au début de cette saison a forcé un ralentissement de nos livraisons à la clientèle.

Nous serons en mesure de vous livrer une partie de votre commande le 15 juin. Le restant suivra dans un délai de deux mois.

Veuillez nous faire savoir si ces nouvelles dates vous conviennent.

Nous espérons que ce retard ne vous causera pas de grave préjudice et vous prions d'accepter, Messieurs, l'assurance de nos sentiments dévoués.

XII. ERREUR DE FACTURATION - ERREUR DE LIVRAISON

i. Formules et expressions utiles

- Après vérification...
  D'après nos écritures...
  En contrôlant notre comptabilité...

- Au déballage...
  En vérifiant la livraison...
  En procédant à la vérification...
  À l'arrivage des marchandises...
  À la réception du matériel...

- nous nous sommes aperçus...
  nous avons constaté...
  nous nous permettons de vous signaler...
  nous nous étonnons de...
  nous sommes surpris de...
  nous vous rappelons que...
  nous vous prions de rectifier...

- vous avez omis de...
  vous nous avez facturé par erreur...
  vous avez déduit...
  vous n'avez pratiqué aucune remise...

- une légère erreur s'est glissée dans votre relevé...
  les tarifs facturés ne sont pas conformes à ceux inscrits sur
       notre bon de commande...
  une nouvelle facture rectifiée...

- la livraison n'est pas conforme à notre commande
  la livraison n'est pas conforme aux échantillons en mains
  une erreur de livraison
- des articles manquants

ii. Modèle de lettre

Messieurs,

Nous nous permettons de vous signaler qu'une légère erreur s'est glissée dans votre dernier relevé. Vous nous avez facturé les frais de transport. Or, d'après nos accords en vigueur, ces frais sont entièrement à votre charge.

Veuillez nous envoyer une facture rectifiée.

Dans l'attente, nous vous prions d'agréer, Messieurs, nos salutations distinguées.

XIII. CIRCULAIRE D'INFORMATION

i. Modèles de circulaires

Établissements TECHNICAIR
5280, boul. Pie IX Montréal (Québec) H1Z 4S2
Téléphone : (514) 311-1111 Télécopie : (514) 311-2222

Pour mieux exposer notre vaste choix de
marchandises et pour mieux vous servir,
nous avons loué des locaux PLUS GRANDS.

À partir du 5 janvier,

NOUS DÉMÉNAGEONS !

Nous vous prions de bien vouloir retenir
notre nouvelle adresse :

5310, boul. Pie X
Montréal (Québec) H1Z 7F5

Ce changement n'apportera aucune
modification à la bonne marche des
Établissements TECHNICAIR.

Nous continuerons à vous offrir un
excellent choix d'équipements et à vous
assurer, évidemment, les services de
notre personnel hautement qualifié.

DISTRIBUE PAR VOTRE FACTEUR

Madame, Monsieur,

Vous souhaitez acheter un appartement, faire construire, améliorer votre logement ou votre résidence secondaire, vous voulez effectuer des travaux pour réaliser des économies d'énergie.

Vous cherchez peut-être simplement un bon placement, net d'impôts. Avez-vous pensé à l'Epargne Logement de la Poste ? Des intérêts nets d'impôts et des prêts à des taux avantageux.

Les principales caractéristiques et les avantages de l'Epargne Logement de la Poste vous sont exposés dans ce dépliant. Vous pourrez ainsi déterminer si ce placement vous convient, et même choisir entre le Plan ou le Livret d'Epargne Logement.

Si l'Epargne Logement vous intéresse et si vous voulez en savoir plus, prenez contact avec le conseiller de votre bureau de poste : c'est un spécialiste des produits d'épargne ; il se fera un plaisir de vous conseiller.

LA POSTE

Chère Madame, Cher Monsieur,

Nous avons le plaisir de vous informer de l'ouverture de notre nouvelle franchise

SuperSavant
Montréal
2, rue de la Montagne
le 5 août à 9 heures

Pour répondre aux souhaits de notre clientèle, nous avons ouvert un rayon spécial d'appareils électroniques « Petits Génies » destinés à l'apprentissage rapide des langues étrangères.

À l'occasion de cette ouverture, nous vous avons réservé <u>une offre exceptionnelle</u> : un logiciel interactif vous sera offert pour tout achat dépassant 20 $.

Vous trouverez dans le catalogue ci-joint, à des prix très avantageux, un grand choix d'articles susceptibles d'intéresser tous les membres de votre famille.

En espérant vous compter rapidement parmi nos clients, nous vous prions de croire, Chère Madame, Cher Monsieur, à l'expression de nos sentiments distingués.

XIV. NOTE DE SERVICE

i. Protocole

La note de service (« inter-office memo »)

- est utile pour la communication interne entre les membres d'une même compagnie
- peut contenir les directives d'un chef de service à ses subordonnés
- se présente comme suit :

<u>Nom de l'entreprise</u>

Date :

Objet :

Expéditeur :

Destinataire :

___ pour information   (for your information)
___ pour avis à donner   (for your opinion)
___ pour affichage   (posting)
___ faire circuler   (circulate)
___ à toutes fins utiles   (for all practical purposes)

XV. DES EXPRESSIONS-CLÉS POUR VOTRE COURRIER

Pour mettre le sujet en relief

as far as I am concerned :	pour ma part, en ce qui me concerne, quant à moi
as far as I know :	autant que je sache
as for me :	pour ma part, quant à moi
I am confident that :	je ne doute pas, je suis persuadé(e) que, je suis convaincu(e) que
-- impressed with :	je suis frappé(e) par
-- in a position to :	je suis en mesure de, en état de
-- led to :	je suis amené(e) à, conduit(e) à, poussé(e) à
-- pleased to :	j'ai l'honneur de, je me fais un plaisir de, je prends plaisir à
-- prepared to :	je suis prêt(e) à, je m'attends à, je suis disposé(e) à
I attach importance to :	j'attache de l'importance à, je porte de l'importance à
I consider that :	à mon avis, j'estime que, je trouve que
I feel obliged to :	j'estime devoir, je me sens obligé(e) de
I find out that :	j'arrive à la conclusion que, je constate que, je trouve que
I have no idea :	j'ignore pourquoi, je ne sais pourquoi
I wish to acknowledge receipt of :	j'accuse réception de
in my opinion :	à mon avis, je suis d'avis que, selon moi
let me :	permettez-moi de, permettez que
to the best of my knowledge :	autant que je sache

Les expressions impersonnelles avec IT

IT	
appears that :	il apparaît que, il paraît que, il semble que
cannot be avoided that :	il n'échappe pas que, il paraît inévitable que
has to do with :	cela a rapport à/avec, il s'agit de
is advisable that :	il convient de, il est souhaitable de, il est recommandé de
is agreed that :	il est convenu de, il est entendu que
is fitting that :	il convient de, il est convenable de
is out of the question :	il est impossible de, il ne faut pas songer à, il n'est pas question de
looks as if :	il apparaît que, il semble que
must be added :	il faut ajouter que, il faut dire que

Des requêtes

PLEASE

attend to the matter :	tenez compte de, veillez à
bear in mind that :	considérez que, n'oubliez pas que, tenez compte du fait que
be careful to :	veillez à
carefully note :	notez avec soin, notez soigneusement, prenez bonne note de
do not fail to :	ne manquez pas de
do not neglect to :	ne manquez pas de, n'oubliez pas de
do not lose sight of the fact that :	ne perdez pas de vue que
keep an eye on :	veillez à
put your name to :	apposez votre signature, signez

Pour être plus précis

above :	ci-dessus, précité, susmentionné
above mentioned :	mentionné ci-dessus, susmentionné
enclosed :	ci-inclus, joint à ce pli, sous ce pli
in hand :	dont il est question, en main, en préparation
in use in :	en usage dans, utilisé dans
prescribed :	en usage dans, ordonné, prescrit
privately :	à titre confidentiel
relating to this matter :	à ce propos, à ce sujet, ayant trait à ceci, relatif à
save for :	à l'exception de, exception faite de, sauf
seeing that :	étant donné que
subject to :	sujet à, soumis à, sous réserve
taking into account :	compte tenu de, en considérant
used in :	employé dans, en usage dans

Pour vous aider à mieux situer vos propos dans le temps

afterwards :	ensuite, par la suite, plus tard
as yet :	jusqu'à présent, jusqu'à maintenant
at once :	à l'instant, immédiatement, tout de suite
at (time) notice :	dans un délai de

Pour vous aider à mieux situer vos propos dans le temps (suite)

as long as :   aussi longtemps que, pourvu que, tant que

as soon as possible : aussitôt que possible, dans les plus brefs délais,
                      le plus tôt possible

to date :   à ce jour, jusqu'à présent

to take effect on :   à compter de, (entrer) en vigueur le

Pour bien ordonner votre pensée

as a general rule :   d'ordinaire, d'une manière générale, en principe

as a rule :   en général, en règle générale

basically :   en principe, fondamentalement

broadly speaking :   en général, d'une façon générale

at first :   au préalable, avant tout, en premier lieu, tout d'abord

first of all :   auparavant, au préalable, en tout premier lieu

afterwards :   après, ensuite, par la suite

following :   à la suite de, suivant

henceforth :   à l'avenir, désormais, dorénavant

after all :   en définitive, enfin, somme toute

consequently :   donc, en conséquence, par conséquent

furthermore :   de plus, en plus, qui plus est

forthwith :   aussitôt, sans délai, tout de suite

again :   de nouveau

allowing for :   en raison de, compte tenu de

as regards :   en ce qui concerne, pour ce qui est de

because :   à cause de, étant donné que, vu que

besides :   d'ailleurs, en outre, en plus

but :   excepté, mais, sauf

by reason of :   à cause de, en raison de, par suite de

so that :   afin de, de façon à/que, de manière à, de sorte que

Pour bien ordonner votre pensée (suite)

accordingly :	en conséquence
as long as :	aussi longtemps que, pourvu que, tant que
being considered :	dont il est question, en question
concerning :	au sujet de, concernant, en ce qui concerne, relatif à
considering that :	étant donné que, vu que
assuming that :	dans l'hypothèse où, en admettant que, en supposant que
as opposed to :	à la différence de, par opposition à
contrary to :	en opposition à
counter to :	à l'opposé de, contrairement à
excluding :	à l'exclusion de
in defiance of :	au mépris de
in return :	en compensation, en retour, en revanche, par contre
as a result :	en conséquence
concluding :	en conclusion, pour conclure
consequently :	donc, en conséquence, par conséquent
in a few words :	en définitive, en termes brefs
in any event :	de toute façon, en tout cas
in brief :	brièvement, en bref, en résumé
to sum up :	en résumé, pour récapituler

En-têtes de notes de services

FOR

all practical purposes :	à toutes fins utiles
approval :	pour approbation, pour ratification
consideration :	pour étude, pour examen
distribution :	faire circuler, pour diffusion
examination :	pour étude, pour examen, pour vérification
investigation :	pour enquête, pour étude
your information :	à titre d'information

XVI. LETTRES À CORRIGER ET À RÉDIGER

1. Cette lettre est mal présentée. Relevez les erreurs de disposition et d'orthographe.

American Express Canada, Inc.
101 McNabb Street
Markham, Ontario, Canada, L3R 4H8

juillet 1991

Cher titulaire de carte,

<u>Sujet: Ensemble d'interphones à 3 Canaux</u>

Merçi de votre recente commande de la marchandise mentionnée ci-dessus. Nous regrettons de vous informer que ce modèle n'est plus disponible.

Par contre, on vous offre un autre model, Com-Talk, avec "Main Libre" ou l'option mode "touche pour parler" et une communication "Sans Bruit".

Votre satisfaction est garantie, ou retourner la marchandise durant les 15 jours pour un crédit sur votre carte. Nous regrettons aussi tout dérangement ceçi a pu vous causer.

Pour plus d'information, prière appeler le 1-800-387-9666, ou pour Ontario et Quebec, le 1-800-668-6565 ou Toronto le 477-9666.

Bien à vous

Supervisor Fulfillment
Service des Merchandise

2.   Relevez les erreurs que contient cette demande d'emploi et réécrivez-la.

Madame Dubois,

Je me permets soliciter la place qui fait l'objet de votre annonce.

Je crois que mon éducation et expérience me qualifient pour cet emploi.

Pendant les deux années dernières j'ai travaillé comme une directrice des services à la clientèle. Bien que je suis contente que ma carrière est assurée, je m'intéresse dans plus d'assurance. Je prends plaisir à trouver des solutions aux nouveaux problèmes et surmonter les nouveaux défis.

Vous trouverez ci-joint mon cirriculum vitae. Je pourrai me procurer une lettre de recommandation, si vous le désirez, et me tiens à votre disposition pour une entrevue.

Dans l'espoir d'une réponse favorable, je vous en prie de recevoir, Madame La Directrice, l'expression de mes salutations distinguées.

3.   À bord de l'avion qui les ramène d'un voyage de plaisance, Monsieur et Madame Gagnon remplissent une carte d'appréciation que leur remet le chef de bord. Quelques jours après leur retour à New York, ils reçoivent cette lettre de la compagnie aérienne (service : Relations clientèle). Qu'en pensez-vous ?

Madame et Monsieur,

Cela nous a fait grand plaisir d'être informés de votre évaluation très positive de notre service et de votre satisfaction à tous égards. Soyez assurés que notre personnel vous est très reconnaissant de vos louanges.

Nous vous remercions d'avoir pris le temps de nous écrire et espérons avoir le plaisir de vous accueillir à bord de nos avions lors de votre prochain voyage.

Veuillez agréer, Madame et Monsieur, nos salutations très distinguées.

4.   Désirant passer 15 jours de vacances avec votre famille (2 enfants de 15 et 10 ans) dans la région des châteaux de la Loire, vous écrivez à l'Office de Tourisme (B.P. n1, rue du château, 37150 Chenonceaux, France) pour demander de la documentation sur les sites, sur les hôtels et sur les excursions.

5. Vous désirez importer des articles de cuir au Canada/aux États-Unis et vous écrivez à l'Attaché commercial de l'Ambassade de France à Ottawa/Washington pour obtenir une liste des exportateurs et pour connaître les démarches à suivre.

6. Monsieur Blais passe aux Éts Volant une commande de 20 planches à voile. Les Éts Volant répondent que l'article n'est plus disponible et proposent de le remplacer par un article d'une même qualité.

7. Vous confirmez une commande de la Société Rouldoux (30 roues pour voiturettes d'enfants à 4,75 $ la pièce) et vous annoncez qu'en raison de l'augmentation des matières premières une majoration de 5 % sera appliquée à toutes les commandes futures.

8. Votre représentant vous remet une importante commande des Papeteries Réunies. Vous annoncez aussitôt à votre client par message télécopié (Fax) qu'il y aura un retard dans la livraison.

9. La Compagnie Simili vous livre par les transports Transroute votre commande de 148 paires de gants. Au déballage du colis vous constatez qu'il en manque trois douzaines. Vous écrivez une lettre de réclamation à la Compagnie Simili.

10. Après une longue grève postale, vous recevez votre relevé de compte de Visa. Vous constatez que la date de paiement est échue. Vous réglez la somme. Le mois suivant, Visa débite votre compte de 8 $: frais pour retard de paiement (intérêts). Vous refusez de payer cette charge qui vous semble injuste.

11. Vous vous trouvez dans l'impossibilité de régler le montant d'une facture à la date d'échéance. Vous demandez à votre fournisseur de vous accorder un délai d'un mois en lui donnant de bonnes raisons.

12. Les Assurances Laflamme informent leurs assurés que leurs bureaux seront transférés à partir du 1er janvier au 1320, boul. Charest Est à Sainte-Foy (Québec) G1M 2B6 et que toute correspondance devra désormais être envoyée à la nouvelle adresse. Les numéros de téléphone demeurent inchangés.

RÉFÉRENCES

Avantages. *Devenir son propre patron* (sept. 1991). *Tout (ou presque) sur votre banque* (sept. 1991).

Capital. *Des faux 501 en quantité industrielle* (août 1994). *Un mythe taillé dans la toile de tente* (août 1994).

Circuit. *Qu'est-ce que la bureautique ?* (déc. 1985).

L'Actualité. *007 contre les faussaires* (1 nov. 1995). *Bye-bye bureau !* (15 nov. 1995). *Comment apprivoiser un bon courtier* (avril 1980). *L'art difficile de l'assurance tous risques* (fév. 1981). *Le bon berger de nos épargnes* (sept. 1981). *Le frog a un casse-tête pour vous !* (15 nov. 1995). *Techniques pour trouver un meilleur emploi* (juillet 1980).

L'Essentiel. *Lancer sa petite entreprise*. *Aussi une affaire de femmes* (janv. 1990). *L'art du marketing* (janv. 1990). *Les achats impulsifs... vous connaissez ?* (janv. 1990).

L'Express de Toronto. *Les actions ordinaires : votre part des profits d'une entreprise* (3-9 juin 1986)

La Revue Occasions d'Affaires. *Franchiseurs et franchisés : une clé de succès* (No 5, 1994). *Le rendement financier de votre entreprise : à surveiller de près !* (No 5, 1994). *Le savoir-faire de nos entrepreneurs est-il exportable ?* (No 5, 1994).

Le Devoir. *Aux armes, contribuables !* (4 juin 1985). *La bureautique. Une science en mal de définition* (24 août 1986). *La naissance d'entreprises modernes, mieux gérées et capables d'exporter leurs produits* (dossier spécial, janv. 1986). *La PME en mutation. La PME et l'exportation : de l'exotisme à la réalité* (25 oct. 1985). *La TVA, cette grande inconnue...* (8 fév. 1986). *L'or est perçu comme un remède anti-inflation* (8 sept. 1984).

Le Figaro. *Croissance : fort ralentissement (29-30 juillet 1995). Faites, ne faites pas (12 juin 1989, Les Dossiers du Figaro). Quand les annonceurs prennent l'opinion à témoin (30 août, dossier Économie).*

Le Magazine Affaires. *Les gérants de banque intimidants (juillet-août 1982).*

Le Monde. *La généralisation de l'intérim aux États-Unis. (12 juillet 1986). Les limites de la franchise (5 août 1983). Une histoire d'amour et de dollars (16 juin 1984).*

Le Québec Industriel. *La planification, le plan d'entreprise et le financement (juillet 1981). Les réclamations (juin 1981).*

Le Soir. *Kleenex gobe son concurrent (18 juillet 1995).*

Paris Match. *Gloire à la Pub ! (24 mai 1985)*

POUR EN SAVOIR PLUS

Alberto, Tony et Pascal Combemale. **Comprendre l'entreprise. Théorie, gestion, relations sociales.** Paris : Nathan, 1994.

Bell Canada (Services linguistiques). **La Bureautique Intégrée. Lexique.** Montréal : Centre de terminologie et de documentation, 1987.

Bérubé, Gérard. **Initiation aux valeurs mobilières.** Montréal : Publifor, 1986.

--------------------. **Le Guide de l'investisseur québécois.** Montréal : Publifor, 1986.

Boulanger, Jean-Charles. **Administration commerciale des PME - PMI.** Paris : Les Éditions Bertrand-Lacoste, 1995.

Brémont, Janine et Marie-Martine Salort. **Initiation à l'économie. Les concepts de base, les techniques, les grands économistes.** Paris : Hatier, 1986.

Bonnet, G. et O. de Saint Denis. **Administration commerciale en tableaux, schémas et documents.** Paris : Les Éditions Foucher, 1987.

Boudreault, Carole. **Bien s'assurer.** Montréal : Le Jour, Éditeur, 1982.

Brousseau, Guy-G. et Réal Fortin. **L'Entreprise, le marketing et vous.** Montréal : Le Jour, Éditeur, 1976.

Brown, Mark. **La Bourse.** Montréal : Les Éditions de l'Homme, 1983.

Cajolet-Laganière, Hélène. **Le Français au bureau.** 4e édition remaniée et amplifiée. Québec : Les Publications du Québec, 1996.

Capul, Jean-Yves. **Le Petit Retz de l'économie.** Paris : Éditions Retz, 1989.

Carnero, Irène. **Organisation et gestion des entreprises. La conception moderne du management.** Paris : AENGDE - CLET, 1989.

Courbon, Jean-Marie. **Guide du français des affaires. Le Français écrit au bureau.** Montréal : Marcel Didier, Inc., 1984.

Courville, Léon et al. **L'Économie démystifiée.** Montréal : Chenelière et Stanké Ltée, 1983.

Demeure, Claude. **Vente. Action commerciale.** Paris : Éditions Dalloz, 1993.

Dubois, Pierre-Louis et Geneviève Mansillon. **Techniques commerciales et négociation.** Paris : Les Éditions Foucher, 1984.

Dussard, A., M.-M. Glerean et M.-C. Salesse. **Initiation économique et juridique en tableaux et schémas.** Paris : Les Éditions Foucher, 1987.

Dubuc, Alain. **Simple... comme l'économie.** Montréal : Les Éditions La Presse, Ltée, 1986.

Ferney, Derrick. **French business correspondence course.** London : Macmillan Education Ltd, 1989.

Galbraith, John Kenneth. **Tout savoir ou presque sur l'économie.** Paris : Éditions du Seuil, 1978.

Gallois, Dominique. **La Bourse.** Paris : Le Monde - Éditions, Marabout, 1995.

Girault, O. **Les Outils de la communication écrite d'entreprise. Courriers, messages internes.** Paris : Les Éditions Foucher, 1996.

Giral, Josette. **Nouveau guide pratique de la correspondance commerciale, moderne.** Paris : Éditions Garnier-Frères, 1983.

Gouvernement de l'Ontario. **Fondation d'une petite entreprise en Ontario.** Toronto : Imprimeur de la Reine pour l'Ontario, 1985.

--------------------. **La Situation des petites entreprises.** Toronto : Imprimeur de la Reine pour l'Ontario, 1989.

Gouvernement du Québec. **The State of Small and Medium-Sized Business In Québec.** Québec : Division des communications, 1988.

--------------------. **Cahiers de l'Office de la langue française.** Québec : L'Éditeur officiel du Québec.

Grégoire de Blois, C. **Dictionnaire — Correspondance.** Montréal : Librairie Liaisons, 1975.

Grégory Pierre avec la participation de Jean-Marc Lehu. **Marketing. Publicité avec glossaire français-anglais.** Paris : Éditions Dalloz, 1994.

Institut canadien des valeurs mobilières. **Le Placement : termes et définitons.** Montréal, 1983.

Jutras, Paul. **Comment réduire vos impôts personnels.** Montréal : Publifor, 1987.

Lecors, Michel D. **L'Or et l'argent.** Montréal : Les Éditions de l'homme, 1979.

Martina, Daniel. **Le Précis d'économie.** Édition mise à jour. Paris : Éditions Nathan, 1995.

Meyer, V. et C. Rolin. **Commerce international.** Paris : Éditions Nathan, 1994.

Nadeau, Nicole. **Stratégies de placements.** Montréal : Les Éditions de l'homme, 1985.

Peterson, Rein. **Petites et moyennes entreprises. Pour une économie équilibrée.** Montréal : Le Cercle du livre de France Ltée, 1978.

Perreault Yvon G. et P. Filiatrault. **Introduction au marketing.** Boucherville : Le Diffuseur G. Vermette Inc., 1981.

Secrétariat du Canada (Bureau des Traductions). **Collection Terminologie.** Ottawa : Ministre des Approvisionnements et Services Canada, 1985.

Théodore, Jean-François (Préface de). **Connaître la Bourse.** Nouvelle édition. Paris : Le Journal des Finances, 1996.

Zimmer, Henri B. **Faites fructifier votre argent.** Montréal : Les Éditions de l'homme, 1984.

INDEX